综合改革与发展创新

——教育部“本科教学工程”物流管理专业综合改革试点建设的探索

主　编　汪德荣
副主编　李文敬　刘新全
　　　　　龙晓虹　黄智海

中国财富出版社

图书在版编目（CIP）数据

综合改革与发展创新：教育部“本科教学工程”物流管理专业综合改革试点建设的探索／汪德荣主编．—北京：中国财富出版社，2016.11

ISBN 978－7－5047－6217－7

Ⅰ．①综…　Ⅱ．①汪…　Ⅲ．①物流—物资管理—学科建设—研究—高等学校　Ⅳ．①F252－4

中国版本图书馆CIP数据核字（2016）第166886号

策划编辑　郑欣怡　　**责任编辑**　禹　冰

责任印制　何崇杭　　**责任校对**　梁　凡　张营营　　**责任发行**　敬　东

出版发行　中国财富出版社

社　　址　北京市丰台区南四环西路188号5区20楼　　**邮政编码**　100070

电　　话　010－52227568（发行部）　010－52227588转307（总编室）

010－68589540（读者服务部）　010－52227588转305（质检部）

网　　址　http：//www.cfpress.com.cn

经　　销　新华书店

印　　刷　北京九州迅驰传媒文化有限公司

书　　号　ISBN 978－7－5047－6217－7/F·2637

开　　本　710mm×1000mm　1/16　　**版　　次**　2016年11月第1版

印　　张　23　　**印　　次**　2016年11月第1次印刷

字　　数　389千字　　**定　　价**　68.00元

前 言

本科教学一直是高等院校最基本、最根本的工作。大学教育的改革必须体现以教学为中心，以提高人才培养质量为目标。物流管理专业是应用型学科，与社会经济发展的联系十分紧密。地方教学型本科院校的人才培养目标就是培养“实基础、强能力、高素质、广适应”的人才，即“能主动适应基层市场需求”，从而成为有广泛适用性的应用型人才。普通本科物流管理专业培养模式的改革是我国高等教育大众化、多元化发展的必然趋势，是大学教育面向基层服务社会的创新。近年来，广西师范学院物流管理与工程学院基于物流管理专业实践性很强的特点，树立全面素质观，面向中国—东盟自由贸易区（简称中国—东盟自贸区）物流管理专业人才的需求，人才培养模式改革注重强调“横向的厚基础与宽知识域基础上的纵向的强能力与深专业力”，将课程体系与能力教育融为一体，形成职业道德与素质、探索与构思、设计与组织、领导与执行、运作与实践的“五核心要素”培养模式，实现学生知识、能力、智慧、素质的“四元结构”协调发展；以学校通识类课程、学院优秀教学资源配置的平台课程、“能力本位”的专业基础课程、“做中学”的专业课程构成的“四层次”课程体系为基础，以培养学生具备“职业基础力 + 学习力 + 研究力 + 实践力 + 创新力”为核心目标。

作为地方应用型本科院校，“本科教学工程”综合改革必须注意三个导向：一是与地方院校服务区域的经济社会发展需求高度吻合，即所学专业知识不仅要紧跟经济社会发展需要，还要突出区域特色；二是具有一定理论基础，同时强调过硬的实践操作能力；三是强调横向的厚基础与宽知识域，纵向的强能力与深专业力。基于此，本书编写时主要收录以下三个方面的内容。

第一部分收录了广西师范学院物流管理专业教育部高等学校“专业综合改革试点”项目任务书、广西师范学院物流管理专业教育部“本科教学工程”

建设总结。

第二部分收录了广西师范学院物流管理专业教育部“本科教学工程”试点项目建设的部分教学改革教学研究论文。

第三部分收录了广西师范学院物流管理专业教育部“本科教学工程”试点项目建设部分教师教学改革子项目申报书。

本书是广西师范学院长期在一线从事教学和科研工作的专业教师辛勤工作的结晶，他们在承担繁重的教学科研任务之余，还要抽出时间进行写作，为本书的出版付出了大量卓有成效的辛勤劳动；同时，本书也得到了各院校、科研院所及物流企业专家学者的大力支持，在此一并表示感谢。由于时间仓促及编者水平有限等原因，本书可能还存在诸多不妥和错漏之处，恳请广大读者批评指正！

本书参考和收录了编者主持的广西师范学院2015年教学成果重点培育项目“物流管理本科专业职业适应性人才培养研究”的部分研究成果。

在本书编写过程中，参考了大量有关的著作和文献，未能全部列出，谨向原著作者表示感谢！

编　者

2016年5月

目　录

第一部分　专业综合改革任务及建设成果

第二部分　综合改革教学改革论文成果

课程建设篇

实践教学篇

第三部分　教学改革专项课题申报书

第一部分

专业综合改革任务及建设成果

➡ 项目任务书篇

广西师范学院物流管理专业教育部高等学校“专业综合改革试点”项目任务书

一、建设目标

1. 建设基础

广西师范学院物流管理专业是广西高等学校特色专业，2006 年开始招生。广西师范学院是广西壮族自治区最早开设物流管理专业的学校之一，物流管理专业是全区最早招生的物流管理职师专业。自招生以来，已经培养了一批掌握现代物流基本理论知识，熟练掌握商品的仓储、配送、物流规划技能，适合从事物流管理工作的专业人才。截至 2012 年，该专业毕业生共 97 人，一次性就业率达到 90% 以上，普遍受到社会好评。目前在校学生有 7 个本科班共 384 人，2007—2010 年，学生参加各类国家级、省区级竞赛获奖 12 人次。物流管理专业拥有承担理论和实验教学的专业教师 18 人，其中，教授 5 人，副教授 5 人，博士后 3 人，博士（含在读）8 人，硕士（含在读）6 人。2008—2012 年，科研项目立项 20 余项，其中，千亿元重大科技攻关项目 1 项，广西壮族自治区重点自然科学基金项目 1 项，教育部人文社科基金项目 2 项。近年分别与广西万通国际物流有限公司、广西凭祥物流园、钦州港口集团有限公司、中海物流（深圳）有限公司等建立了合作关系，成立校外实践教学基地。

我校物流管理专业经过近几年的建设与发展，逐步形成具有一定特色的人才培养模式，主要表现在以下方面。

（1）以社会需求为导向。物流管理专业立足于广西社会经济发展，面向东南亚经济一体化，坚决贯彻就业与教学紧密结合的办学理念，围绕广西经济发展对现代物流管理人才的需求特征，深化专业建设，突出理论与实战一体化教学、专业学习与知识应用一体化教学、专业技能与综合素质一体化教学，全程贯彻培养优质人才、为地方经济服务的教育思想，在学校、企业、研究机构合作方面特色鲜明。

（2）以课程创新为导向。推行“社会需求 + 专业要求”的课程创新设计模式，对2006—2010年培养方案的课程进行全面梳理，开发出了多组高度适应社会经济发展对现代物流的需要，同时又符合国内外物流管理专业建设和发展规律的应用性较强的特色课程。

（3）以能力培养为导向。确立培养复合型、应用型高级专门人才为根本目标，全面创新人才培养方案，加厚了专业基础知识板块，拓宽了专业服务口径，具有创新意义地设计了专业主干课与专业选修课模块，全面优化了课程结构，尤其是在实践教学体系与实验课程群的设计方面体现了浓厚的素质与能力培养特色，如开设了“物流案例分析”“物流运作模拟”等培养学生知识运用能力和综合素质的课程，开设了要求学生进行实地调研的“物流市场调查”课程设计和要求学生以实际案例为基本进行“物流系统规划与设计”的课程设计。此外，还在专业分流、课程交叉选修、创新学分、指导性实践方案及主辅修结合培养人才、专业导师制等方面，进行了大胆的改革与尝试，形成了较先进的培养模式与培养方案。

2. 建设思路

中国—东盟自贸区发展、广西北部湾经济区建设及广西“三基地一中心”发展定位促使广西物流业迅猛发展。广西物流的大发展必定需要多层次的物流人才，而其中“管理 + 技术”复合型物流人才的匮乏显然已成为制约其物流发展的人才瓶颈。物流科学是融汇了技术科学和经济科学的综合科学，在规划和改造物流系统时涉及系统科学、管理科学、运输科学、仓储科学、环境科学，以及机械、电子、通信等方面专门技术，广西壮族自治区和东南亚国家联盟（简称东盟）在这些科学方面的研究力度还很薄弱，对这些技术科学的系统研究和综合开发利用还有待加强。

针对目前高校物流人才培养与实际物流人才需求严重脱节现象，经济管理学院（简称经管学院）紧紧围绕学校“立足广西，为地方基础教育、区域经济建设和社会发展服务；挖掘潜力，发挥优势，面向全国，放眼东南亚”

的办学服务定位，整合优化学校优势资源，以地方现代物流业急需人才为导向，人才培养模式改革更加强调“横向的厚基础与宽知识域基础上的纵向的强能力与深专业力”。目前，经管学院物流专业主干课程为供应链管理、现代物流学、物流信息系统管理、物流系统工程、市场营销学、管理学等。经过相关教师反复调研，深入探索与地方经济发展相适应的、与产业发展相衔接的物流人才培养体系；以管理学、技术科学为基础，围绕主干课程“物流系统工程”和“供应链管理”，以“能力本位”专业课程为支撑点，将课程划分为管理方向课程群和工程技术方向课程群，形成独特的物流管理专业优势。以物流主干课程为核心，在横向厚基础与宽知识域的基础上，根据社会物流人才需求及个人发展加强学生纵向的强能力与深专业力，培养具有高度社会责任感，有良好专业素养，人格健全，基础扎实，具备多方面专业能力，擅长实践的物流管理专业人才，努力将本专业建设成为面向中国—东盟高级物流人才的培养基地。

3. 建设目标

物流管理专业作为“专业综合改革试点”项目建设，可推进课程体系、教学团队、教学方式、教学管理等专业发展重要环节的综合改革，加快将本专业建设成为西南地区有优势、全国有影响的物流管理特色本科专业，促进广西物流管理人才培养水平的整体提升，对引领示范本校及区内外职师专业的改革建设、增强学校办学实力具有重要意义。

本项目的具体建设目标如下。

（1）扩展专业体系内涵，完善课程体系，构建物流管理专业特色。将现代物流理论与技术科学引入物流管理专业，构建物流管理专业课程体系，使其适应学科专业理论与实践的新发展，适应我国市场经济和改革开放的发展要求，适应广西区情（中国—东盟自贸区发展、北部湾经济区建设、“三基地一中心”发展定位），突出“教学指导与支持平台＋能力培养实践平台”的专业特色，努力培养面向中国—东盟的国际市场物流管理人才。

（2）加强师资队伍建设，提升专业教学科研能力。全面提高教师队伍素质，形成一支专业结构合理，专业水平较高，职称、学历、年龄结构较为理想的教学团队；促进教师与专业实践的结合，使教师教学水平和能力全面提高，课堂教学水平不断提升。

（3）完善实践教学，推行开放式教学。建设校企合作实习实训基地和大学生创新基地，不断增加高质量的企业实习实训基地；由“实践基地＋社会物流调查＋专业竞赛”共同构建项目实践平台，经过建设，实现项目实践平台支撑“职业基础力＋学习力＋研究力＋实践力＋创新力”的培养。通过职业资格认证培训、学生社团活动、企业定制培养、国家科技竞赛活动、三下乡活动等大学生实践能力训练，提升学生综合素质和能力。物流管理职师专业招生列全校职师专业前列，通过建设将保持招生和就业水平不断提升。

（4）深化教学管理改革，构建评价体系。组建由政府领导、专家学者和物流协会人士及本校教师构成的专业建设指导委员会，建立健全严格的教学管理制度；从实际出发，建立严格的教学质量评价体系，它是学院实施质量监控的基础性工作，有利于教学管理的规范化，有利于提高教学质量，完成人才培养的目标。

二、建设方案

立足边疆民族地区，放眼东南亚，培养具备“职业基础力＋学习力＋研究力＋实践力＋创新力”的物流管理人才，强调横向的厚基础与宽知识域，纵向的强能力与深专业力。

1. 教学团队建设

建成优质高效教学科研创新团队，集成教学科研力量支持教学。对在职教师，一是采取更加优惠的措施，鼓励在职教师外出深造，提高教师的学历和实际教学科研能力，使具有博士学位的教师比例达到60%，力争40岁以下教师全部实现“博士化”；二是实行教师定期脱产锻炼制度，要求教师轮流脱产到企业锻炼，增强教师的实践教学能力；三是选送中青年教师到国内外交流、进修，特别是选送优秀中青年骨干教师到国内外著名高校或研究机构作高级访问学者、合作研究等。

以组建教学科研创新团队的方式，强调教师教学与科研工作的有机结合。一方面鼓励科研水平高的学术带头人领衔组建教学科研团队，鼓励他们将学科前沿知识通过课堂传授给学生；另一方面给长期在教学一线承担繁重教学任务的教师安排专门的进修机会，支持和鼓励他们将丰富的教学经验转化为科研成果，在促进教学的同时，提升他们的科研水平。此外，在团队建设中，大胆启用青年博士作为负责人，通过提供建设平台，加快优秀拔尖人才的培养。通过以上三个方面，实现教学与科研工作的有机结合，集成共享，最终促进高水平骨干教师队伍和学术梯队的形成。

聘请国内外一流的专家学者为兼职教授，参与并指导学术研究团队和教学改革团队的建设，指导本专业教师开展科研和教学研究活动，夯实教师学科基础，并根据学科发展的国际前沿帮助教师提升课程建设的理念，探索课程建设的有效途径。聘请他们为本科生开设课程或讲座，在与学生的交流中传道、授业、解惑。

2. 课程与教学资源建设

构建突出能力提升的课程体系，即强调横向的厚基础与宽知识域，纵向的强能力与深专业力。由学校通识类课程、学院优秀教学资源配置的平台课程、“能力本位”的专业基础课程和“做中学”的专业课程共同构成“四层次”课程体系。学校通识类课程涵盖以数理为主的自然科学与人文科学等课程，旨在开拓学生的视野，了解获取知识的方法，培养不同的思维方式。学院平台核心课程由“物流系统工程”“供应链管理”和其他类基础课程组成，旨在建立专业思维逻辑和基础理论的知识体系。“能力本位”的专业基础课程把相关的理论和技术作为其基础背景，强调在实践中构建学生的能力体系。“做中学”专业课与专门化方向课程则按照“在做与用过程中学习”的逻辑安排课程。学习时，学生主动自学和创新实践，教师整体策划，全程指导。

构建教学资料支持系统。以专业人才培养目标为依据，建设与课程体系相配套的教材与教学资料体系，以产学研结合为切入点，加大教材建设改革力度，以课程内容改革为核心，以教学方法、手段改革为重点，促进教材建设的规范化、现代化和系列化。

3. 教学方法改革

针对本专业课程理论性较强、非操作技能型等特点，本着定位要准、内容要新、理论要精、实践要强的原则，对课程的教学方法进行全面改革。为了提高学生的综合素质和技能，调动学生的积极性，本专业以多媒体课件、立体化教材、网上资源、实验室等为载体，通过增加案例讨论、调查研究、实验分析、科技活动等新的教学方法，建立了参与式、互动式、仿真式的教学方法体系，并将其融入到“五种能力”培养的各个环节。

（1）职业基础力教育环节，通过课内外的守法诚信素质训练、发展素质训练、成长推进计划等项目模拟操作、学术交流和社会实践等活动，建构道德责任，调整价值取向，强化职业操守，促进成长成才。

（2）学习力教育环节，通过问题学习与案例互动教学及“专题、专论、专家”的“三专”教学，培养学生的学习能力，提高学习的主动性、专业素养与品位。

（3）研究力教育环节，通过教师指导学生撰写论文以及研学课程的开设，教授给学生研究方法、路径，培养学生的研究素养与能力。

（4）实践力教育环节，通过计算机综合课程设计等基础训练、物流仿真等专业实验综合模拟实训的多层次实验体系和实习体验、技能强化与职业操守训练活动，培养学生的实践能力与职业道德、意识、规范、行为。

（5）创新力教育环节，通过创新能力培训，如物流专业竞赛、职业竞聘模拟大赛等培养学生的创新意识与能力。

4. 强化实践教学环节

针对不同实践项目的目的、项目培育能力、项目实践过程、项目实施效果评价等一系列实践平台要素进行管理和组织创新，支撑学生“五种能力”培养。

（1）积极开拓实践教学基地，突出实践能力和操作技能的培养。积极与广西区内外的交通运输部门、保税区、港口和大型物流企业基地联系，开拓实践教学基地和毕业实习基地，给学生创造更多的实践与技能训练的时间和空间，培养学生的实践能力和操作技能，提高学生管理和实践能力。

（2）积极引导学生进行社会调研，突出知识运用能力和交流能力的培养。针对广西壮族自治区物流业发展现状，引导组织学生分组进行社会调研，鼓励学生运用所学知识，在调研的基础上充分阐述自己的观点、见解，形成初步调研报告；由教师和学生共同负责将调研报告整理形成该年度广西壮族自治区物流业调研报告及南宁市物流业调研报告，为各级政府部门物流政策的制定提供参考。

（3）积极组织学生参加各类竞赛，突出创新思维能力和团队协作能力培养。通过参加各类竞赛充分培养学生的创新思维能力，检验学生对物流专业知识、物流方案规划设计，以及物流实际作业操作技能；通过任务分工，锻炼学生的组织管理与团队协作能力。

5. 教学管理改革

在制订物流管理专业人才培养方案的过程中，按照教育面向社会、开放式办教育的基本思路，组建由政府领导、专家学者和物流协会人士及本校教师构成的专业建设指导委员会。该委员会根据社会需求、人才培养规律，对人才培养方案进行指导、调整与完善。同时，还根据课程的特点和教学需要，采用两种或多种方式进行复合，并组建外部评价系统。

设计教学信息调查表和听课记录表。调查表在课程结束时使用，听课记录表由课程教学负责人教学过程中随机听课时填写。对负责人每学期听课次数定量化，并要求分别对相关教学环节进行评价。根据学生填写的调查表和负责人填写的听课记录，分析教学过程中所存在的问题以及教学改革与创新的效果，为教学研讨和教改指明方向。

6. 建设方案总体框架

以“职业基础力＋学习力＋研究力＋实践力＋创新力”为人才培养目标，以“课程结构显重点，课程设置多维度”的“四层次”课程体系为基础，以“计划＋基地＋资料＋队伍＋考核＋制度”构建的教学指导与支持平台和“实践基地＋社会物流调查＋专业竞赛”构建的能力培养实践平台为支撑，构建物流专业综合改革试点建设思路（见下图）。

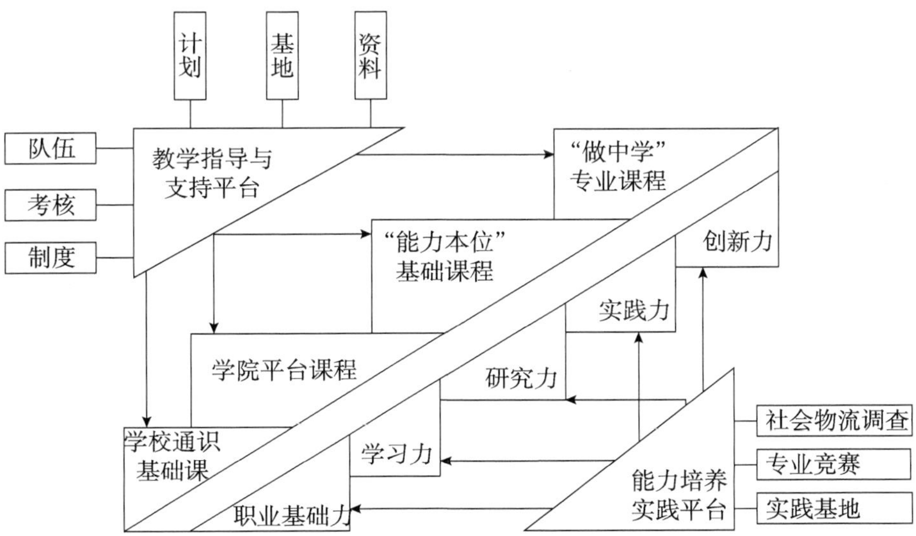

物流专业综合改革试点建设方案框架

三、预期成果

预期成果如下表所示。

预期成果

序号	项目	预期成果
1	教学团队建设	专任教师队伍中，博士所占比例在60%以上，教授、副教授所占比例在70%以上；完成骨干教师培养任务，培养学术带头人1～2人，努力将物流管理教学团队建设成为自治区级优秀教学团队
2	课程体系建设	优化课程设置，构建由学校通识类课程、学院平台核心课程、“能力本位”的专业基础课程、“做中学”专业课程组成的“四层次”课程体系
3	教材建设	编写教材或专著不少于5部
4	网络课程群建设	开发5门多媒体课件，获省级奖项2项。建设“供应链管理”和“物流系统工程”两个核心网络课程群，并围绕它们进行课程与教学资源建设，形成与人才培养目标、人才培养方案和创新人才培养模式相适应的优质教学资源
5	专业实验建设	物流仿真实验室
6	实践基地建设	新增教学实践基地5个，就业实习基地5个
7	实践教学考核评价体系改革	建立完善的实习课程考核评价体系
8	教研项目立项	承担省级以上项目不低于2项
9	教研论文发表	发表教研论文不低于10篇
10	科研项目立项	获省级以上项目不低于3项，横向课题项目不低于3项
11	科研论文发表	在核心期刊发表、录用学术论文不低于30篇（含国际三大检索论文）
12	创新性人才培养平台建设	建立实践教学共享平台，专业网络化信息管理及共享平台

➡ 项目建设成果篇

广西师范学院物流管理专业教育部“本科教学工程”建设总结

一、建设思路

1. 明晰专业定位

物流管理“本科教学工程”专业综合改革一方面是为了满足物流管理人才市场的需求，另一方面也是我校进行应用型本科高校建设的需要。

为了更好把握市场脉搏，提高物流管理专业人才培养质量与社会需求的切合度，2011 年至今，物流管理专业建设团队多次到企业进行毕业生的需求量、毕业生的能力要求、人才培养的满意情况、需开设课程的建议等方面的调研，并对调研资料进行深入研讨。调查发现：目前对于物流人才的需求缺口主要表现在三个方面：一是懂得物流规划、决策、策划高端应用型人才；二是既懂得物流管理又懂得信息技术的复合型人才；三是具有开放和创新眼光和能力的区域和国际化物流人才。因此，加快发展广西现代物流教育、培养“高层次、复合型、国际化”物流人才、建设“高水平、有特色”的物流管理专业已显得尤为重要和迫切。

近年来有关应用型本科教育教学的研究如火如荼，一些地方院校为了适应地方经济社会发展需要，找准办学定位、突出办学特色、增强服务社会能力、提高社会认可度，进行了应用型本科教育教学的大量研究和大胆尝试。围绕学校应用型本科建设目标，我们对物流管理“本科教学工程”专业综合改革进行了全方位的研讨、论证、改革和实践。

一是影响力定位：立足广西，面向全国，争创广西知名物流管理专业。服务于广西经济和现代服务业发展，培养德智体美全面发展，掌握经济管理基础理论、物流管理基本知识和现代化物流管理技术，具有较强的物流作业、物流业务管理、物流系统规划与设计等专业能力，能够在企事业单位从事采购、仓储、运输、配送、流通加工、信息处理、物流系统规划与设计、供应链设计等物流管理工作，具有创新意识和创新精神的高素质应用型专门人才。

二是就业层次定位：应用型物流管理本科教育既有别于注重理论的基础性与系统性的学术型教育，又有别于注重实操而缺乏理论根源的技术型教育。应用型物流管理本科教育培养的是既懂物流管理基本知识又懂现代物流管理技术的高层次物流管理人才。

三是就业岗位定位：应用型物流管理本科毕业生就业于企事业单位物流管理岗位群，包括采购管理、仓储管理、运输管理、配送管理、流通加工管理、信息处理管理、国际货代管理、物流系统规划与设计、供应链设计。

2. 创新办学思路

（1）以行业发展为导向确定人才培养目标。国家《物流业调整与振兴规划》提出加快发展现代物流业的 9 项任务，核心是发展一体化、专业化、信息化、国际化的现代物流业。现代物流业发展需要“高层次、复合型、国际化”等高层次物流管理人才，因此，确定我校物流管理人才培养规格要求是服务于广西经济和现代服务业发展，培养德智体美全面发展，掌握经济管理基础理论、物流管理基本知识和现代化物流管理技术，具有较强的物流作业、物流业务管理、物流系统规划与设计等专业能力，能够在企事业单位从事采购、仓储、运输、配送、流通加工、信息处理、物流系统规划与设计、供应链设计等物流管理工作，具有创新意识和创新精神的高素质应用型专门人才。

（2）以岗位及岗位发展需要设置课程体系。根据物流师国家职业标准（二级）以及企业经营管理的基本要求，以岗位及岗位发展需要设置课程体系。突破单纯以学科为核心来设置课程体系的传统本科教育课程结构，以岗位及岗位发展需要设置课程体系，实行“平台 + 模块”的课程架构，构建两个平台（即通识教育课程平台、专业教育课程平台）和三个模块（即专业方向课程模块、创新创业教育课程模块、个性化拓展课程模块）。新的课程体系优化了知识结构、突出了核心能力的培养、满足了个性化需求。着力推进“学历证书 + 职业资格证书”的“双证书”制度，鼓励学生参加物流及相关职业技能培训及考证，以更好地适应市场的需求。

（3）以能力为核心强化实践教学。努力构建有利于应用型创新创业人才培养的实践教学体系。一是构建基础实践教学层次、专业综合实践教学层次、科研创新实践教学层次纵向三层次实践课程体系；二是按照基础型、综合设计型、研究创新型思路统筹规划实验项目，减少验证型实验，增加综合设计型实验和研究创新型实验；三是科学构建课程实习、专业实习、生产实习、创新创业实习、毕业实习、社会实践等集中实践教学体系。本专业形成了感性认知、模拟深化、综合提升的能力递进式“三阶段”人才培养模式及主辅线相结合的实践教学体系，即以专业能力训练为主线，以综合素质、创新创业能力训练为辅线。

二、建设目标

1. 特色专业、特色课程与精品资源库提升工程

以物流管理区级优势特色专业为基础，以特色课程和精品资源库建设为先导，通过综合改革试点项目、大学生校外实践教育基地建设项目、区级优势特色专业建设项目等国家级和省级教学工程建设平台，融合校内外优质资源，以国家级特色专业建设为目标，从构建特色课程与精品资源库出发，按照国家级特色专业的标准，把物流管理专业建设成为综合实力强、具有地方和行业特色的国家级特色专业。

2. 物流学科扩量增效与品牌建设工程

物流学科作为一门新兴的交叉学科，大都处于一条起跑线上，在国家“一带一路”战略实施的指引下，在现有物流管理专业基础上，增设物流工程专业，实现物流学科提质扩量的目标。同时，通过增加物流学科的招生数量，提高物流人才的培养质量，扩大我校为国家“一带一路”战略和物流产业发展培养高素质的应用型人才，提高我校服务地方经济发展的能力。在扩大与完善物流学科发展的同时，把我校物流学科建设成为具有明显特色的国内有重要影响的学科，成为区内的品牌学科。

3. “政产学研”协同创新育人工程

通过已构建的“政产学研”教学指导委员会，建立协同创新人才培养工程。协同政府、企业、中职院校、科研单位等部门专家，从多层次、多维度、多平台合作，在人才培养方案和教学计划制订、教材的编写与选用、实习实训基地的建立等方面加强应用型人才的培养，不断提高学生的专业能力和专业技能，建成一套行之有效的协同育人新机制、新方法。

4. 物流与信息学科团队建设质量提升工程

"物流管理与信息化"学科团队是学校第一批十学科团队之一，为我院的学科发展构建了一个良好的科研平台，进一步调动团队成员的积极性和能动性，建立良好的激励机制和研究环境。通过加强与兄弟院校、公司企业、科研单位的合作，在"电子商务与智能物流系统""物流经济""物流系统优化"三个研究方向多出成果，多出高级的科究成果，打造和提升服务地方经济建设的水平和能力。

5. 中外合作办学与交流工程

物流产业的全球化、信息化高速发展，国家"一带一路"战备的实施，需要大批懂得国际贸易规则，具备国际交通运输、仓储、包装、报关、配送等物流标准与法律法规知识的物流应用型人才。加强与发达国家的高校合作，培养具有全球化理念的高层次物流人才，成为了当务之急。拟通过与美国相关高校合作办学，在培养国际化的高层次的物流应用型人才的同时，加强国际交流，开阔教师的国际视野，提升教师的专业水平。

6. 工商管理与物流工程专业硕士学位授权点建设工程

通过坚持内涵式发展，加强和提升物流管理与信息化学科团队、物流学科专业建设，整合校内多方资源，联合建设和申报 MBA（工商管理学）和物流工程专业硕士学位授权点。

7. 大学生道德素养专项建设工程

围绕大学生思想教育（主要包括理想信念教育、爱国主义教育、公民道德教育、网络思想政治教育）、学生党建（主要包括党员思想教育、党支部建设、党员先锋模范作用发挥、入党积极分子培养）、日常管理工作（主要包括学生干部队伍建设、学风建设、学生安全教育）、专题教育（主要包括就业指导教育、创业教育、社会实践教育）等内容，发挥学院党委、共青团、工会、学工办、专任教师等角色作用，形成全员育人的良好氛围，促进学生专业素养与道德素养全面提升。

三、建设成果

1. 人才培养目标进一步明确

项目建设紧密结合国家"一带一路"战略、广西与东盟地区的物流业发展、北部湾经济区发展对现代物流人才的需求特征，深入探索与广西地方经济发展相适应的、与产业发展相衔接的物流人才培养体系，同时，在此基础上，考虑在专业建设方向上协同创新、差异发展、错位竞争，尽快形成我校物流专业建设的优势和特色。

物流管理“本科教学工程”专业建设以“宽口径、厚基础、高素质、强能力”为总体指导思想，拓宽基础，培养人才的主动适应性，体现创新教育、素质教育和终生教育理念；融教师素养、专业知识素养培养为一体，相互协调、综合提高；突出“课程结构显重点，课程设置多维度”的课程体系定位，注重知识内容的基础性、系统性与先进性以及创新实践运用能力的提升，从理论基础、实践应用、方法技能三个方面形成独特的课程体系；坚持理论教学、实践教学和科学研究相结合，加强学生不断演进的知识体系能力的培养，以培养学生具备“职业基础力 + 学习力 + 研究力 + 实践力 + 创新力”为核心目标。该人才培养目标符合学校办学服务定位，紧紧围绕这一目标，通过四年多的建设，项目建设取得了良好的进展。人才培养过程控制方案如图 1 所示。

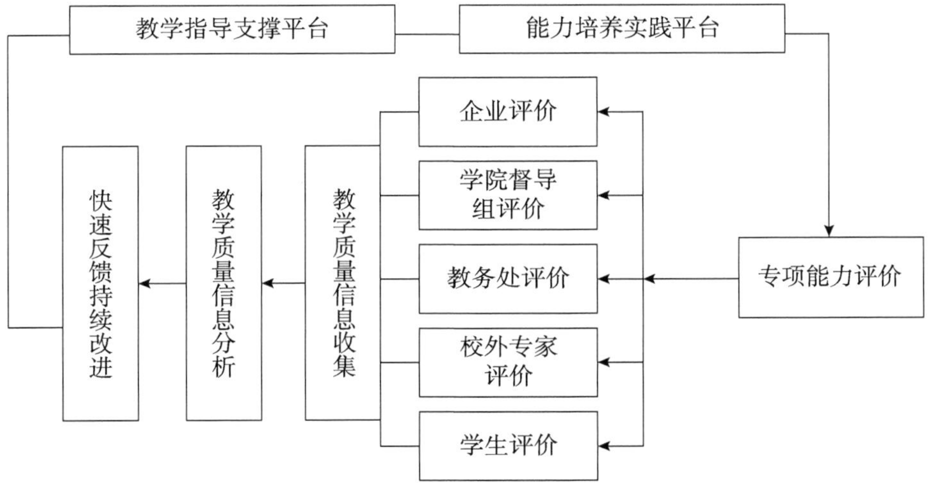

图 1　人才培养过程控制方案

2. 建设思路更加清晰

通过实践，我们认为开展“计划 + 基地 + 资料 + 队伍 + 考核 + 制度”的“六位一体”建设思路是正确的，根据新的人才培养定位，不断优化专业培养计划，加强基地建设，建设教学资料体系，强化师资队伍建设，构建外部评价与“开放式”考核系统，不断优化完善教学管理制度。

具体进展如下。

（1）构建四层次课程体系。以教学计划调整为契机，构建突出能力提升的课程体系，即强调横向的厚基础与宽知识域，纵向的强能力与深专业力。

① 学校通识类课程涵盖以数理为主的自然科学与人文科学等课程，旨在开拓学生的视野，了解获取知识的方法，培养不同的思维方式。

② 学院平台核心课程由“供应链管理”“现代物流管理”“物流系统工程”和其他类基础课程组成，旨在建立专业思维逻辑和基础理论的知识体系。经过对国内外众多大学的样本研究，物流管理本科层次现代物流管理、物流系统工程与供应链管理分属前三门必修课。

③“能力本位”的专业基础课程把相关的理论和技术作为其基础背景，强调在实践中构建学生的能力体系。

④“做中学”专业课与专门化方向课程则按照“在做与用过程中学习”的逻辑安排课程。学习时，学生主动自学和创新实践，教师整体策划，全程指导。

图 2 为四层次课程群体系设置方案。

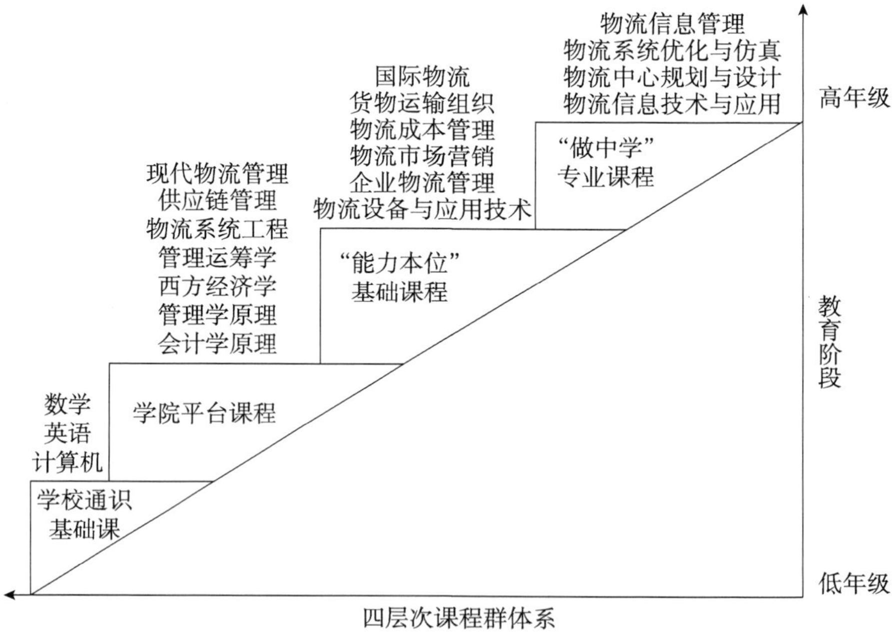

图 2　四层次课程群体系设置方案

（2）完善基地实践教育环节。在基地实践教育环节，除了强化学生对物流管理实践的了解、认识与体验外，强调先在校内进行模拟训练，构建能力基础，然后在专业实践基地进行基本技能训练，如信息获取能力、沟通能力、简单决策能力等。

为了与职教师资教学相适应，学院积极与中职院校联系，分别与南宁市第一职业技术学校、南宁市第六职业技术学校、广西交通运输学校等中职院校建立教育教学见习基地，近两年的物流管理职业师资类学生都获得中职院校的较高评价，见习成绩平均分96分以上，部分见习中职院校与学生直接签订了就业协议。另外，与南宁糖业广西云鸥物流有限公司、钦州港口集团有限公司、广西万通国际物流有限公司、广西凭祥物流园、中海物流（深圳）有限公司等建立了合作关系，成立校外实践基地。其中，广西师范学院钦州港口集团有限公司是国家级实践教育基地，也是广西壮族自治区级的大学生校外实践教育基地。

图3为阶段能力培养方案。

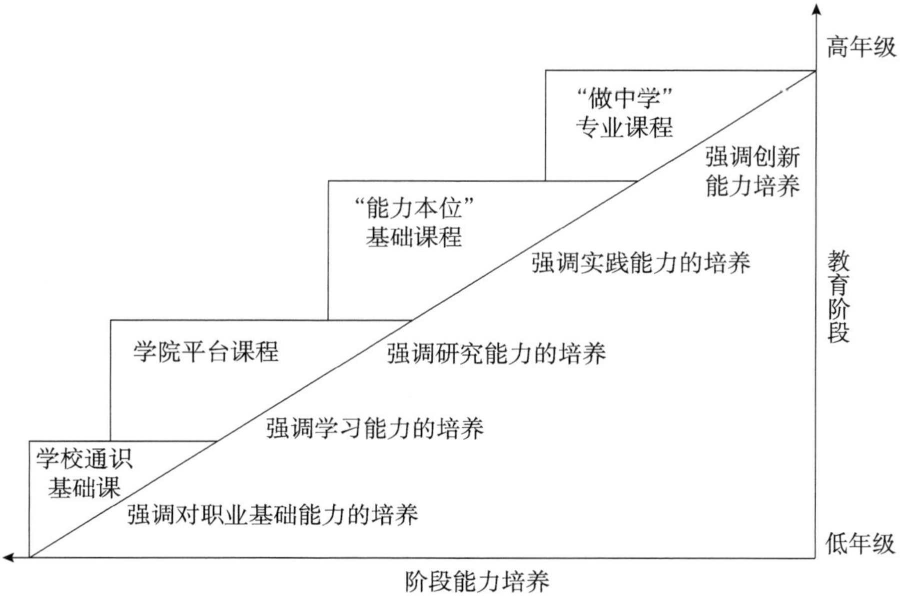

图3　阶段能力培养方案

（3）推进实验室建设。校内实验室建设加快推进，完成了物流实验室搬迁至五合校区的工作，并做好了功能分区。新建物流工程技术实训室

（智能物流实验室）、云计算与物流系统仿真实验室、ERP（企业资源计划）沙盘实训室、电子商务与供应链系统实验室4个实验实训室，并已经完成建设投入使用；正在积极筹建现代港口物流实训室，目前已经完成招标工作，正在建设。

在实验室，学生可以同时进行全自动立体仓库、配送中心和超市门店等实训，通过物流信息系统和物流设施设备的使用，让学生掌握现代物流综合知识与操作技能，如物流各环节的知识和操作技能、财务知识、营销知识与IT（互联网技术）技能等。

同时在实验室还配置了很多教学软件，学生可以在计算机上进行各种运输管理、仓储管理、配送管理、报关及报检、集装箱码头及堆场管理、货运代理等操作与优化分析，加深对国际物流、企业物流、第三方物流等理论知识的理解，提升思考决策与实践能力。可以建立不同的供应商、制造商、零售商、物流公司；并且不同的供应链合作伙伴有各自不同的数据账套。供应链管理系统从供应链运作和管理的角度对整个供应链过程进行综合的模拟和实训，从中可以深刻体会物流作为一种服务产业的运作流程和决策内容。

3. 创新意识显著增强

经过四年多建设，教师们的专业综合改革建设理念有很大程度的转变，并且开始思考“本科教学工程”综合改革同学科建设发展的关系，从中找到了位置，一定程度上“梳理出了队形”。

（1）打造教学团队。围绕主干课程“物流系统工程”和“供应链管理”等，以学院优秀教学资源配置平台课程为核心，以“能力本位”的专业基础课程为支撑点，开展课程体系建设。以核心课程划分方向积极打造教学团队，逐步形成以供应链管理、现代物流管理为核心课程的管理方向教学团队；以“物流系统工程”“物流系统分析与设计”为核心课程的工程方向教学团队；以“物流信息系统”“物流系统仿真”为核心课程的技术方向教学团队。教师根据自己所讲课程进入到不同的课程群，同一课程群教师通过调研、讨论，进一步优化本课程群课程设置，使其更加趋于合理；每一课程群均由核心教师负责，如物流技术课程群由李文敬教授、黎英博士、陆宇灵博士负责，现代物流管理课程群由汪德荣研究员、马小雅博士、李冠军讲师负责，物流工程课程群由刘新全博士、贺世红副教授、李梅博士负责，各课程群之间定期开展交流，讨论各课程群课程设置情况。

（2）打造科研团队。考虑教师队伍的稳定与发展，使教师队伍的年龄结构、职称结构、学历结构趋于平衡，逐步形成以中青年教师、研究生以上学历教师、高中级职称教师为主体，既能从事产学研开发工作，又具有较高学术水平和发展潜力的教师队伍。为此，整合优势资源，结合物流专业跨学科、多交叉的特点，打造不同方向科研团队，逐步形成以李文敬教授为核心的智能物流技术研究方向，以汪德荣研究员为核心的区域物流经济研究方向，以刘新全副教授为核心的物流系统优化研究方向。

此外，聘请校外学者和专家、行业精英组成兼职教师队伍，充分利用外脑智慧，密切物流管理实践，培养学生能力。2015 年为了进一步深化专业综合改革和加强专业内涵建设，我院成立物流管理与信息化专业群教学指导委员会，聘请了物流行业、高校学者共 9 名专家担任指导委员会委员，聘请了 6 名专家作为专业客座教授。教学指导委员会的成立，为建立校企深度融合、共同培养人才的机制，促进物流管理专业教学改革奠定了强有力的基础。

4. 综合类校外实践基地建设成果显著

2013 年 5 月 7 日教育部公布了地方所属高校“本科教学工程”大学生校外实践教育基地建设的通知，我校物流管理专业——钦州市港口（集团）有限责任公司综合类校外实践基地获得批准，成为了我校获得的第一个国家级的大学生校外实践教育基地。项目为我院物流管理专业推进改革，创新校外实践教育模式，推动校企双方共同制定校外实践教育的教学目标和培养方案、共同建设课程体系和教学内容、共同组织实施培养过程、共同评价培养质量，组建由高校教师和企事业单位的专业技术人员、管理人员共同组成的教师队伍，促进地方高校与科研院所、行业、企业建立联合培养人才的新机制提供了难得的机会。

实践教学体系如图 4 所示。

综合类校外实践基地建设明确了实践教育基地责任和运行模式：①实践教育基地组织钦州市港口（集团）有限责任公司专家参与广西师范学院物流管理专业培养方案的制订工作，共同制订培养目标、共同建设课程

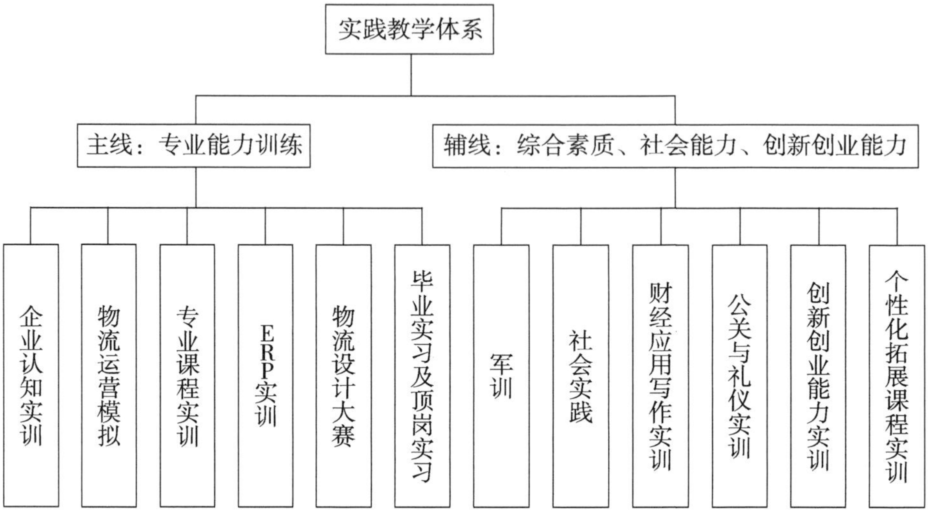

图4　实践教学体系

体系和教学内容，特别是企业学习阶段培养方案的制订；②落实学生在企业学习期间的各项教学安排；③建设基地指导教师队伍；④接受安排高校教师挂职锻炼，学习企业实践操作和管理技能；⑤细化企业学习（工作）方案，审定企业课程教学大纲，组织实施教学建设等；⑥提供本科生毕业设计题目或研究课题，选派专业技术人员和管理人员参与具体指导；⑦对学生的企业学习阶段考核和评价；⑧广西师范学院钦州市港口（集团）有限责任公司物流管理实践教育基地指导委员会实行例会制度，定期或不定期召开会议，使组织机构制度化，有效地研究解决工作中遇到的新情况、新问题；⑨日常运行由钦州市港口（集团）有限责任公司负责；⑩实践教育基地按照钦州市港口（集团）有限责任公司的规章制度对学生进行管理。对于违反规定的学生可终止其在基地的学习资格；⑪向广西设有物流管理、国际贸易等专业的高校开放。根据基地实际接待能力，接受学生来企业学习。

建立了钦州市港口（集团）有限责任公司实践教育基地的师资。目前钦州港口集团拥有实践指导教师25人，其中高级工程师2人，高级经济师1人，工程师17人，经济师5人。在港口物流、港口及航道工程管理、港口物流管理和交通运输管理方面较具特色，为学生见习和实习提供良好的实践操作指导和专业指导。

综合类校外实践教育基地正常开展实习实践活动，提高了学生的实践能力。

近年来，学校物流管理专业和钦州市港口（集团）有限责任公司建立了产学研合作联系。在专业课的教学中充分利用钦州市港口（集团）有限责任公司的条件，进行现场教学和专业实习。例如，港口物流、仓储配送管理及物流技术与装备的部分课程教学就在钦州市港口集团进行，教学过程利用港口集团的设备资源，聘请了钦州市港口（集团）有限责任公司应用型骨干人员作为企业教师，并对企业教师进行了相关的培训，使企业的应用型人员不断接受新的知识更新，更好地为教学服务。近年来，钦州市港口（集团）有限责任公司与广西师范学院进行了卓有成效的科研教学合作，广西师范学院协助钦州市港口（集团）有限责任公司进行港口物流规划，极大地促进了企业的应用型进步。

自2010年开始在钦州市港口（集团）有限责任公司建立学生实习基地以来，广西师范学院物流管理专业每届学生均安排到港口集团公司进行实习（包括课程见习和毕业顶岗实习）。

5. 课程体系改革创新发展

以能力为核心，凸显个性，构建了两个平台，即通识教育课程平台、专业教育课程平台和三个模块，即专业方向课程模块、创新创业教育课程模块、个性化拓展课程模块，深化了课程体系改革。建立以知识、能力、素质等多方面结合的综合评价系统，着重考察学生分析问题、解决问题的能力，实践动手能力、创新创业能力。学科基础课程考核：20%（平时成绩）+30%（能力成绩）+50%（基础知识笔试成绩）。学生必须获得双60分以上方可通过课程考核，其中三项综合考核必须达到60分，基础知识笔试成绩必须达到60分（基础知识卷面成绩100分）；专业课程考核：专业知识+专业技能+社会能力+方法能力+软件应用能力等；校外实习课程考核：全部交由企业按企业考核标准考核。改变传统的期末一考定成绩为过程考试为主，期末考试为辅的考核方式；形成多元、动态的评价机制，全面科学地评价学生的知识、能力和素质。课程设置与能力培养如表1所示。

表 1　　课程设置与能力培养

综合素质与能力	专项素质与能力	对应课程或实践
基本素质与能力	政治素质	思想道德修养与法律基础、中国近现代史纲要、马克思主义基本原理、毛泽东思想和中国特色社会主义理论体系概论、形势与政策等
	人文科学素质	跨文化交际学、有效沟通技巧、演讲与口才、管理心理学、经典文学作品鉴赏、摄影艺术、中国美术概论、中外名曲赏析等
	身心素质	军训、体育、管理心理学等
	分析运算能力	高等数学、概率论、线性代数、统计学等
	英语应用能力	大学英语、国际贸易理论与实务、国际货运代理、外贸单证学、报关与报检等
	计算机应用能力	大学计算机基础、VFP（可变因素编程）程序设计等
	利用现代化手段获取信息能力	财经应用文写作实训等
	组织管理、语言表达、人际交往以及在团队中发挥作用的能力	管理学、演讲与口才、管理心理学、有效沟通技巧、物流运营模拟实训、ERP 实训、物流设计大赛等
学科基础知识及应用能力	经济学、管理学学科基础理论知识	微观经济学、宏观经济学、管理学、统计学、会计学、市场营销学、财政与金融、经济法、认知实习等
	经济现象的认知与分析能力、组织管理能力	
专业基础知识及应用能力	物流管理基本理论知识	商品知识及养护技术、物流运筹学、现代物流管理、运营管理、物流法规物流运营模拟实训、ERP 实训等
	物流作业能力、物流业务管理能力	

续　表

综合素质与能力	专项素质与能力	对应课程或实践
专业核心知识与应用能力	采购与仓储知识与能力	采购与仓储、运输与配送、供应链管理、物流系统规划与设计、物流成本管理、物流设计大赛、专业综合实习等
	运输与配送知识与能力	
	供应链系统管理知识与能力	
	物流系统设计与规划知识与能力	
	物流成本管理知识与能力	
创新创业能力	创新能力	创造力理论与创新思维、科技进步概论、发明学、创新文化、创新实践等
	创业能力	大学生创业教育、创业学、创业之星实践、成功创业案例分析、创业实践等
个性化发展能力	自然科学	今日物理、物联网概论、博弈论、Photoshop① 设计与制作等
	社交技能	跨文化交际学、有效沟通技巧、演讲与口才、管理心理学等
	文学与艺术	经典文学作品鉴赏、摄影艺术、中国美术概论、中外名曲赏析等

6. 建设成果显著增加

经过四年的积累，物流管理专业教育部“本科教学工程”建设成果显著增加。

（1）科研能力大幅提升。近三年，教师获得国家级和省部级科研项目立项10余项，其中，国家基金项目5项（国家自然科学基金2项、国家社科基金3项）；省部级科研项目10项（广西千亿元重大科技攻关项目1项、广西壮族自治区重点自然科学基金项目1项、教育部人文社科基金项目3项、广西社科基金项目5项）；国家级教学改革项目2项、省部级教改项目8项；发表论文200多篇；出版专著13部；获省部级教学科研奖12项；教学科研平台

① Photoshop：图像处理软件。

经费1000多万元。教师丰富的科研和教学成果，为物流管理专业教育部"本科教学工程"建设与发展提供了良好的师资条件。

（2）专业建设水平不断增强。物流管理专业成为广西优势特色专业。2013年获得教育部地方高校"本科教学工程"第一批本科专业综合改革试点和广西师范学院钦州港口集团物流管理实践教育基地2个国家级教学质量工程建设平台；2011年获得广西高校特色专业及课程一体化建设项目区级建设平台；2014年获得广西高校优势特色专业建设点；2015年物流与信息化专业（群）获得了广西师范学院应用型本科试点专业（群）建设项目和自治区级大学生校外实践教学基地建设项目。物流管理专业建设取得了优异的成绩，走在了区内高校的前列。

（3）实验设施建设取得明显成效。近三年，学校投入和各种平台获得的建设资金共计500多万元。学院已经建成物流工程技术实训室（智能物流实验室）、云计算与物流系统仿真实验室、ERP沙盘实训室、电子商务与供应链系统实验室4个实验实训室；拥有物流静态展示沙盘、ERP企业经营模拟沙盘、港口物流智能虚拟系统、3D物流演示与训练系统、供应链管理模拟教学软件、储存管理供应链管理数字化资料包、交通综合仿真GIS软件、三维企业经营模拟系统、新道新商战电子沙盘系统、物联网全智能物流示范试验平台、无线传感网实验箱、物联网RFID实验箱和100台计算机等软件硬件设备，一次能提供100人同时进行实验实训，基本上能满足我院学生实验实训课要求。

（4）校地合作不断加强。学院积极整合资源，拓展思路，成立了"政学产研"教学指导委员会。与校外10多家公司企业建立教学实习基地，通过为企业开展技术咨询服务、员工培训，企业骨干参与学院人才培养方案的制订、参与课程教学与实践环节等互惠机制建设，进一步密切校企合作关系，让物流管理专业人才培养更符合企业需求。其中，与钦州港口集团有限公司的共建基地为国家级共建基地，为物流专业学生提供了更多的实验基地和实验平台，逐步实现校内外教学实训一体化。

（5）人才分类培养改革模式成效显著。学院以"宽口径、厚基础、高素质、能力强"作为专业人才培养的指导思想，以培养学术型人才、"双师型"职师人才、创业就业型人才为目标，实行人才分类培养模式，取得了明显的成效。近3年，物流管理专业有10多位同学考上了硕士研究生，毕业学生一次就业率都达到90%以上。我院物流管理专业已经发展成为广西物流管理高级应用型人才的重要培养基地。

7. 主要特色

通过系列改革举措，形成了物流管理专业鲜明的办学特色。

以服务中国—东盟自贸区背景下广西“14+4”产业体系发展对物流人才的需求为目标，构建具有广西北部湾经济区区域特色的“四层次”课程体系，以“能力本位”专业课程为支撑点，将课程划分为管理方向课程群和工程技术方向课程群，形成独特的物流管理专业优势。以物流主干课程为核心，在横向厚基础与宽知识域的基础上，根据社会物流人才需求及个人发展加强学生纵向的强能力与深专业力。

以“计划+基地+资料+队伍+考核+制度”构建的教学指导与支持平台和“实践基地+社会物流调查+专业竞赛”构建的能力培养实践平台为支撑，以培养学生具备“职业基础力+学习力+研究力+实践力+创新力”为核心目标，拓宽基础，培养人才的主动适应性，体现创新教育、素质教育和终生教育理念。

教育部“本科教学工程”（物流管理专业）综合改革试点建设成果如表2至表14所示。

表2　　教育部“本科教学工程”（物流管理专业）综合改革试点建设成果

序号	项目	预计成果	完成情况
1	教学团队建设	形成一支高素质、结构合理的教师队伍，即专任教师队伍中，博士所占比例在60%以上，教授、副教授所占比例在70%以上；应邀出国访问2~3人；实施专业青年博士教师培训计划：2~3名青年教师到国内著名大学攻读博士后或进修，1人到海外大学研修完成骨干教师培养任务；培养学术带头人1~2人，努力将物流管理教学团队建设成为自治区级优秀教学团队	博士50%，在读博士11%；教授、副教授78%；出国访问1人；攻读博士后或进修2人；学术带头人1人

续 表

序号	项目	预计成果	完成情况
2	课程体系建设	优化课程设置，构建由学校通识类课程、学院平台核心课程、“能力本位”的专业基础课程、“做中学”专业课程组成的“四层次”课程体系	成立了“政产学研”教学指导委员会，课程体系基本建成，2016年继续完善
3	教材建设	编写教材或专著不少于5部	出版教材、专著7部
4	网络课程群建设	开发5门多媒体课件，获省级奖项2项；建设“供应链管理”和“物流系统工程”两个核心网络课程群，并围绕它们进行课程与教学资源建设，形成与人才培养目标、人才培养方案和创新人才培养模式相适应的优质教学资源	1个全国微课比赛二等奖，课程群网络课程正在建设之中
5	专业实验建设	物流仿真实验室；物流模拟与物流实训实验室，全面提升实验室设施与设备水平，提高实验室使用效率	1个智能物流实验教学中心，5个实验室（ERP沙盘实训室、电子商务与供应链系统实验室、智能物流实验室、云计算机与物流仿真实验室、港口物流实验室）
6	实践基地建设	完善实验教学环节，形成特色实践教学体系，全面实施实践教学基地评估体系，形成高水平的实践教学的教师队伍；新增教学实践基地5个，就业实习基地5个	建立了26个实习与教学实践基地，其中钦州市港口（集团）公司是国家级、省级大学生实践教育基地
7	实践教学考核评价体系改革	建立完善实习课程考核评价体系，实施全方位专业教学质量管理，形成以院校内部评价为主体、政府督导性评估为主导、社会评价为重要参照物的专业教学质量管理评价机制	建立了实习课程考核评价体系、大学生校外实践教育基地的考核评价体系
8	教研项目立项	承担省级以上项目不低于2项	省级9项

续 表

序号	项目	预计成果	完成情况
9	教研论文发表	发表教研论文不低于10篇	教研论文12篇
10	科研项目立项	获省级以上项目不低于3项，横向课题项目不低于3项	国家级6项，省级13项，经费477万元；横向7项，经费67万元
11	科研论文发表	在核心期刊发表、录用学术论文不低于30篇（含国际三大检索论文）	40篇，其中CSSCI①3篇，EI②2篇，核心13篇，软著2个
12	创新性人才培养平台建设	建立实践教学共享平台，专业网络化信息管理及共享平台	建立现代物流与电子商务研究所；建立“本科教学工程”专业综合改革试点建设网站、钦州市港口（集团）有限责任公司物流管理专业实践教育基地学习网站、物流管理特色专业学习网站

表3　物流管理专业建设平台一览表

序号	平台名称	项目来源	立项年份
1	广西师范学院物流管理专业“本科教学工程”地方高校第一批本科专业综合改革试点项目	国家教育部	2013
2	广西师范学院—钦州市港口（集团）有限责任公司综合类校外实践基地	国家教育部	2013
3	广西高等学校特色专业及课程一体化建设	广西教育厅	2011
4	广西优势特色专业	广西教育厅	2014
5	广西师范学院—钦州市港口（集团）有限责任公司物流管理实践教育基地	广西教育厅	2015
6	物流管理与信息化应用型专业（群）综合改革试点建设项目	广西师范学院	2015

① CSSCI：中文社会科学引文索引。

② EI：工程索引检索数据库。

表 4　　科研项目

序号	项目名称	负责人	项目来源	经费（万元）	立项年份	项目级别
1	广西沿海地区适应气候变化的障碍诊断及应对	傅东平	国家自然科学基金资助项目	34	2013	国家级
2	基于 GEP① 和亚复杂系统的跨媒体时空数据挖掘关键技术研究	元昌安	国家自然科学基金资助项目	50	2013	国家级
3	基于级联失效北部湾城市群物流道路运输网络可靠性优化研究	刘新全	2014 年国家自然科学基金项目	35	2014	国家级
4	沿边跨境经济合作区的发展模式与政策创新研究	汪德荣	2014 年国家社科基金项目	20	2014	国家级
5	社会资本参与中小城镇建设的盈利模式构建研究	李梅	2014 年国家社科基金项目	20	2014	国家级
6	广西文化旅游协同化电子商务服务系统研发	元昌安	2015 年国家科技支撑计划项目	209	2015	国家级子项目
7	北部湾同城化资源环境约束机制与情景模拟研究	严志强	2014 年广西自然科学基金	30	2014	省部级
8	提升我国中小城镇资源集聚能力研究	傅东平	2014 年广西哲学社会科学规划后期资助项目	3. 5	2014	省部级
9	中国—东盟分布式物流库存模型研究及系统开发	李文敬	2015 年广西科技开发项目	40	2015	省部级

① GEP：良好工程管理规范。

续 表

序号	项目名称	负责人	项目来源	经费（万元）	立项年份	项目级别
10	北部湾城市群恶劣天气条件下物流运输策略研究	刘新全	2013 年度广西区哲社规划课题	0	2013	省级
11	广西地理标志产品开发助推农民收入倍增的路径研究	汪德荣	2013 年度广西区哲社规划课题	2	2013	省级
12	基于物联网的广西地标农产品物流体系构建研究	贺世红	2013 年度广西区哲社规划课题	2	2013	省级
13	大数据背景下企业商业模式创新路径研究	黄海清	2014 年度广西高校科研项目	0	2014	厅级
14	广西物联网产业发展协同策略研究	李梅	2015 年度广西科协资助高校青年教师及研究生专项课题	0	2015	厅级
15	一种新型云数据模型及其操作代数研究	黎英	2015 教育厅项目	3	2015	厅级
16	中小物流企业仓储作业管理标准化体系的构建	马菊花	广西高等学校科学研究重点资助项目		2013	厅级
17	基于多核机群的事务内存并行编程模型的研究与实现	李文敬	广西高校科学技术研究项目（一般项目）	3	2013	厅级
18	基于级联失效的多式联运承运人区域运输选择行为仿真研究	刘新全	广西高校科学技术研究项目（一般项目）	3	2013	厅级

续 表

序号	项目名称	负责人	项目来源	经费（万元）	立项年份	项目级别
19	气候变化对广西沿海地区港口物流的影响评估及适应研究	李梅	2014 年度广西高校科研项目	3	2014	厅级
20	基于标杆管理的地方高校行政绩效评估研究	黄智海	2013 年度广西师范学院青年科研基金	0.3	2014	校级
21	气候变化下的广西沿海港口物流协同发展与提升路径研究	李梅	2013 年度广西师范学院教师前期基础研究基金	0.3	2014	校级
22	广西生鲜农产品冷链物流发展对策及模式创新研究	马小雅	2015 年度前期基础研究基金	1	2015	校级
23	民族地区农业转移人口市民化问题研究	傅东平	民族地区新型城镇化研究中心 2015 年度开放基金	6	2015	校级
24	民族地区新型城镇化进程中的公共物品配置问题研究	尹文嘉	民族地区新型城镇化研究中心 2015 年度开放基金	6	2015	校级
25	社会资本参与民族地区新型城镇化问题研究	李梅	民族地区新型城镇化研究中心 2015 年度开放基金	6	2015	校级

表 5　　教改项目

序号	负责人	项目来源	经费（万元）	起止时间	项目级别
1	李梅	2013 年度广西高等教育教学改革工程项目	0.5	2013—2015	省级
2	元昌安	2015 年度广西高等教育教学改革工程项目	1.5	2015—2016	省级
3	汪德荣	2015 年度广西职业教育教学改革立项项目	1	2015—2017	省级
4	尹文嘉	广西教师教育研究课题	0.5	2013—2014	省级
5	元昌安	广西教育科学“十二五”规划 2013 年度委托重点课题	20	2013—2015	省级
6	元昌安	广西教育科学规划课题管理系统工作平台前期研究	20	2013—2015	省级
7	张雷	就业视角下广西物流管理专业应用型创新人才培养模式研究与实践	1	2014—2015	省级
8	元昌安	信息技术类“产学研用”一体化应用创新型人才培养的探索与实践	1.5	2015—2016	省级
9	汪德荣	职教师资培养目标与“双师型”教师“三维立体化”协同培养模式构建的实践与研究	1	2015—2017	省级
10	刘新全	“14 + 10”产业发展驱动下广西物流管理职教师资专业中外联合培养研究	0.3	2015—2016	校级
11	贺世红	2012 年度校级教学改革工程立项项目		2012—2014	校级
12	卢忠东	2014 年度校级教学改革工程立项项目	0.3	2014—2015	校级

续 表

序号	负责人	项目来源	经费（万元）	起止时间	项目级别
13	李梅	2015 年度广西师范学院教学改革工程立项项目	0. 3	2015—2016	校级
14	李文敬	2015 年度广西师范学院教学改革工程立项项目	0. 3	2015—2016	校级
15	刘新全	2015 年度广西师范学院教学改革工程立项项目	0. 3	2015—2016	校级
16	严志强	2015 年度广西师范学院教学改革工程立项项目	0. 3	2015—2016	校级
17	元昌安	2015 年度广西师范学院教学改革工程立项项目	0. 3	2015—2016	校级
18	严志强	地方高校土地资源管理专业应用技术型本科人才培养模式改革探索	0. 3	2015—2016	校级
19	李梅	基于多维实践平台建设的物流管理专业人才分类培养的研究与实践	0. 3	2015—2016	校级
20	李文敬	基于多维实践平台建设的物流管理专业人才分类培养的研究与实践	0. 3	2015—2016	校级
21	卢忠东	基于行为模拟的高校管理类专业实训模式研究	0. 3	2014—2015	校级
22	元昌安	信息技术类“产学研用”一体化应用创新型人才培养的探索与实践	0. 3	2015—2016	校级

表 6　　教改论文

序号	工作量名称	作者	发表刊物/论文集
1	物流管理专业 ERP 课程翻转课堂教学模式的研究与实践	陈婷	物流工程与管理
2	地方本科高校物流管理专业教师教学技能提升的研究	黄智海	物流科技
3	设置物流交叉课程培养物流复合人才	李梅	物流工程与管理
4	物流管理专业学科交叉类课程建设初探	李梅	物流科技
5	基于多维实践平台建设的物流管理专业人才分类培养	李文敬	物流工程与管理
6	以职业能力培养为核心的应用型本科课程体系改革思考	龙晓虹	课程教育研究
7	物流管理（职师）专业教学模式改革初探	马小雅	大学教育
8	普通本科物流管理专业人才培养模式改革的探索与实践	汪德荣	发展与改革
9	普通本科经管类应用型创新人才培养模式改革的探索与实践	汪德荣	广西教育
10	以学生为中心的理念在工商管理教学中的应用	汪德荣	科教导刊
11	高校 ERP 课程实验教学方法研究	陈婷	中国管理信息化
12	基于行为模拟的高校管理类专业实训模式研究	卢忠东	科教文汇

表 7　　科研论文

序号	论文名称	作者	发表刊物/论文集	发表类型
1	环境群体性事件的演化机理分析	尹文嘉	行政论坛	CSSCI
2	基于混合效用的道路网络级联失效演变研究	刘新全	系统工程	CSSCI
3	民族地区群体性突发事件的扩散路径与机理	尹文嘉	宁夏社会科学	CSSCI

续 表

序号	论文名称	作者	发表刊物/论文集	发表类型
4	Intuitionistic Fuzzy Multiple Attribute Decision Making Method based on Closeness Degree	李梅	Applied Mechanics and Materials	EI
5	基于贝叶斯网络推理的道路网络级联失效仿真	刘新全	交通运输系统工程与信息	EI，核心期刊
6	撬动社会资本参与中小城镇建设	傅东平	人民日报理论版	报刊文章
7	提高中小城镇资源集聚能力	傅东平	人民日报理论版	报刊文章
8	Parallelism Analysis and Algorithm design of Petri Net	李文敬	2014 13th International Symposium on Distributed Computing and Applications to Business, Engineering and Science	国际学术会议论文集
9	Research and Implementation of Petri nets parallelization model	李文敬	2014 13th International Symposium on Distributed Computing and Applications to Business, Engineering and Science	国际学术会议论文集
10	"一带一路"背景下的广西北部湾港现代物流体系建设研究	汪德荣	物流技术	核心期刊
11	供应链管理视角的广西文化产业发展策略与模式研究	卢忠东	商业经济研究	核心期刊
12	广西北部湾港口应急管理问题与对策研究	贺世红	物流技术	核心期刊
13	过度规则遵从的组织风险及规避路径	尹文嘉	领导科学	核心期刊
14	基于改进模拟植物生长算法的电子废弃物回收选址	陈婷	物流技术	核心期刊

续 表

序号	论文名称	作者	发表刊物/论文集	发表类型
15	基于级联失效与预期后悔的道路备选路径仿真	刘新全	计算机应用研究	核心期刊
16	基于模糊物元模型的农产品冷链物流企业绩效评估研究	李梅	江苏农业科学	核心期刊
17	价格离散受电子商务市场影响因素分析	陈婷	商业时代	核心期刊
18	农业转移人口市民化成本分担机制研究	傅东平	广西社会科学	核心期刊
19	我国大中型企业研发效率及其收敛性研究	傅东平	工业工程	核心期刊
20	西部地区地理标志农产品供应链管理中的政府行为研究——以广西地理标志农产品为例	贺世红	物流技术	核心期刊
21	直觉模糊多属性决策方法在绿色农产品供应商选择中的应用研究	李梅	物流技术	核心期刊
22	迈向共同治理——社会建构下的公共参与及模式转换	尹文嘉	经济社会体制比较	权威期刊C
23	地方高校公共管理专业人才培养模式的思考——以广西师范学院为例	尹文嘉	传承	一般期刊
24	电动车治理问题及对策研究	汪德荣	辽宁行政学院学报	一般期刊
25	高校教师人力资源配置的理论指导	彭定新	管理观察	一般期刊
26	高校群体突发事件应急管理研究	汪德荣	齐齐哈尔大学学报	一般期刊
27	高校组织制度对教师人力资源配置的作用分析	彭定新	人力资源管理	一般期刊

续 表

序号	论文名称	作者	发表刊物/论文集	发表类型
28	广西14个城市经济重心与产业重心协同演变实证分析	严志强	广西师范学院学报	一般期刊
29	广西北部湾港口应急物流体系构建研究	贺世红	现代经济信息	一般期刊
30	广西北部湾经济区物流管理体系的构建	汪德荣	现代物业	一般期刊
31	广西公共资源分布现状、趋势及对城镇化的影响	尹文嘉	传承	一般期刊
32	广西在“一带一路”战略中的比较优势及发展途径	汪德荣	当代经济	一般期刊
33	基于多核机群的事务内存并行编程模型的研究	李文敬	小型微型计算机系统	核心期刊
34	基于满意度的资源配置优化模型研究	彭定新	中国市场	一般期刊
35	立体化教学模式的探索与实践	尹文嘉	中国电力教育	一般期刊
36	民族地区群体性突发事件的扩散方式——动力机制及防控策略	尹文嘉	经济与社会发展	一般期刊
37	社会治理创新视域下的公众参与：能力、意愿及形式	尹文嘉	广西师范学院学报（哲社版）	一般期刊
38	网络群体性事件及其应对机制探析	尹文嘉	法制与经济	一般期刊
39	新常态下欠发达地区工业转型升级路径研究	汪德荣	广西师范学院学报	一般期刊
40	应用型创新人才协同培养的内在机理与提升路径分析	尹文嘉	中国电力教育	一般期刊

表 8　　发明专利、软件类

序号	成果名称	成果类型	状态	发明人
1	基于多核 PC 的 Petri 网并行算法的模拟自动物料处理系统	软件制品	登记	李文敬
2	基于多核机群三级并行模型的 Petri 网自动物料并行处理仿真系统程序	软件制品	登记	李文敬

表 9　　出版教材、著作

序号	出版教材、著作	主编	出版社
1	广西北部湾港口物流发展研究	贺世红	广西师范大学出版社
2	物流信息系统分析与设计	黎英	广西师范大学出版社
3	现代物流运输系统	刘新全	广西师范大学出版社
4	精益生产管理实训实习教程	汪德荣	广西师范大学出版社
5	广西物流经济地理	严志强	广西师范大学出版社
6	广西地理标志保护和产业培植研究	严志强	广西师范大学出版社

表 10　　实习实践基地

单位	承担工作
钦州港口集团有限公司	共建校外实习基地，承担学生校外实习的指导；科研项目合作
南宁职业技术学院	部分课程教学大纲、教材编写；共建校外实习基地，承担学生校外实习的指导；参与教学大纲制订
南宁市物流协会	物流专业技术指导；科研基地共建；校外实习基地共建
广西物流与采购联合会	物流专业技术指导；科研基地共建；校外实习基地共建；参与培养方案修订
南宁市第一职业技术学校	校外教学实习基地；承担学生校外教学实习的指导
南宁市第六职业技术学校	校外教学实习基地；承担学生校外教学实习的指导
广西理工职业技术学校	校外教学实习基地；承担学生校外教学实习的指导
广西交通职业技术学校	校外教学实习基地；承担学生校外教学实习的指导
广西华侨学校	校外教学实习基地；承担学生校外教学实习的指导

续 表

单位	承担工作
广西物资学校	校外教学实习基地；承担学生校外教学实习的指导
广西万通国际物流有限公司	共建校外实习基地，承担学生校外实习的指导；科研项目合作
广西凭祥物流园	共建校外实习基地，承担学生校外实习的指导；科研项目合作
广西超大运输集团南宁物流	共建校外实习、实训基地，承担学生校外实习的指导
广西南宁天天运输物流有限公司	共建校外实习、实训基地，承担学生校外实习的指导
南宁嘉瑞物流有限公司	共建校外实习、实训基地，承担学生校外实习的指导
鸿运物流（南宁）有限公司	共建校外实习、实训基地，承担学生校外实习的指导
广西海航国际物流有限公司	共建校外实习、实训基地，承担学生校外实习的指导
中海咨询科技有限公司	共建校外实习基地，承担学生校外实习的指导；物流软件实训基地
宇康物流（南宁）有限公司	共建校外实习、实训基地，承担学生校外实习的指导
广西华联通国际物流有限公司	共建校外实习、实训基地，承担学生校外实习的指导
南宁市吉赢物流有限公司	共建校外实习、实训基地，承担学生校外实习的指导
广西世纪物流有限责任公司	共建校外实习、实训基地，承担学生校外实习的指导
南宁云欧物流有限公司	共建校外实习、实训基地，承担学生校外实习的指导

表 11　　近两年物流学院大创项目申报情况

年份	国家级（项）	区级（项）	校级（项）	申报总数（项）
2015	4	9	14	27
2016	5	14	10	29

表 12　**2015 年物流学院大学生创新创业项目一览表**

序号	项目名称	项目类型	项目负责人姓名	参与学生人数	指导教师姓名	指导教师职称	财政拨款（元）	校拨（元）	总经费（元）	备注
1	广西农家乐生态旅游网站研发	创新训练	方芳	4	李文敬	教授	10000	3000	13000	国家级
2	创意室	创业训练	杨丽贞	5	李冠军	讲师	10000	3000	13000	国家级
3	英集物流有限责任公司创业项目	创业训练	陆筱莹	4	黄海清	讲师	10000	3000	13000	国家级
4	师院校园便捷生活微信公众号	创新训练	黄梦园	3	汪德荣	研究员	10000	3000	13000	国家级
5	基于 B/S 模式的高校同城外卖订餐系统	创新训练	刘太君	5	陈婷 傅彦铭	讲师， 副教授	3000	3000	6000	区级
6	创意格子铺	创业训练	李姗珊	3	陈婷	讲师	3000	3000	6000	区级
7	DIY 相片变现	创新训练	梁容	3	汪德荣	研究员	3000	3000	6000	区级
8	乐行电动车租赁公司	创业训练	于长江	4	谢珊	讲师	3000	3000	6000	区级
9	五合生鲜农产品 O2O	创业训练	陈枭	3	李文敬	教授	3000	3000	6000	区级
10	“租客”图书	创新训练	韦静	2	龙晓虹	讲师	3000	3000	6000	区级
11	惬意饮吧	创新训练	刘秀妮	4	贺世红	副教授	3000	3000	6000	区级
12	及时雨跑腿公司	创业训练	廖黄坤	3	陈婷	讲师	3000	3000	6000	区级
13	IT 技能校园培训工作室	创业训练	黄露毅	4	陆丽娜 黄江涛	讲师， 副研究员	3000	3000	6000	区级

表 13　　2015 年校级大学生创新创业训练计划立项项目名单

序号	项目编号	项目名称	项目类型	负责人姓名	项目成员姓名及学号	指导教师姓名	校拨（元）
1	DC2015049	广西名特优农产品网站研发	创新训练	赵红艳	刘业城 1315020106 蒋明亮 1419020126 朱婷渟 1419020136	李文敬	1000
2	DC2015050	快递服务信息的集成平台建设与实现	创新训练	苏构	张秋仙 1115060151 应文杰 1317080111 农勤 1217080110 许锐锋 1419010203	李梅	1000
3	DC2015051	Android 系统的网上商城设计	创新训练	项小玲	宾芳兵 1315020115 戴婷婷 1419020120	陆宇灵	1000
4	DC2015052	旧书回收店	创业训练	谭宏玲	应文杰 1317080111 李羽婷 1419010223 牟文倩 1419010228	汪德荣	1000
5	DC2015053	DIY 魔法屋实体店	创业训练	丘卓萍	李淑贞 1419010124 陈露 1419010112 黄惠兰 1419010119	李冠军	1000
6	DC2015054	一个基于 JSP 技术的基因芯片数据分析的 Web 应用的研究与开发	创新训练	冼雯	蒋悦 1315020139 杨争妍 1419020116	黎英	1000
7	DC2015055	别样材质的衣服	创新训练	何潇雨	杨丽贞 1419010234 马新风 1419010236 谭政莲 419010237	黄奔月	1000
8	DC2015056	大学生寄卖店	创业训练	韦兆勇	林轩 1419010103 唐文德 1419010105	李冠军	1000

续 表

序号	项目编号	项目名称	项目类型	负责人姓名	项目成员姓名及学号	指导教师姓名	校拨（元）
9	DC2015057	物物交换网站	创新训练	黄碧	翟秋红 1419010210 尹石玉 1419010218 黄珍雨 1419010239 黄晓雪 1419010229 黄桂珍 1419010233	黄海清	1000
10	DC2015058	大学生发展创业计划	创业训练	关意曦	覃麒臻 1419010127 周远梅 1419010137	陈婷	1000
11	DC2015059	旧物资源优化站	创新训练	龙玉春	李海丽 1419010129	陈婷	1000
12	DC2015060	喝“健康水”，过优质生活	创新训练	黄文婷	陆清间 1419010126 黄文婷 1419010122	黄海清	1000
13	DC2015061	闲置易站	创业训练	邓如茜	陆露 1419010209 黄婷 1419010240 李慧婷 1419010215	汪德荣	1000
14	DC2015062	高校闲置物回收利用	创业训练	陈汝荣	苏时霞 1419010220 王琳 1419010219 黄秋梅 1419010231	陈婷	1000

表 14　　2016 年物流大创项目申报一览表（申报国家级 5 项，区级 14 项）

序号	项目名称	项目类型			项目负责人姓名	参与学生人数（含项目负责人）	项目其他成员信息	指导教师（不超过 2 人）		推荐情况	
		创新训练	创业训练	创业实践			姓名	姓名	职称	推荐自治区级	推荐国家级
1	驾照自考学生车网络	√			田雨	5	郭昊 欧阳建行 谢超华 周宇正	黄海清 黎英	讲师 副教授		√
2	基于多平台的手机主题开发			√	马光杰	5	黄筱 冯泰民 王志远 谭永用	陆宇灵	副研究员		√
3	校园活动交友“伙伴玩”社交网站		√		严实莲	5	刘业城 莫金铭 李夏贤 赵汝琴	陈婷	讲师		√
4	大学生旧物交易网络平台“喜换”APP		√		严世婷	3	黄恩文 夏萍 陈潼琳	刘新全	副教授		√

续 表

序号	项目名称	项目类型			项目负责人姓名	参与学生人数（含项目负责人）	项目其他成员信息	指导教师（不超过2人）		推荐情况	
		创新训练	创业训练	创业实践			姓名	姓名	职称	推荐自治区级	推荐国家级
5	糖纸营销与物流O2O精准创业		√		唐文德	5	陈枭 李洁 梁汝 邓如西	李文敬	教授		√
6	一“网”前行租车服务吧		√		陶青梅	5	覃新荣 谭永用 李淑贞 刘凤	陈婷	讲师	√	
7	北海特产之家		√		王家兰	5	李洁 吴卫连 廖巧玲 黄薪妃	李文敬	教授	√	
8	休闲漫画吧		√		陈海诊	2	李彩念	黄海清	讲师	√	
9	为记忆去旅行	√			张金玲	3	谢欢 梁春妮	贺世红	副教授	√	

续 表

序号	项目名称	项目类型			项目负责人姓名	参与学生人数（含项目负责人）	项目其他成员信息	指导教师（不超过 2 人）		推荐情况	
		创新训练	创业训练	创业实践			姓名	姓名	职称	推荐自治区级	推荐国家级
10	落叶明其再生花		√		蒋明亮	4	叶栩伶 麦好奇 黄日昆	黄海清	讲师	√	
11	O2O 电子商务模式约拍，留住青春美好		√		周远梅	4	关意曦 廖黄坤 张文燕	刘新全	副教授	√	
12	嘎嘣脆煎饼果子		√		李晋菲	5	秦小芳 苏桂芝 吴家贤 钟芬红	刘新全	副教授	√	
13	包包租赁		√		朱婷婷	4	刘丽萍 薛朝莲 农金英	李文敬	教授	√	
14	骑行天下——五合校区自行车租赁			√	杨海荣	2	黄小芸	汪德荣	研究员	√	

续 表

序号	项目名称	项目类型			项目负责人姓名	参与学生人数（含项目负责人）	项目其他成员信息	指导教师（不超过 2 人）		推荐情况	
		创新训练	创业训练	创业实践			姓名	姓名	职称	推荐自治区级	推荐国家级
15	校园云打印		√		王琳	3	谭红玲 李羽婷	汪德荣	研究员	√	
16	食上吧点餐 APP	√			李羽婷	3	谭红玲 王琳	汪德荣	研究员	√	
17	“超新生学院”网站研发	√			陆冠成	4	周庆 林轩 罗文超	李文敬	教授	√	
18	互联网 + 驻邕高校社团文化站	√			陆菁华	5	黄钦 吕宛珊 陆晶晶 卢彦秀	李文敬	教授	√	
19	“诚信火炬”广告传媒有限公司		√		莫杨羽	5	覃家坤 张忱 韦桂柳 宾芳兵	陈婷	讲师	√	

续　表

序号	项目名称	项目类型			项目负责人姓名	参与学生人数（含项目负责人）	项目其他成员信息	指导教师（不超过2人）		推荐情况	
		创新训练	创业训练	创业实践			姓名	姓名	职称	推荐自治区级	推荐国家级
20	旧书部落		√		谭清娟	5	王怀兰 庞金凤 庞美艳 韦素爱	贺世红	副教授		
21	创意 DIY 服饰店		√		钟晓丽	4	谭其敏 覃晓春 何芳洪	陆宇灵	副研究员		
22	校园车辆智能租赁		√		吴荣宾	3	秦佳鹏 周心忆	汪德荣	研究员		
23	师院绿色洗衣店		√		张瑜文	3	郑锦婷 陈蔚凌				
24	个性化定制工作室		√		徐艺雅	6	韦茵茵 薛朝莲 杨树翠 尧爱岚 游宇晴	贺世红	副教授		

续 表

序号	项目名称	项目类型			项目负责人姓名	参与学生人数（含项目负责人）	项目其他成员信息	指导教师（不超过2人）		推荐情况	
		创新训练	创业训练	创业实践			姓名	姓名	职称	推荐自治区级	推荐国家级
25	在校大学生网络交流平台——优趣GO		√		沈斯格	4	罗东礼 陆洪兰 潘婷婷	刘新全	副教授		
26	多元化服务公司		√		蔡俊琳	3	朱芸 周雁如	刘新全	副教授		
27	聚美味快餐速递店		√		牟文倩	4	秦佳鹏 陈汝荣 谭宏玲	李冠军	讲师		
28	女性用品双向经营		√		刘少群	5	覃丽燕 刘梦妍 黄冰 陈伟姬	陈婷	讲师		
29	旧手机回收与销售		√		李文胜	4	黄厚兴 黄成耀 莫金铭	陈婷	讲师		

第二部分

综合改革教学改革论文成果

➡ 专业建设篇

就业视角下广西物流管理专业应用型创新人才培养模式研究

张　雷　严志强

摘　要： 基于应用型创新人才培养模式的课程结构和教学内容体系，把物流管理在区域产业中的应用贯穿到理论教学、实验、课程设计、生产实习和毕业设计等教学的每一个环节，形成环环相扣逐步加强的应用型教学内容体系。坚持理论教学、实践教学和科学研究相结合，加强学生形成不断演进的知识体系，建立物流管理专业应用型创新人才培养模型，提高学生就业竞争力。

关键词： 应用型创新人才；创新型；培养模式

随着近年来我国经济的迅猛发展，企业对物流人才尤其是应用型物流人才的需求快速增长，在此背景下我国高校陆续开设了物流管理专业，旨在培养合格的物流人才。但如今现实情况却是：一方面，由于物流业成为国家十大产业调整和振兴规划行业之一，使得企业急需各类物流人才，出现“用工荒”的局面；另一方面，因为高校扩招，十多年来物流人才培养规模增大，使得大批物流专业毕业生就业前景并不乐观，又出现“就业难”的困境。“十二五”时期是我国经济结构调整和发展方式转变的关键时期，解决物流人才供需矛盾迫在眉睫。

一、物流管理专业应用型本科人才的培养方案研究

（一）本科物流教育目标定位研究

发达国家主要是以学历教育和培训教育相结合的物流人才培养体系，在

欧洲 87 所开展物流高等教育的大学中，有 54 所开设物流管理或供应链管理硕士和本科专业，美国有 50 多所大学开设物流管理专业。国外课程着重战略类课程的应用性和实用性，而且兼具理论和研究，注重培养学生从战略高度思考问题的能力。这种教学方式有助于学生了解更多学者物流研究的思想和观点，丰富他们的知识面。我国学者在比较国内外物流教育现状基础上，提出要从学历教育、继续教育、岗位培训三个方面培养物流人才，形成多层次、多形式、多渠道的人才培养体系[1]。事实上这种理念近年来一直为国内物流教育界所推崇。同国外物流专业课程设置相比较，我国物流专业课程开设较多的是功能类课程、系统类课程和研究类课程，战略类课程开设相对较少。在物流人才的战略素质培养方面，众多学者一致认为物流人才应具备四种能力要求，即企业管理通用能力、物流系统规划与决策能力、物流流程管理与控制能力、物流装备与技术的应用与设计能力[2]。

（二）教学方式方法研究

在教学方式方法方面，我国学者提出 KAQ 模式，根据社会需要和自身特色，将知识（Knowledge）、能力（Ability）、素质（Quality）三位一体综合培养高级应用型专门人才。浦震寰通过教学实践总结，认为在物流专业内部可以再细分，然后按专业方向教学，与社会对人才需求的规格有机结合，实现订单式人才培养[3]。

（三）教学手段研究

国外教育手段方法成熟，存在多样化发展，其相关理论知识和各种物流设施、实验室等已经健全，给物流教育提供了良好的软硬件条件，创造了良好的物流教育环境。邀请物流人士来校做报告，定期组织研讨会等形式与企业互动，使用交互式互动教学方法有助于培养和提高学生的科研能力和专业水平。将学生编组，用案例交换分析方式促进学生交流能力和思考能力的提高，效果则非常显著。交流能力和思考能力都是物流专业学生在就业中必须要具备的基本素质，基于案例的教学方式有助于提高管理水平和个人交流技巧。

（四）课程设置和内容体系研究

国外物流专业主要设在商学院，课程的设置一般是围绕配送和运输等物流核心要素展开，典型课程包括物流战略、配送系统设计、运输与仓储的规划管理，配送信息系统及应用软件的开发和使用。同时，还注意相关的分析管理技术和方法在教学环节上的运用，如仿真技术、统计学等交叉学科。在纵深研究领域包括配送战略与规划、配送管理等课程。而国外物流职业教育则有针对性地让学员有选择地学习从事相关职业所需课程，课程设置更加具有实战意义。

（五）教材内容研究

国内学者分析了物流类本科专业课程体系及教材建设存在的主要问题，结合物流类本科专业的学科特征，提出了物流类本科专业课程体系和教材建设的新思路，强调课程体系的系统性、专业的特色性、教材的规范性。同时还强调要提高教学手段，必须共享精品课程资源。

二、物流管理专业学生就业能力研究

目前关于就业能力的概念，国内外的学者既没有形成统一的意见，也没有清晰地表述其内涵。比如综合能力、转移能力、通用能力、可雇用能力、关键能力、核心能力等概念都曾被用来定义过个体的就业能力。从内涵上看，有些学者把个体的相关能力和就业能力联系起来，从而总结出就业能力概念；有些学者把个体的相关能力和影响个人获取就业机会的因素结合起来，从而归纳出就业能力概念。现阶段大家认可度比较高的就业能力概念是由 Harvey 在 2001 年提出的，他认为就业能力是指个人获得并保持工作机会的能力。从国内外关于大学生就业能力结构研究的文献看，国内外的学者提出了较多的大学生就业能力结构的观点，这些观点都试图去清晰地表述大学生就业能力结构的构成要素。目前具有代表性的大学生就业能力结构模型是由世界著名的英国学者彼得·奈特和曼滋·约克共同提出的，简称 USEM 模型，该模型是从认知和社会心理学两个维度构建的。该模型的研究结果表明，大学生的就业能力结构由专业知识的理解力、通用和专业技能、自我效能和元认知四大要素组成，这四项要素之间相互影响，形成错综复杂的交互关系，对大学生就业能力提升途径具有重要的参考价值。国内专家认为物流管理专业大学生的就业能力概念是指运用现代经营管理理念和方法，有效地组织人力、资金、物资与设备、技术、信息等物流资源，协调物流的包装、装卸和搬运、运输、存储、流通加工、配送及物流信息管理等环节，进行有效的指挥和控制，使各项物流活动实现最佳的协调与配合，从而降低物流成本，提高物流效率和经济效益，继而完成物流任务的活动。

综上所述，作为培养物流人才的地方本科院校，对物流业的发展起到很大的促进作用，在高等教育大众化和市场经济效益领先的今天，物流管理专业的建设方向必须与当地的社会背景、产业背景、职业岗位背景及其发展趋势密切相关。而数量众多的地方高校，培养方案制订得过于宽泛，侧重点不突出，特色课程不明显，最终导致培养的学生缺乏特色，无法在就业中占有优势。

三、应用型创新人才培养改革措施

根据人才培养定位，优化专业培养计划，加强基地建设，建设教学资料体系，强化师资队伍建设，构建外部评价与“开放式”考核系统，不断优化完善教学管理制度，逐步形成“计划 + 基地 + 资料 + 队伍 + 考核 + 制度”的“六位一体”建设思路。

（一）突出能力提升，构建“四层次”课程体系

①学校通识类课程涵盖以数理为主的自然科学与人文科学等课程，旨在开拓学生的视野，了解获取知识的方法，培养不同的思维方式；②学院平台核心课程由“供应链管理”“物流管理”“物流系统工程”和其他类基础课程组成，旨在建立专业思维逻辑和基础理论的知识体系。目前，供应链管理被认为是全世界普遍接受的课程，经对世界 217 所大学的样本研究，供应链管理在美、英和中国香港均名列第一，在对 44 所大学的样本研究后，得出本科层次物流管理、物流系统工程与供应链管理分属前三门必修课；③“能力本

位”的专业基础课程把相关的理论和技术作为其基础背景，强调在实践中构建学生的能力体系；④“做中学”专业课与专门化方向课程则按照“在做与用过程中学习”的逻辑安排课程。学习时，学生主动自学和创新实践，教师整体策划，全程指导。

（二）完善基地实践教育环节

（1）积极开拓实践教学基地，突出实践能力和操作技能的培养。积极与广西区内外的交通运输部门、保税区、港口和大型物流企业基地联系，开拓实践教学基地和毕业实习基地，给学生创造更多的实践与技能训练的时间和空间，培养学生的实践能力和操作技能，提高学生管理和实践能力。

（2）积极引导学生进行社会调研，突出知识运用能力和交流能力的培养。针对广西壮族自治区物流业发展现状，引导组织学生分组进行社会调研，鼓励学生运用所学知识，在调研的基础上充分阐述自己的观点、见解，形成初步调研报告；由教师和学生共同负责将调研报告整理形成该年度广西壮族自治区物流业调研报告及南宁市物流业调研报告，为各级政府部门物流政策的制定提供参考。

（3）积极组织学生参加各类竞赛，突出创新思维能力和团队协作能力培养。通过参加各类竞赛充分培养学生的创新思维能力，检验学生对物流专业知识、物流方案规划设计，以及物流实际作业操作技能；通过任务分工，锻炼学生的组织管理与团队协作能力。

（三）构建区域特色教学资料支持系统

（1）根据区域性特色，鼓励富有学术成果和教学经验的教师根据教学需要，自编教材讲义，编写具有地方特色的高质量优质教材，参加各级主管部门组织编写的规划教材，参加各类教材评奖，凡由本校教师主编、参编和独立撰写获国家级规划教材立项的教材，以及由本校教师主编或撰写的获国家级、省部级奖励的教材给予重点奖励。

（2）推动高质量教材的选用，保证高质量教材进入课堂，优先选用获省部级以上奖的教材、“十二五国家级精品教材”“面向21世纪课程教材”、国家重点教材和学科（专业）教学指导委员推荐的教材，使物流管理专业主干课和主要基础课选用优秀教材率达到90%以上；多渠道筹集资金，资助奖励多媒体课件和精品课程课件建设。

（3）构建科学的教材研究评估制度。对本校教师承担编写的教材进行必要的跟踪调查分析，收集广大教师和学生对该教材的意见，并请相关专家进行评审，形成优胜劣汰的机制，不断增强教材选择的先进性和教材使用的实际效益。

（四）强化教师队伍，注重教学团队建设

（1）建成优质高效的教学科研创新团队，集成教学科研力量支持教学。对在职教师，一是采取更加优惠的措施，鼓励在职教师外出深造，提高教师的学历和实际教学科研能力；二是实行教师定期脱产锻炼制度，要求教师轮流脱产到企业锻炼，增强教师的实践教学能力。

（2）以组建教学科研创新团队的方式，强调教师教学与科研工作的有机结合。一方面鼓励科研水平高的学术带头人领衔组建教学科研团队，鼓励他们将学科前沿知识通过课堂传授给学生；另一方面给长期在教学一线承担繁重教学任务的教师安排专门的进修机会，支持和鼓励他们将丰富的教学经验转化为科研成果，在促进教学的同时，提升他们的科研水平。

（3）优化师资，促进专业师资队伍整体素质的持续性提高。一是在师资队伍建设中引入竞争机制，把竞争机制引入到师资队伍的管理中来，促进专业师资队伍整体素质的提高；二是聘请国内外专家学者为兼职教授，为本科生开设课程或讲座，在与学生的交流中传道、授业、解惑。

（五）开放式教学质量评估，共同完善人才培养各环节质量标准

人才培养质量是由每个教学环节的过程质量来实现的，为了使培养的学生符合广西产业需要，满足物流业发展的要求，就必须对人才培养工作进行“全面、全员、全过程”的监控与评价，通过校园网，企业、家长、学生、教育厅、用人单位等及时了解专业人才培养情况，对人才培养过程和质量进行全过程的有效监督与评价，以确保人才培养的高质量。另外，在制订物流管理专业人才培养方案的过程中，按照教育面向社会、开放式办教育的基本思路，组建专业建设指导委员会，该委员会根据课程的特点和教学需要，采用

两种或多种方式进行复合，并组建外部评价系统。

（六）开展教学信息调查，强化教学过程管理

（1）考核遵循客观性和导向性的原则，建立以教师本人教学和科研业绩为基础，学生评价、同行评价和领导评价相结合，客观、公止、操作性强的考核办法，根据专业的教育目标和教师所承担的任务，广泛收集评价信息对教师个体工作质量进行科学的判断，全面检验师资的培养效果。

（2）建立师资管理系统，将师资考核结果纳入系统管理，形成帮扶机制，调动教师的积极性，提升教师素质，促进教师的发展，为学校师资队伍的科学管理提供丰富准确的信息，作为教师聘任、职称晋升的重要依据。

（3）设计教学信息调查表和听课记录表，根据学生填写的调查表分析教学过程中所存在的问题以及教学改革与创新的效果，为教学研讨和教改指明方向。综上所述，围绕“职业基础力 + 学习力 + 研究力 + 实践力 + 创新力”的培养目标，由“五核心要素”人才培养模式、“计划 + 基地 + 资料 + 队伍 + 考核 + 制度”构建的教学指导与支持平台和“实践基地 + 社会物流调查 + 专业竞赛”构建的项目实践平台形成方案。

参考文献：

［1］胡亚娥，刘桂云．多层次物流教育体系的构建［J］．中国水运（理论版），2006（12）：158 – 160.

［2］王长琼，黄花叶．面向产业需求的物流工程专业培养体系优化研究［J］．物流技术，2008（5）：53 – 55.

［3］浦震寰．物流管理专业分方向教学模式的初探［J］．物流科技，2007（12）．

地方本科高校物流管理专业教师教学技能提升的研究

黄智海

摘　要： 物流业是国民经济发展的基础性、战略性产业。地方本科高校在物流管理专业设置上重点突出地方特色和本科层次，着力培养优秀的应用型高级人才。文章针对物流管理专业理论性、技能性和实践性强的特征，通过对教师教学技能提升的研究，提出知识与技能“双师型”教师发展模式，从而推动物流管理专业的健康发展。

关键词： 物流管理；教学技能；提升

物流业是我国新兴行业，也是经济发展的基础性与战略性产业，从国家到地方政府、企业，都把物流作为提高市场竞争力的重要手段。快速成长的物流业，需要大量的各层次专业人才去建设与发展。要培养出具有实践能力强的高素质应用型物流管理人才，需要有结构合理、综合素质高的师资队伍，教师的教学能力将直接影响人才培养的质量。

一、地方本科高校物流管理专业教师现状分析

（一）现任教师数量和知识背景达不到人才培养要求

近十年来我国地方高校陆续开设物流管理专业，专业建设时间短，来自于物流管理专业毕业的教师更是十分稀缺，因此专业教师缺口较大。目前高校新进的教师要求是硕士或博士毕业生，青年教师是高学历队伍的主要新生力量，但他们当中大多数都是毕业后直接从事教学工作，基本没有企业实际工作经历。原先高校中已有的教师虽有个别到过企业工作，但很少是真正来

自于现代物流企业的。面对新兴的物流业，专业教师们在知识的储备与技能的运用等方面都备感压力。

（二）课堂重讲授，实践教学力度弱

高校教师大多经历了学科教育的培养，书本的理论建构了他们的知识体系，教学设计的情境和内容项目也多是来自书本和网络，真正来自物流行业或企业的第一手知识材料较少。企业实际工作经验的缺乏导致目前物流专业教师的理论知识比较丰富，教学模式上偏重理论讲授；而指导学生实训、培养实践能力的教学技能欠缺，实践教学力度较弱，不能满足人才培养中实践技能模块的要求，毕业生学而不会用，与企业实际用人需求产生差距。高校也已注意到实践教学执行力不强的现象，在师资不足的情况下从社会或企业聘请具有实践工作背景的人士作为兼职教师。但存在的问题是他们“会做不善说”，缺乏高校课堂教育所需的教学技能，教学效果不理想。

（三）高校难进难留优秀物流人才

高校在引进人才时比较重视学历、毕业院校、教育素养等因素，对于有实际操作经验的人才有时会因达不到相关要求而被拒之门外。同时，高校也比较重视与认可教师系列的职称评定、配套有相关的待遇。而对于如物流师等这样的认证，有些高校并不给予相应的待遇政策。鉴于物流人才紧缺，很多企业对具备现代物流理念和管理能力的高素质管理人才求贤若渴，甚至可以开出年薪数十万元或上百万元的高薪。这在高校是不可能有的待遇。对比之下，一些比较有能力的高职称或高技能教师更容易跳槽到待遇更好的其他院校或是企业去，从而造成专业教师的流失。

如何改变上述主客观因素造成的现状，在保证良好而稳定的师资队伍基础上，通过科学改善教学方法和提升教学技能，培养出优秀的物流管理专业人才，是地方本科高校需要着力解决的一个难题。

二、提升物流管理专业教师教学技能的必要性

物流管理专业的课程和内容因系统性和实践性较强的特点而有别于高校

的一些传统专业。对本专业教师来说，为地方培养有特色的本科层次物流管理人才，必须走既掌握物流理论知识、能进行理论教学，又熟悉地方特色、掌握技术的应用、能指导实践教学的“双师型”教师模式。现代物流业的发展要求教师不断接受物流管理新理念，提升教学技能，这对取得良好的教学效果、实现教学的创新具有积极的作用。

（一）利于物流管理课程改革与专业建设

物流教师既要掌握物流理论知识，又要了解企业物流生产和管理过程，关注物流市场的需求状况，找准专业培养方向，科学设置一套相对完整的物流课程知识结构体系。教学技能的提升有利于教师开发出具有针对性、实用性的基于企业生产运作过程的课程，在教学过程中注重培养学生的知识能力与社会实践能力，让专业的建设符合物流业发展的方向。

（二）利于物流管理专业的人才培养

培养服务于地方物流业的高技术应用型管理人才，教师必须注重学生在知识、操作、实践上的能力培养。教师提升自己的专业操作技能、加强实训教学，通过自己的参与示范指导学生进行操作；指导学生积极参加技能大赛、专业比赛和顶岗实习等，让学生能动手、会动手、展身手，真正掌握专业技能的本领。

（三）利于物流管理专业教师的素质提升

目前高校教师的职称可分为三个等级：初级（助教）、中级（讲师）、高级（副教授、教授）。作为初级的物流教师，主要以讲授理论课为主，配合讲师指导实训，通过实训和参加社会实践来丰富和提高实践技能。讲师级的物流教师拥有较为扎实的专业知识，掌握专业技能，具备一定的科研能力，能较好地参与物流专业建设和课程改革。物流的高级教师则已具备高水平的专业技能，能为物流管理专业课程的设置和实践教学创新等提出建设性意见，能引领专业的改革与建设。教师在一步步提升技能的成长中，也提升了自我相应的职业素质。经常开展教研室活动，专业教师通过研讨交流取长补短，进行有益的“传帮带”，能共同提高物流专业师资队伍整体素质。

三、提升物流管理专业教师教学技能的措施

传统专业的教育主要是课堂授课，注重理论上的传授，属于理论型教学。而物流的教育不仅是思维能力的培养，还有动手的实践能力培养，形式上主要有以下几种：讲课（常规授课）、实训（模拟仿真）、实习与见习（参观企业、物流设施）；另外还会增设如学术讲座（企业物流人士学术报告会）、研讨会（与企业交流）、团队合作项目训练（课题研究）等。在教学过程中物流管理专业的教师教学技能主要体现在：教学分析上扎实的专业知识、教学设计上灵活有效的教学方法和手段、教学实施上良好的组织与协调能力、专业规划与建设上不断更新的社会实践经验、与企业合作上创新科技的能力等。

（一）树立良好的师德，爱岗敬业，团结合作

要成为一名优秀的教师，首先要树立良好的师德，要真心热爱教师这个职业、热爱物流管理这个专业，能耐心细致地将知识传授给学生。现代物流环节众多，包括运输、储存、包装、配送等，这也要求专业教师间要有团结协作精神，把相关课程有机结合起来，互相融合，并把合作精神传递给学生，形成良好的团队协作氛围。

（二）加强教育理论培养，不断学习新技术

鼓励与组织教师学习新的教育理念与技术，让教师懂理论、有技能、会教书、会动手，从理论专业型向技能双师型转变。

（1）走出去，请进来。为提升专业教学技能水平，学校组织教师参加国家或省市举办的培训活动，内容涉及教学设计、教学组织、讲解、演示及新兴的微课教学等；也可以参加专业类的如全国高校物流骨干教师高级研修班，主要学习专业领域新理论和前沿知识。有条件的情况下可组织高层次教师进行国外访学、培训，学习国外先进教育理念与技术手段。

举办校内外的物流经验交流活动、专题学术讲座等，把高校同行请进来相互学习交流，共同切磋与探讨专业建设的问题，促进教学改革与科研创新能力；把企业实践领域专家请进来，共同探讨教学改革与人才培养，可以准

确把握人才市场的需求情况以及人才培养方向等相关信息，可以获得许多有价值的间接实践经验。通过开展兄弟院校之间、校企之间的交流，了解学科前沿和行业发展新动态，提升教师的专业水平和实践能力。

（2）充分利用信息技术、网络平台学习新技术。知识爆炸的信息时代，各种知识层出不穷，教师时间精力与机会有限，不可能参加所有的培训。但如果将培训的内容放到专门的网络上，教师就可以通过网络平台实现资源的获取与共享，能让更多的教师有针对性地享受到远程教育。利用网站平台，教师们还可以相互交流，把自己优秀的微课或课件共享，让其他教师提出意见和建议，不断改进自己的教学。

（3）加强青年教师培养、提高校外兼职教师教学水平。青年教师是新生力军与未来的主力军，能更容易融合到现代物流人才建设中去。为促进其快速健康成长，学校可以采用双导师制的培养方法：一是本校教学一线多年的高级教师，从教学技能方面传授与培养；二是地方企业一线多年的工程技术人员或骨干业务人士，从实践实战方面分享经验，实现教学工作与企业实践相辅相成。对于聘请的个别物流管理专业兼职教师在教育相关理论和执教水平上达不到高校教师要求的现象，可以对其进行岗前教育理论培训和教学中的现代教育技术培训，让兼职教师了解本科高校教师的职业特点，学会运用高校教育的教学方法及教学技能，从而提高教学水平。

（三）加强专业教师实践技能的培训，多岗位见习锻炼

（1）建立校内实训中心，促进高校校与校之间学习交流。各高校重点建设的物流实训中心，是提供给师生技术培训和实践锻炼的场所，如进行仓储物流管理实训，可以学习并掌握商品出入库的整个物流流程和信息流程；在国际贸易全仿真操作实训中，可以掌握进出口合同的签订，出口商品成本核算等。模拟实训以及物流应用软件的操作，以实践代替理论学习，提高师生实践能力和业务素质。高校间也可以加强交流、相互学习借鉴，完善校内实习实训室的建设，避免无效投资和建设项目的不足。

（2）深入企业，加强实践。如果说教师的理论提升在科研进修上，那么他们需要的实践经验，则应是在企业这个大课堂里。在教学与科研中遇到的问题，带到企业大课堂里去寻找解决，通过参与企业实际生产活动，更新知

识、提高自身的实践教学技能。

（3）参观学习。充分利用地方区域资源，高校可开展到物流企业作业现场，如港口码头、铁路车站、配送中心、图书物流、生产企业包装生产线等参观最现代、最科学的企业物流流程。一些专业方向如港口物流，由于其涉及的设备价值昂贵、地方本科高校不可能具备这样高成本的实训中心，到企业现场去观摩真实的大型设备和工作环境就是最好的选择。教师把在参观学习中了解到的最新物流科技发展动向，转化成最新的教学内容，反馈回专业的建设和人才的培养。

（4）挂职锻炼。专业教师到社会实践中去学习、到企业里去锻炼，将有机会接触与了解企业的发展需求。到企业进行实践技能的培训可分为两种：一是到企业进行物流管理方面对口与专项的短期实践。例如仓储作业实务培训可选择仓储公司，练习收发货、验收、填单、装车、盘点等相关内容，有些内容往往在书本上并未涉及，而是直接由企业生产经营和管理活动中所得，培训效果明显。二是到企业进行中长期的挂职锻炼。在企业里，教师以一名新企业员工姿态去虚心向一线技术人员学习、向企业专家学习，观察企业的微观活动，感受企业文化，可以找到自己平时在学校教学过程的许多不足之处。高校采取切实可行的措施与地方企业达成协议，为教师积极创造条件，以便能分批分方向进入物流企业挂职锻炼，在实践操作中完善知识结构、积累经验。教师在外训中掌握物流企业信息和企业动态、前沿的物流技术、未来的发展趋势，在日后回归的教学中能完整反馈给学生，有利于学生成长为现代物流企业所需要的人才，提高学生的就业能力。

（四）加强校企产学研合作，提高教师科研能力，以科研促进教改

学院应积极拓展思路，依托区域物流行业，整合学校、企业、科研单位等不同教育资源的优势，推进学校与物流企业的产学研合作。物流管理专业教师根据自己的研究方向，把专业理论的知识教育与企业的生产、科研有机结合，带领学生一同参与地方企业横向课题研究，在理论知识与实践相结合中锻炼科研能力与创新能力，同时也提供物流技术支持服务，共同解决地方企业生产中遇到的各种技术难题。这既能提高教师自身的实践水平，也能提高学生的就业竞争力，促进学生自我的专业发展，为将来成为高素质员工打

下坚实基础，真正实现高校与企业相互促进、教师与学生共同发展的多赢格局。

（五）练就双师型技能

在经历一系列高校为教师创造的培训、实习，到物流企业和物流相关工作单位挂职，在产学研相互合作的成长锻炼中，教师逐渐获得丰富的工作经历，同时具备获得各种物流专业的职业资格证书的能力，如物流师职业资格证书（根据层次可分为物流员、助理物流师、物流师、高级物流师）、注册采购师职业资格认证（按资质相应认定为采购师、高级采购师、注册采购师）等。国家权威的资格认证可以进一步提高各物流专业一线教师的实践教学能力，加强“双师型”师资队伍的建设，真正做到“双师合一”。

（六）建立物流教师绩效考评体系

目前，高校的绩效考核、职称评定指标还是倚重课堂教学工作量及科研情况，考评制度里对实践能力方面涉及较少，教师的大多时间在被繁重的课堂教学与科研任务占用之下，也就不会主动去争取外出实践锻炼的机会。为此，学校或二级学院的绩效考评里，要增加如教师定期到企业实践学习的时间或次数要求，考评其上报的实践活动计划方案、实践业务进展与总结，并以此作为在职教师的继续教育内容，并体现到职称的评定上。这样的导向作用，能积极鼓励和推动专业教师走出高校走进企业，获得相应实践工作经历，提高物流实践操作技能。

四、结语

地方本科高校物流管理专业教育技能性和实用性的培养特征，要求物流专业教师将理论与实际结合，以学生为中心，以能力为目标，不断探索本学科领域的新知识、新动向，不断提升教学技能，增强学生在课堂与实践教学中的参与性、自主性、互动性，培养其学习能力、实践能力、创造能力，完成好既定的人才培养目标，为现代物流产业输送更多更优秀的物流管理人才。

参考文献：

［1］国务院．关于印发物流业发展中长期规划（2014—2020 年）的通知［EB/OL］．（2014－10－04）［2015－01－30］．http：//www. gov. cn/zhengce/content/2014－10/04/content_ 9120. htm.

［2］丁阳．应用型本科物流管理专业双师型教师队伍建设研究［J］．物流工程与管理，2014，36（3）：235－236.

［3］鲍玉鑫，刘家枢．谈高职物流管理教师实践能力培养的措施［J］．辽宁高职学报，2009，11（11）：79－80.

［4］李云松．努力打造“双师型”队伍建设［N］．现代物流报，2008－03－26（8）．

［5］范瑞敏．地方高校教师队伍建设问题探析［J］．科技视界，2013（35）：171－185.

［6］栾向晶．高职院校物流管理专业“双师素质”教师培养策略［J］．中国成人教育，2010（14）：99－100.

基于创业理念的物流管理专业学生管理研究

黄海嫚

摘　要：物流管理专业是高校热门专业之一，物流行业的发展行情看好，在创业上具有良好的市场，在就业上国家大力提倡以“创业带动就业”，在政策上鼓励高校大学生创业。而目前高校中针对大学生创业的教育体系尚未完善，通过学生管理对学生的创新创业进行教育的更是缺乏，站在辅导员视角上，本文作者以创业为导向对物流管理专业的学生管理进行研究，通过思想、心理、安全、就业指导等方面进行教育，加强心理疏导、开设创业培训班、特色创业活动等引导学生创新创业，培养大学生良好的创业素质。

关键词：物流管理；学生管理；创业；教育

物流作为一个新兴产业，是一个跨行业、跨部门的产业，同时又属于劳动密集型和技术密集型相结合的产业。目前物流行业发展行情看好，储存、运输、配送、货运代办代理等领域的物流人才紧缺，物流产业发展迅速，具有广阔的发展空间。

物流管理专业作为高校的热门专业之一，旨在培养具备系统的经济学、管理学基础理论，掌握现代物流分析、运用、管理的综合性人才。但高校目前对物流管理专业的教育还处于探索、完善的阶段，尤其是以创业为导向的学生管理体制更是缺乏。胡锦涛在党的十七大和十八大的报告中都分别提出要实施扩大就业的发展战略，提升劳动者的就业创业能力，促进以创业带动就业。习近平也在向创业周中国站致信中强调“全社会都要重视和支持青年创新创业，提供更有利的条件，搭建更广阔的舞台”。因此，培养创业型的物流人才非常重要。笔者站在辅导员的视角上，从学生管理入手，培养学生的创新创业能力。

一、高校学生管理现状及研究依据

掌握高校学生管理的现状须先明确高校学生管理的内涵，陈瑜认为高校学生管理在内涵上界定为：高等学校通过思想政治教育、教学、非事务性及课外活动等方式对学生施加影响，以教育、管理、指导和服务学生，促进学生成长成才的组织活动。本研究认为高校学生管理就是通过思想政治教育、学生日常活动、非事务性管理等有计划、有目的、有组织地对学生进行教育，促进其全面发展。

随着我国高教改革的进一步加快，高校后勤社会化改革不断深化，学生的思想观念日益复杂，目前高校学生管理中管理制度不够健全、程序不够规范，思想工作体制相对滞后，专门针对创业而进行的学生管理更是少之又少，国内外针对这一方面的研究也较为欠缺。通过学生管理引导学生创新创业在高校中尚未引起足够的重视，对学生的创业引导多停留在举办创业活动或简单的政策宣传的层面，在这一方面也缺乏完善的体系。学生管理是学生除了教学外接触最多的一种教育形式，笔者所研究的是借助学生管理的平台来引导学生创新创业，通过学生管理来引导物流管理专业学生进行创业。

二、规范学生管理对物流管理专业学生创业的意义

高校的学生事务管理正处于逐渐成熟阶段，随着社会发展，教育体制改革，学生事务管理已经拓展到心理健康教育、安全教育、就业指导、后勤服务等领域。在学生管理方面若只是有事才进行教育或者毫无目的的教育，不形成系统性，这样对学生的教育和培养效果并不明显。学生创业培训不应只停留在专业教育上，如果在学生管理上对此加以教育，将会对学生的创业起到良好的促进作用。

高校可以通过对学生的思想教育、心理教育来培养学生创业激情、创业意识和良好的心理素质；可以通过安全教育让学生认识到社会上的安全隐患，增强创业的危机意识；通过就业指导教育让学生树立正确的就业观念，鼓励

学生创业……有目的的以创业创新为导向进行教育，通过长期的培训，多方面引导和熏陶，以此增强大学生的创业创新意识，培养大学生良好的创业素质。

三、高校大学生创业需具备的素质

（一）良好的身体、心理素质是创业的重要保障

在创业之初，受资金、环境等各方面的条件限制，许多事情都要创业者身体力行、亲力亲为，加上工作时间长、所承受的风险和压力巨大，如果没有充沛的体力、旺盛的精力，必然会力不从心，难以承受创业的重任。

在创业的过程中难免会遇到诸多挫折、压力甚至失败，这需要创业者具备非常强的心理调控能力，能够持续保持一种积极、沉稳、自信、刚强及果断的心态面对创业过程中的各种困难。

（二）创业意识、激情以及良好的竞争意识是创业成功的推动力

创业者自我实现、追求成功的强烈创业意识和激情能帮助创业者克服创业道路上的各种艰难险阻，树立人生奋斗目标，拥有激情，创业者才能不断地挖掘和寻找创业资源，不断地去解决经营过程中面临的各种问题。

当今社会竞争越来越激烈，创业者若缺乏竞争意识就等于放弃了自己的生存权利。创业者只有敢于竞争、勇于竞争、善于竞争才能取得成功。创业者在创业之初就要面临一个充满压力的市场，如果缺乏竞争的心理准备，甚至害怕竞争，那将会一事无成。

（三）丰富的创业知识对创业的成功起着举足轻重的作用

创业者要进行创造性思维，做出正确的决策，必须掌握广博的知识，具有一专多能的知识结构。具体来说，创业者应具备以下几方面的知识：了解政策，依法行事，用法律维护自己的合法权益；了解经营管理的知识和方法，善于经营和管理创业团队；掌握本行业相关的科学技术知识；具备财务管理、市场营销、国际金融等知识。

（四）诚信是创业者创业成功的有利保障

当今社会上出现很多道德素质问题，如人们的道德自律意识弱化，在不少人眼里诚信不再是必须恪守的做人准则。在创业中，诚信是创业之本，创业者要做到言出必行，追求质量，诚信做人，如果不讲信誉，得不到别人的认可，创业就举步维艰，无法成功。

四、通过学生管理培养物流管理专业学生创业创新素质

（一）创造浓郁的创业气氛，多种方式培养学生创业意识和创业激情

创业意识和激情是创业成功的前提，大部分学生的创业激情是在面临就业时才开始萌发，早点激发学生的创业激情，可以让大学生尽早为创业做准备，具体可以从以下几方面着手培养学生的创业意识和激情。

（1）将创业意识教育纳入大学生入学教育模块，从入学起开始培养学生创业意识和激情。每一批新生的学习都要进行“新生入学教育”，选择将“创业教育”作为一个内容纳入其中，培养学生的创业意识和激情。可以邀请成功的创业人士开讲座，优秀创业毕业生开展座谈会和观看创业视频等多种形式进行创业意识教育，旨在使物流新生对创业有一个基本的认识，对创业产生向往、期待，从而达到培养物流专业学生创业意识和激情的目的。

（2）结合就业指导课，培养“以创业带动就业”的就业思想，引导学生积极创业。目前有创业目标的大学生仍占少数，大多数学生因为创业知识贫乏，资金短缺等而畏惧创业。而现如今物流行业飞速发展，有着广阔的发展空间，国家在政策上也为大学生创业提供便利，如大学生创业贷款优惠政策等，因而在学校开设的就业指导课上应该让学生了解形势、政策，减轻学生对创业的恐惧，普及基本的创业知识，引导学生将创业作为毕业后的重要出路之一。

（二）开展丰富多彩的体育运动，锻炼物流专业学生健康的体魄

身体是革命的本钱，更是创业过程中完成工作身体力行的前提，因而需

要在学生管理中加强对学生的体育锻炼，提高学生的身体素质。

1. 开展晨跑活动，鼓励有创业梦想的学生积极加入其中

现如今很多大学生都是“半夜三更不睡，日上三竿不起”，严重缺乏锻炼，身体素质日益下降。坚持长期锻炼，在学生日常管理中有计划、有组织地开展晨跑活动，将晨跑列入创业协会日常活动中的一项，创业协会的成员每周定期参加晨跑，并鼓励广大有创业梦想的学生加入其中。

2. 丰富学院文体活动，在娱乐中锻炼体魄

除晨跑外，可开展多彩的锻炼方式吸引广大学生参与其中，如学院趣味运动会、班级文艺会演、各类球赛等活动。通过系列活动丰富学生的课余生活，同时让学生在活动中锻炼身体，增强体魄。

（三）加强心理疏导，培养学生良好的创业心理素质

定期开展“创业大学生心理素质提升培训班”，主要以授课为主，素质拓展为辅，目的是培养大学生自信、积极、勇敢的素质，提高大学生的心理承受力和抗压能力。培训班将邀请校内外资深的心理专家进行讲学，选择开设诸如“人际关系心理学”“增强抗压能力，提高抗挫折心理”等课程，通过学习这些课程，树立学生以健康的心理状态面对将来创业过程中巨大的挑战。

（四）开展“创业能力提升培训班”，丰富大学生创业知识

大学生要想创业取得成功，必须拥有扎实的创业方面的知识，这就要求专业课与学生管理教育相结合，教师队伍和学工队伍协同育人，共同提升大学生的创业知识。

在学生管理的层面上，可以开展“创业能力提升培训班”，根据创业方案策划、自我营销策略、创新意识和实践能力培养、创业安全及法律陷阱应对等方面展开培训，在培训中巩固物流专业学生的创业知识，提高综合能力，进一步促进大学生创业创新。

（五）开展丰富的创业型比赛，在活动中检验大学生创业能力

大学生创业绝大多数停留在理论和想象阶段，在日常学习生活中缺乏锻炼的平台，为了让学生在模拟的创业型比赛中检验自己的能力，可以在学生

管理中打造一个学生创业模拟实践的平台。

1. 举办“物流规划大赛”和“创业设计暨沙盘模拟经营大赛”等活动

加强学生的专业能力，举办“物流规划大赛”，将物流教学与实践相结合，提高学生的实际动手能力、策划能力、协调组织能力，树立科技创新意识，培养学生多方位了解物流就业、创业技能，从而提高自身的职业素养。“创业设计暨沙盘模拟经营大赛”模拟训练以制造企业为原型，构建一个企业运行的环境，学生以企业经营者的身份，在变化的市场竞争条件下，模拟企业6年的经营全过程，在体验中学习管理知识、感悟企业经营管理，努力培养学生的创新、创业意识。

2. 开展创业实践活动，在实践中锻炼大学生创业能力

除了创业模拟比赛之外，可以适当开展创业实践活动，借助学校创业基地的平台，让学生撰写创业方案，对创业计划进行可行性分析，对于切实可行的就业方案可以真正投入到创业实践当中。

（六）做好思想教育引领工作，帮助学生树立诚信友善等优良品质

1. 树立学生诚信模范，创设诚信教育的浓郁氛围

环境对学生的身心发展起着重要的作用，要加强校园道德氛围建设，在学生群体当中树立诚信学生的模范，并做好宣传，优化诚信教育的环境，使学生在思想上受到启迪，情操上得到陶冶，从而使学生诚信品质得到升华，利于今后创业过程中诚实守信。

2. 从班级入手，创设班级诚信的环境氛围

除学校创设诚信的环境氛围外，更要从班级入手，创设班级诚信环境氛围。在班级文化的建设方面，班级手抄报、班训、专栏等都可以围绕诚信的内容，班上还可以开展以“诚信”为主题的班会，发出诚信倡议书、借助考试等契机进行诚信宣誓；也可以举行以“诚信”为主题的演讲、征文比赛等活动，多方面对大学生进行诚信教育，让诚信真正内化为学生的自觉行为习惯。

五、结语

大学生创业受多方面的影响，如资金、政策、专业水平、人脉等，高校

大学生进行系统性的创业教育任重而道远，须予以重视。站在辅导员的视角上，可以通过规范学生管理，以创业为导向在学生的思想、心理、安全、就业指导等方面进行教育，但是仅靠学生管理来引导大学生创业是远远不够的，教学上要规范创业教学，学校应该努力为学生搭建创业平台，国家在政策上要给予创业扶持等，通过多方面结合引导，高校大学生创业的方向将会更加明确，创业的道路将会更加平坦。

参考文献：

［1］陈燕霞．高职物流人才素质培养的问题与对策思考——基于辅导员职能视角的研究［D］．西安：长安大学，2012.

［2］张冠鹏．高校学生管理制度研究［D］．长春：东北师范大学，2013.

［3］任丽芳．高职院校创业型物流管理专业人才培养模式探析［J］．工业技术与职业教育，2010（12）．

［4］王玉侠．基于校企合作的高职物流管理专业实践教学体系创新研究［J］．产业与科技论坛，2013（12）．

➡ 教学改革篇

基于案例的物流管理专业教与学方法研究

刘新全

摘　要：本文以高等院校物流管理专业教学改革为出发点，分析了在物流管理专业教学过程中采用案例教学的必要性，通过案例教学机理分析阐明了案例教学对物流管理专业“教”与“学”质量提升的重要作用，研究了团队学习对案例教学的影响，并分析了团队学习与案例教学在物流管理专业教学中的作用。

关键词：物流管理；案例教学；教学方法；团队学习

一、引言

物流管理专业人才是我国当前经济发展迫切需要的人才，对推动物流业的快速发展提供强有力的支撑。近年来，随着物流高等教育的发展，大量本科院校开设了物流管理专业，培养不同类型和特点的物流专业人才。众所周知，物流管理专业是一门实践性较强的专业，社会发展的各个领域几乎都会涉及物流，居民日常生活和生产系统的运行等都需要物流系统的支撑，因此，物流人才的需求也空前增加。为了迎合这种需求，国内高等院校、中等职业院校都相继开设了物流管理专业，根据全国高校物流管理与工程类专业建设及学科战略发展调研报告，全国本科院校开设物流管理专业的数量由 2008 年的 238 个提高到 2013 年的 393 个，是物流管理与工程目录下开设数量最多的专业。

随着高等教育教学改革的不断推进，高等院校物流管理专业人才培养已经步入创新精神和实践能力培养阶段，同时对物流管理专业教师课堂教学提出了新的要求。当前物流管理专业人才培养方面，出现了毕业生专业能力与社会需求不相适应的情况，根本原因来自两个方面：“教”与“学”。与其他大多数专业学科一样，要想提高专业建设、提升专业毕业生适应社会需求的能力，首先应从教师课堂教学抓起。鉴于物流专业的特点，课堂教学不能按照传统的传授模式，按照固定方式、始终如一地进行教学，需要从学生的接收状况和能否通过授课调动和激发学生学习兴趣的角度来设置课堂教学，尤其是理论性较强的专业课程。案例教学从本质上来说，不仅仅是一种教学方法，更重要的是还包含了教学思想、内容、策略和程序等一系列的变革，能够从“教”和“学”两个方面提升物流管理专业的课堂效果。其次是提高学生课堂学习的主观能动性，应抛弃原来的被动式听课，通过建立团队学习的模式，提高学生主动学习的兴趣和能力，这也体现在了案例教学中。

二、教学方法研究现状

当前学者在高等院校物流管理教学方法方面进行了探讨和研究，提出了一些适合物流管理教学的方法。①情景模拟法，是由美国心理学家茨霍恩提出的，其主要思想是将实际的物流活动中某些场景在课堂中再现，模拟出一种逼真的工作环境，并且让学生参与其中相关环节的管理和问题的解决，使用不同的方法来考察其心理素质和潜在的能力，该方法在一定程度上调动了学生的学习积极性，但是，该方法对模拟情景的设置以及活动方案的策划要求较高。②案例教学法，是一种理论联系实际、启发式教学方法，案例来源于物流企业或相关物流部门，把抽象的理论知识和案例相结合，用形象的表达方式进行课堂教学，可以提高学生对物流各个环节的理解，增加感性认识，有助于提高学生解决实际问题的能力；但是，当前案例教学过程中也存在一定问题，大多数学生在教师讲解案例的时候能够做到认真听讲，同时也理解讲授的内容，然而课堂教学完成之后，在短时间内会忘记课堂内容，使教学效果大大降低。③视频教学法，在现代物流教学过程中，除了使用PPT教学之外，其他信息技术也被引入到教学过程中，使教学方法更加灵活，例如借助视频资料讲解国内外先进的物流技术以及应用现状，建立教师与学生互动的网络平台，便于老师与学生的问题交流。④实践教学法，随着当前社会对物流专业毕业生的需求发展变化，实践操作能力的强弱影响学生以后能否胜任物流相关岗位，因为实践能力是培养学生动手能力和分析问题能力的重要环节。此外，还有“岗位—任务”教学法、模拟教学法来提高实践教学的效果。

综上可以看出，当前对物流管理教学方法已经进行了一定程度的研究，相关学者也从不同的方面对不同的方法进行了研究，分析了相关方法在实际教学过程中的效果。通过分析发现，现有的方法在一定程度上对改进物流专业教学效果起到了一定作用，但是未能充分协调好“教”与“学”之间的关系，使实际课堂教学效果受到影响。

三、基于案例的教与学

案例教学方法由来已久，一百年前哈佛大学商学院提出了案例教学方法，最初应用到法律专业教学过程中，取得了良好的效果，以后逐渐得到推广，应用于不同专业教学过程。对于物流管理专业教师来说，案例的选择直接影响“教”与“学”两方面产生的效果，因此，首先应该对案例进行甄别和研究，体现在以下几个方面。

1. 目标明确

物流活动涉及的环节很多，物流运作过程系统性较强，在课堂教学过程中应结合相应课程具体内容，选择与所要讲解的知识点密切相关的案例，对案例进行全面研究，搜索与案例相关的资料，力求通过案例让学生轻松地了解到相应知识点，并且留下深刻印象，便于在今后的应用中能够理论联系实际。

2. 案例真实

案例的来源应是真实的，不能凭空捏造，这就要求教师在平时的授课过程中，通过网络以及实地调研，归纳和搜索国内外物流运作的相关案例。物流专业教师大多是从高等学校毕业后直接从事专业教学工作，对实际的物流运作认识不多，造成在理解案例和讲解案例的过程中不够深入和透彻，以致案例教学效果不好。因此，高等院校物流专业教师，应尽可能多地接触物流企业以及物流相关行业，增强自身对真实案例的理解。

3. 案例研究

为了使课堂案例教学达到预期效果，针对不同的案例还应制订不同的讲解方式，有些案例使用 PPT 可以直观地显示，有些案例使用视频更加形象，有些案例使用模型效果会更好，因此需要在讲授前，针对不同的案例制订不同的讲解方式。

以上是对案例教学中“教”的方面进行的研究，目的是提高教师案例讲授的效果；另外，课堂是由“教”与“学”两个部分组成的，“教”与“学”是相辅相成的，缺少任何一方面都会影响案例教学的效果，因此，还应对“学”进行研究。

（1）调动积极性。近年来，专业教学中学生逃课现象不断出现，与基础课不同，学生大多认为专业课内容相对基础课来说便于理解，因此课堂学习态度较消极；学生认为课堂枯燥，即使是坐在教室，也往往是在做其他与课堂无关的事情。因此，为了提高“学”的效率，首先应调动学生的积极性，让其参与到课堂“教”与“学”过程中来，除了日常使用的提问等方式外，还应使案例更加贴近生活。

（2）团队学习。团队学习目前在一些专业课程的授课过程中已经得到了应用，取得了较好的效果。通过对选课学生进行分组，一般 5 ~ 7 人为一个小组，选择的方式可以根据每门物流专业课程的特点来确定。每个小组推选一名组长，组长需要及时掌握小组成员的出勤、课堂案例问题的收集以及组织小组成员开展课堂讨论，保证每位学生都能够表达自己的观点；每个小组应及时对教师设计的案例问题进行分析和解答，课后组织小组成员完成课程作业。在团队学习过程中，对于存在的专业问题，组长应及时反馈给专业教师，便于教师及时掌握学生对相应知识点的接受状况，可以及时进行解答。

四、结论

总体来说，在物流管理专业教学过程中，使用案例教学可以避免理论教学的枯燥和抽象，通过实际案例分析使学生真正理解物流管理各个环节的运作，在掌握物流理论的同时，也提高了解决实际问题的能力；另外，通过团队学习，提高了学生自主学习的能力，有效提升了案例教学效果，对当前物流管理专业教学改革具有重要影响。

参考文献：

［1］许敏．高校物流管理专业教学改革创新研究［J］．长春教育学院学报，2012，28（9）：112－113.

［2］崔媛．物流管理专业教学改革研究［J］．技术与教育，2010，24（2）：57－59.

［3］卜雷，边锐杰，杨霞芳．物流专业课程教学改革研究［J］．物流科技，2011（5）：122－123.

［4］杨静．关于本科物流教学方法的探讨［J］．中国市场，2010（3－4）：73－75.

［5］王红军，许正权，王华清，等．通过团队学习提升大学课堂教学效果的实践研究［J］．中小企业管理与科技，2014（17）：294－295.

物流管理专业ERP课程翻转课堂教学模式的研究与实践

陈 婷 黄海清

摘 要：ERP课程是高校物流管理专业非常重要的一门课程，本文结合ERP课程教学现状，探讨了翻转课堂教学模式与ERP课堂教学如何有效结合，从而进一步提升该课程教学质量。

关键词：物流管理；ERP课程；翻转课堂

一、物流管理专业ERP课程应用翻转课堂教学模式的优势

翻转课堂即是在宽松环境下进行的学习，同时加入了学习视频以及情境素材的融入，让学生的学习内容从过去的单调枯燥变为丰富有趣，从而更好地促进学生学习兴趣与学习欲望的提升。在翻转课堂教学模式下，学生能够自由地安排自己学习的时间和节奏，可以反复地对学习内容进行观看，有效地培养和提升学生的自主学习能力。此外，物流管理专业ERP课程教学模块比较多，而总学时有限，实践性又很强，翻转课堂的应用具备可行性，翻转课堂的教学模式即是把知识的传输放在课后，学生能够观看由教师或者其他教师讲授的关于ERP专业知识的微视频，同时完成相应的测试题。我们结合测试结果在课堂中针对学生的问题进行讲解，实施个性化的辅导，同时组织学生展开更加深层次的教学讨论或者实践，从而完成知识的内化。由于物流管理专业ERP课程教学的上述特征，所以录制知识讲解和软件操作演示的微视频更加符合课程教学要求，学生在观看的过程中很少会遇到障碍，基本的知识点都能够理解和掌握，如此一来便能够节省很多时间来让学生动手实践操作，进而提高学生ERP软件的实际操作能

力，因此可以说翻转课堂在 ERP 专业课程教学中的有效应用具有很大的优势和作用。

二、当前物流管理专业 ERP 课程教学现状

物流管理专业属于应用型交叉性学科，其培养目标是使学生不仅具有扎实的物流理论知识，同时拥有熟练的现代化物流信息技术应用能力。物流管理专业的 ERP 课程是一门实践性很强的课程，偏重于 ERP 原理模块中供应链管理模块的教学，且 ERP 是一个复杂的系统，教学内容多元化，业务流程和软件功能复杂化，而传统的 ERP 教学存在“重理论，轻实践”的现象。尽管物流管理专业本科 ERP 课程的教学一般分为前期理论课程和后期实验教学，但是从总的课时比例上，后期的实验部分所占课时比例很少。实验课程教学主要通过使用某一软件系统，由教师演示操作流程，学生跟随学习的方式；部分高校采用沙盘模拟的方式引导学生学习。在这些实验教学方式下，学生对企业的运作流程仍不了解，同时也不能很好地体会 ERP 给企业带来的益处，教学效果不明显。

因此，怎样处理好物流管理专业 ERP 课程教学中存在的上述问题，增强学生运用知识理论解决实际问题的能力以及自主学习能力，让高校物流人才能够符合市场需求，这是物流管理专业教师必须要重视的一大问题。而翻转课堂理论的出现和应用，为物流管理专业 ERP 课程的教学模式改革带来了新的思路。ERP 课程翻转教学模式主要由教学目标的制定、课前自主学习、课堂互动学习以及课程评价四个阶段组成，这四个阶段都是围绕培养和提升学生知识应用能力以及实践能力而展开的。课前自主学习以及课堂互动学习属于翻转课堂的核心，彻底改变了过去以教师为中心的模式，转变为学生自己选择合适的方法进行讨论交流，将课堂时间用于师生、生生之间的沟通讨论、评价上来。同时，将学习成效金字塔理论应用到课前和课堂中的教学过程中，能够有效地增强翻转课堂教学效率。下面笔者就以采购管理模块为例，分析翻转课堂教学模式在物流管理专业 ERP 课程教学中的实践。

三、翻转课堂教学模式在物流管理专业ERP课程教学中的实践：以采购管理模块教学为例

（一）教学目标的制定

教师首先要明确工作任务和制定教学目标，学生根据教师设定的工作场景，掌握企业在日常业务中如何通过ERP软件处理采购业务及相关账表查询。

（二）课前自主学习

教师在上课之前要准备教案、课件和录制微课视频。课件和微课视频主要内容包括：采购管理系统的主要功能；采购管理与其他系统之间的数据传递关系；如何进行普通采购业务处理；如何进行现结业务处理；如何进行采购运费处理；如何进行采购退货业务处理；如何进行月末结账及取消。微课视频制作要求必须直入主题、力求语言简洁、具有吸引力。课前学生观看课件、微课视频进行自主学习，并记下有疑问的地方，通过ERP课程网站发给教师。

（三）课堂互动学习

课堂活动流程设计如下表所示。

课堂活动的流程设计

教学环节	具体步骤	组织形式	时间分配（分钟）
互动环节	播放视频，以ERP项目为主线，并结合学生课前准备中提出的问题，对重点、难点进行概括性讲解	学生提问 教师讲解	10
自主讨论	学生结合课前准备，分组讨论，自主思考如何解决问题	学生讨论	10
自主实践	学生上机验证，协作完成采购管理模块实验	学生自主实践	20
教师讲解	教师点评，与学生一起解决最难的一个问题	教师讲解	5

（1）使用多媒体设备为学生播放事先录制好的微视频，借助于流程图来让学生基本掌握 ERP 软件采购管理模块的处理流程。微视频的时间要控制在 10 分钟之内，教师以 ERP 项目为主线，结合学生课前准备中提出的问题，对重点、难点进行概括性讲解。

（2）要求学生自行绘制采购管理模块的业务处理流程图，让他们标注出各个岗位需要完成的具体工作任务，分小组讨论 ERP 项目采购业务的实际案例，遇到问题时可寻求其他小组成员的帮助。

（3）学生分为若干小组来进行采购管理模块实验，每个小组负责一个企业，小组成员分别扮演采购主管、仓库主管、生产主管、财务主管，对上机内容学生之间进行互评，以用友 ERP－U8 管理软件为例，具体流程如下。

第一，运行 ERP 下的采购管理系统，建立供应商档案，同时对首选、次选等供应商加以分类，并建立供应商的供应货物明细（品种、价格、供应期、运输方式等），资料必须进行最终确认才有效。第二，根据 ERP 的物料需求计划生成的采购申请，同时综合考虑物料的订货批量、采购提前期、库存量、运输方式以及计划外的物料申请，进行系统自动物料合并。第三，根据订货批量、采购提前期、库存量、运输方式、用款计划以及计划外的物料申请进行物料合并，生成采购订单。第四，货物验收，由采购主管对供应商所供货物按订单进行验收，并录入收货单。第五，结账与费用核算，由采购主管配合财务主管来完成，并根据物料的采购结算单据和对采购各种费用的分摊，计算出物料的采购成本。

（4）各个小组向教师汇报采购业务处理流程实践情况，其他小组成员对其进行打分，之后由教师统一点评，与学生一起解决教学实践中最难的一个问题。

（四）课程评价

教师根据学生完成作业、自主学习及小组合作的情况，对学生的学习成果进行评价。整堂课程评价分为三个部分：①学生分组讨论、互评部分占 50%；②课前准备部分占 20%，以问题提出为评分依据；③作业测评部分占 30%，包括用 ERP 软件完成实训任务，并撰写实验报告，完成 ERP 课程网站习题。在评价过程中，教师根据综合评价情况获取有益的教学反馈，更加了解学生各项活动的实施情况，为日后展开类似教学活动给予可靠的指导。

四、结论与反思

翻转课堂的教学模式在我国高等院校还属于新型的教学形式，实现了对传统教学模式的革新。通过物流管理专业 ERP 课程翻转课堂的实践，我们还需要注意以下两方面的问题：其一，翻转课堂应用最多的是微视频，微视频要具有“要点明确，短小精悍”的特点，以微视频为核心，配有微练习、微课件、微反思、微反馈等环节的 ERP 课程教学资源目前还很贫乏，需要教师投入大量工作对教学资源进行建设与完善。其二，教师教育理念的转变。传统的教学模式是以教师为主，翻转课堂教学的改革就是要突出“以学生为中心”的教育理念。教师要放弃传统的教学思维与习惯，从主导向引导的角色转变，对教师而言在思想和专业能力上都是不小的挑战，需要鼓励教师大胆尝试，敢于创新，才能不断提高 ERP 课堂教学质量。

参考文献：

［1］梁俏．影响 ERP 实验教学的几个关键问题与解决对策［J］．商业会计，2014（6）．

［2］钟晓流，宋述强，焦丽珍．信息化环境中基于翻转课堂理念的教学设计研究［J］．开放教育研究，2013（1）．

［3］张金磊，王颖，张宝辉．翻转课堂教学模式研究［J］．远程教育杂志，2012（4）．

［4］董超，郭研，王崇叶，等．应用型本科 ERP 课程教学体系改革研究［J］．中国管理信息，2012（1）．

项目教学法在“仓储与配送管理”实践教学中的应用

龙晓虹

摘　要：物流产业的大发展促进了物流专业人才培养模式的转变和课程教学体系的改革，不少管理类课程开始采用项目教学法。笔者在“仓储与配送管理”的实践教学中运用项目教学法，从课程的设计、课堂的实施上进行了详细的阐述和深入的思考。

关键词：项目教学法；仓储与配送管理；实践教学

2013年我国社会物流总额和物流业增加值分别达到197.8万亿元和3.9万亿元。物流业在成为我国一个新的经济增长点的同时，也带动了物流人才特别是应用型物流人才需求量的急剧增加。但目前本科物流教育教学培养模式研究的滞后与现代物流业的迅猛发展存在着较大的差距，特别是本科物流专业的教学总体上还是学科型的传统教育模式，存在重理论、轻实践的问题，实践教学方法手段单一、落后，效果欠佳，不能达到实践教学的目的，严重制约了物流人才的培养效果。为此，借鉴国外成功经验，引入项目教学法是较为可行的途径之一。

一、项目教学法

（一）项目教学法的概念及核心

项目教学法是教师引导学生通过共同实施一个完整的“项目”而进行的教学活动。项目指一项具体的、有实践性质的任务。教师通过分析教学内容，分解教学任务，把要讲授的知识融于布置给学生的任务中。学生在教师的引导下边做边学，理论联系实际，构建起自己的知识体系，充分发挥潜能，大大提高了解决实际问题的能力。这不但可以给学生传授理论知识和操作技能，更重要的是培养了他们的综合职业能力，更符合行业需求。

在项目教学法中，学生不再以对现成知识的理解为目的，而重在解决实际问题时对知识的运用和学习过程。他们在这个过程中还锻炼了包括解决实际问题、探索创新、交流合作等方面的能力。教师不再是教学中的主体，而是学习过程中的引导者、指导者和监督者，学生具有 90% 的积极性。因此项目教学法是一种典型的以学生为中心的教学方法。

（二）项目教学法的特点

项目教学法最显著的特点是“以项目为主线、教师为引导、学生为主体”，改变了以往“教师讲，学生听”被动的教学模式，创造了学生主动参与、自主协作、探索创新的新型教学模式。具体表现为：①综合性。项目教学法通过信息收集、项目的实施和决策、成果展示、评估总结等一系列活动，旨在培养学生观察、动手、研究和分析问题以及应用等方面的能力。同时，基于课程内容整合之上的教学项目，打破了传统的学科界限，以工作任务和工作过程的逻辑来建构教学内容；②实践性。项目教学法是根据行业、岗位的需要，在教学过程中创建工作环境，通过学生对问题的发现、分析和解决，达到理论指导实践的目的；③参与性。尽管学生个体之间存在差异，但是在教师的引导下，通过合作的方式，使得每一位学生都能发挥所长，有效达成教学目标，最终实现各有所获；④自主性。学生在老师的引导下，以小组合作方式自行组织，完成项目，每个组的每个成员都有特定的分工。在整个过程中，学生不但有决策的权利，而且还必须积极思考解决问题，对学生独立分析和解决问题的能力有很大帮助；⑤合作性。在整个项目学习中，学生积极探索、相互学习、相互讨论、交流，在共事合作中集思广益、取长补短，最后形成较成完善的方案。这就需要学会倾听他人意见，包容他人观点，在坚持自我观点的同时学会说服他人。在这个学习的过程中，学生不但学会了如何与他人相处，也培养了团队合作的精神；⑥多元性。项目教学的成果没有绝对的“好”与“不好”，而是“好”与“更好”，因而在评价上也不是单一标准。我们需要更多强调的是完成项目的方式、方法，考核学生综合运用理论解决实际问题的能力，注重他们的进步程度和综合能力的培养。

（三）项目教学法的应用范围

①合作性任务：在最初的项目教学法中，人们多采用独立作业的方式。后来随着现代科技和生产组织形式与职业教育要求的不断提高，人们逐渐采用小组工作的方式；②系统的操作性知识：在教学过程中，项目教学法特别适合进行比较复杂的系统性知识，特别是带有操作性的知识的传授；③决策过程：在课程中某些决策性教学内容也同样适用项目教学法。

二、项目教学法在“仓储与配送管理”实践教学中的应用

（一）“仓储与配送管理”的项目教学法设计思路

“仓储与配送管理”是现代物流管理类专业的核心课程，也是一门实践性很强的专业课程，包括入库、存货、分拣、补货、拣选、包装、配送等诸多内容，属于多学科交叉的综合应用学科。在教学中引入项目教学法，就是通过实施完整的项目来组织教学活动，将传统学科体系中的知识内容转化为若干个工作项目，围绕一个个工作项目组织和开展教学活动，让学生在完成任务的实践过程中领会知识点，体会各种技能，创造出适合自己特点的设计风格。

（二）项目教学法在“仓储与配送管理”教学中的实施

结合“配送中心作业流程”这一课举例说明项目教学法在“仓储与配送管理”教学中的实施。

步骤1：课前。

（1）根据本课的教学目标确定教学重、难点和教学任务。

教学目标：①知识目标。掌握配送中心的基本作业内容：进货、搬运、盘点、订单处理、拣选、补货、发货、配送；②技能目标。能组织货物的装卸，制订搬运路线，合理控制库存和有效管理库位，组织仓储的盘点工作，

根据指令合理安排货物拣选和出库工作，完成相关工作的单据处理；③情感态度目标。培养学生与同伴合作交流意识，体会到对基层工作耐心细致的要求。

教学重点：①组织货物的装卸；②规划搬运路线；③制订详细的库位管理方案；④完成仓库库位管理和盘点作业；⑤根据出库要求快速拣选货物组织装车。

教学难点：①各个作业流程的衔接和单据处理；②各个作业任务方案的制订；③相关作业流程的模拟；④作业流程的异常处理预案。

教学任务：①完成进货作业；②规划合理的搬运路线；③货物储位管理；④进行盘点作业；⑤完成订单处理作业；⑥完成分拣作业；⑦完成补货作业；⑧完成配送作业。

（2）布置学生预习有关这节课程的知识。

（3）选择适合本课教学的项目及案例。

（4）把学生分成6～8人的小组，确定组长负责本组分工协调、进程控制等工作。

步骤2：课堂导入，以"沃尔玛物流配送体系"为案例让学生看相关视频，并让学生据此做出沃尔玛配送中心主要作业流程图，得出配送中心的作业流程：进货→搬运→存储→盘点→订单处理→拣选→补货→配送。再根据这个流程进行分解，明确任务目标。

步骤3：①介绍本次课程教学项目：京东商城广西配送中心作业流程。京东建成了中国电商企业在广西最大的自有仓储配送体系，辐射南宁、桂林、柳州等广西13个地市。从2014年7月起，广西市民在京东商城购物可享受更为优质的购物体验——南宁市内环范围"211限时达"（即上午11点前下单，下午即可到达；晚上11点前下单，第二天配送到；个别地区最快可以实现一个小时到货、"极速达"，桂林、柳州、北海等区县"次日达"）。

②根据不同的任务背景，结合配送中心工作流程、分解任务目标，同时布置任务并强调任务完成的时效性。

任务背景1：进货。一辆20t的货车把京东商城发出的货品送到广西配送中心南宁，车辆已到达配送中心仓库。任务目标：组织卸货、核对相关单据、检查货物数量和质量、完成入库登记工作。熟悉相关岗位工作，各环节均有衔接。任务布置：以小组为单位来安排进货工作流程，并进行演示。

任务背景2：规划搬运路线。该车上的货品有：零食、手机、化妆品、服装、小家电等，且都不是标准包装，包装材料有纸箱、木箱、袋装，还有的是简单的透明薄膜。货物总重量为16t。如汽车卸货月台到仓库货架有50～120m。任务目标：规划合理而高效的搬运路线，并安排搬运设备。任务布置：各小组根据给出的信息制订一份搬运路线图、一份搬运计划安排，再分配任务进行作业。

任务背景3：储位管理。给出配送中心库位情况图，含货架情况、库位安排及空位情况。任务目标：掌握仓库储位的管理、合理规划各个储位区域。任务布置：根据已有信息，各小组按照这批货物的储存，制订一份解决方案，力求达到节省库位的目的。

任务背景4：盘点。到月底了，配送中心的仓库管理员需要进行盘点作业。任务目标：组织月底仓库盘点，掌握盘点具体工作内容，熟练填写各种盘点表格。任务布置：作为仓库管理员，如何组织安排配送中心的盘点工作？要求各小组分别制订详细的盘点计划及组织开展盘点作业。

任务背景5：完成订单处理作业。配送中心接到桂林和南宁的客户配送货物的要求。任务目标：掌握配送中心的客户部门和业务部门、仓库管理部门等的连接。任务布置：假设你是配送中心的业务部，接到这个任务后该如何处理？各小组对这个问题进行分解，制作出流程图，然后组织小组成员（模拟配送中心企业内相关部门以及客户等）来进行演示。

任务背景6：分拣。根据上个订单工作信息进行拣货处理。任务目标：掌握拣货方式以及拣货时的单据填写及处理。任务布置：根据相关视频，各小组制作出拣货流程图，并进行模拟。要求准备好相关单据物品，组内分工。

任务背景7：补货，部分商品不足，需进行补货。任务目标：掌握补货的方式及时机。任务布置：各小组根据库存和订单情况进行补货作业，并填写有关单据。

任务背景8：配送，根据订单把客户货品装车进行市内短途配送。任务目标：掌握装货流程以及配送路线的选择。任务布置：根据相关视频各小组制作配送作业流程图，并设计场景进行作业安排。

步骤4：各小组分别根据任务场景进行设计和演练。

步骤5：每个任务场景所有小组演练完毕后，各小组先自评，再互评，然后选出较优方案并阐述理由。最后由教师对各小组的完成情况进行点评，同时提出在实际操作时针对不同情况所需要思考和权衡的问题。说明在方案的选择上没有最好，只有更好。这是基于不同情况下考虑问题的角度不一样。这就完成了项目教学法在这一课的应用。

三、结语

（1）项目教学法无论是在信息收集、项目选择、课程设计的准备阶段还是在计划制订、任务实施、项目决策的课堂上，都是一个缜密而复杂的过程，占用较多的时间和精力，所以更注重事前的统筹规划和安排。

（2）在项目教学法中，实现了"在实践中质疑，在疑问中探索，在探索中求知，在求知中实践，在实践中释疑"的教学理念，真正调动了学生学习的积极性、主动性和创造性。

（3）教师根据学生的情况进行任务内容的调整和实施进度的调控，让每个学生都能充分参与，最终达到每个人的进步与提升。

项目教学法虽然给学生提供了创造的空间，但是对教师的专业素养、实践能力以及课堂组织管理能力提出了更高的要求。教师必须不断加强自身学习，统筹教学过程中的每一个环节，才能取得良好的教学效果。

参考文献：

［1］白世贞．物流专业教学法［M］．北京：中国时政经济出版社，2011：134－140.

［2］贺世红，李远远．物流管理概论［M］．长沙：中南大学出版社，2011.

［3］卢忠东．企业管理职业师资教学技能培训教程［M］．桂林：广西师范大学出版社，2014.

物流专业学生创造力提升探析

王伊礼

摘　要：通过分析高校物流专业学生创造力整体不高的现状，探索现状背后可能存在的问题，结合自身在教学实践中的体会和学科特点提出三点对策：①加强案例教学法；②增强与企业合作；③提升教师的业务能力。

关键词：物流专业；创造力

一、引言

党的十八大指出：创新是提高社会生产力和综合国力的战略支撑，摆在国家发展全局的核心位置。高校又是为社会培养和输送人才的地方，如何培育大学生创新能力是高校面临的重要任务。大学生创新能力虽不是新鲜的但却是主流的话题。学界关于大学生创新能力的研究还比较丰富，主要集中在以下两个方面：第一，影响大学生创新能力培养的因素，如思维标准化与知识非活力化；第二，大学生创新能力培养体系的构建，如互动式教学平台等。先行研究对深化教育改革、推进素质教育产生了一定的推动作用，尽管许多研究成果已经运用在教学实践中，但目前中国大学生实践的创新能力还普遍偏低。如何提升物流专业学生的创造力成为一个待解决的问题。

什么是创造力？这是一个争论已久的问题。对创造力的认识主要有以下四种视角。第一，创造性特征：着重于高创造力个人的人格特质，以巴龙（Barron）和哈林顿（Harrington）为代表人物；第二，创造性过程：着重于认知心理过程的探讨，以沃拉斯（Wallas）和奇凯岑特米哈伊（Csikszentmihalyi）为代表人物；第三，创造性结果：主要指创造性过程中产生的高创造性成果或产品，其代表人物为施泰因（Stein）；第四，创造性环境：主要指影响创造力的环境因素，其代表人物为艾曼贝尔（Amabile）和阿瑞提（Arieti）。

本文倾向于采纳美国心理学家斯滕伯格（Sternberg）对创造力的定义，所谓创造力是一种提出或产生具有新颖性（独创或新异）和适切性（有用或适合特定需要）的工作成果的能力，它是影响创新思维和创新活动效率的稳定的心理特征。选择该定义的原因有二：一是成果是有形的，便于测量，而创造性想法、创造性过程和创造性人格不易测量，或者因变量太多；二是创造性结果鼓励学生将创造性的想法与实践结合起来，避免眼高手低。

二、影响学生创造力的主要问题

1. 教学方式单一

讲授法作为一种古老而传统的教学方法，一直在教学过程中被最广泛地使用，这种方式虽然有一定的好处，但是，教师上课看着课件念诵这种照本宣科的现象也相当普遍，这种缺乏眼神和思想互动的教授方式致使整个课堂死气沉沉，学生不仅学不到知识，而且还会影响学习的兴趣，更谈不上提升创造力了。在这个过程中，学生一旦产生了对物流专业知识枯燥的刻板印象，就很难再重新调动学习的积极性了。

2. 理论有余，实践不足

物流专业的学科特点决定了它是一门实践性很强的新学科。当前高校物流专业人才培养，物流实践通常都安排在最后一个学年，而这段时间学生主要精力在就业上，故不能安心实习，往往使得毕业实习流于形式，甚至有的学生直接开个假工作证明，没有任何实践经验的学生在就业过程中就会遇到更多的困难，过多的困难又会让学生的成就动机下降，而成就动机正是学生形成创造力的重要影响因素。

3. 师资力量整体薄弱

目前物流专业教师师资力量薄弱，很多学校的物流专业设立时间短，教师都是从其他专业和其他学院转型过来的，其物流专业知识储备主要来源于教授的几本相关教材，对这门学科的理解缺乏物流专业的新知识、新理论。另外一个问题是教师大多数是从学校到学校，没有任何物流企业的相关经验，学校对教师的培训投入不够更加剧了这种现象。

三、物流专业学生创造力提升对策

1. 加强案例教学法

在教学过程旁征博引的教师往往会得到学生的褒扬，因此，很多教师在上课的过程中都会穿插案例，案例教学法的教学方式通常有两种：一是老师提前发下案例，学生分成若干小组，课下让学生查阅相关资料，与同组成员讨论后将自己对案例的理解做成课件，下次课上在每个小组中随机挑选一名学生到讲台上演示他所做的课件，然后对学生的课件进行分析、点评；二是老师课下准备经典或最新的案例，课堂上进行案例的梳理、分析后提出问题，随后让学生与邻座的同学讨论后再作答。这两种案例教学法均能较好地提升学生分析问题的能力。除此以外，在第一种案例教学法学生准备的过程中，不仅锻炼了其查阅资料、做课件的能力，还提升了其沟通能力，在发散思维和逻辑思维得到锻炼的同时，学生的创造力也得到提升。

2. 增强与企业合作

物流专业的学科特点决定了它是一门实践性很强的新学科，国内外企业都偏好动手能力强或有实际工作经验的物流专业人才。在实践环节中，我们应该改变教学计划，在二年级下学期或在三年级上学期安排综合实习，这样在“做中学”的这种工作学习相结合的方式可以使学生发现问题，提出尽可能多的解决方案，直到最终解决问题，这就是创造力的一种体现。

增加校企合作，校企合作的良性循环一旦形成，学校和企业都会得到持续、长久的回报，实习结束后，企业会以学生成绩达到一定的要求和拿到相关的证书为要求，签订有条件的就业意向协议，这将是企业源源不断的人才库，同时，学校在就业压力下也会督促学生更好地完成学业，学生作为能动的个体，为了实现个人价值，会提升个人的成就需求和创造力来达到校方和企业的要求。

3. 提升教师的业务能力

教师是课堂的领航人，教师的知识结构、教学风格无疑对学生创造力的发展有着潜移默化的影响。因此，提高教师的业务能力刻不容缓，教师的业务能力主要应该从两个方面提高，首先是在教学内容上，教师在课堂上教的知识概括为前沿性知识和方法性知识，这两种知识本身就构成了创造力的前提，教师要做好这两点需在课下不断地更新知识，关注国内外最新研究成果。

其次是在教学方法上，高创造力人群通常具有更高水平的内在动机，与专制型教学风格相比，民主型教学风格更能提高学生的内在动机。教师教授中应将知识的学习放入具体的问题情境之中，启发学生自己动手解决问题，鼓励学生之间相互讨论，提出自己独到的见解，让学生在问题解决的过程中，形成技能，发挥自己的创造力，在课堂中培养学生的创造性人格和创造性思维。

四、结语

笔者在任教过程中发现物流专业学生的成就动机明显不足，课堂常显得沉闷，很多教师将此简单地归因为生源质量和学科特点，通过在武汉大学学习期间的观察发现其他影响物流专业学生创造力的问题，并试着探析其解决方案。学生创造力的提升是一个不断探索、不断改进的过程，任重而道远。

参考文献：

［1］罗伯特·J. 斯滕伯格．创造力手册［M］．北京：北京理工大学出版社，2005：59－60.

［2］李如密，黄慧丽．教师教学风格对学生的影响机制探析［J］．上海教育科研，2013（5）：60－63.

现代物流技术与装备的教学思考

贺世红

摘　要：“现代物流技术与装备”是高校物流专业的一门主要课程，由于课程涉及的知识面比较广，专业性比较强，所以在实际的教学中存在许多问题。作者从教学的具体实践出发，发现了教学资源不足、教育教学现有的条件不能满足学生的需求以及教学实习基地相对较少等问题，继而提出了改进的参考措施。

关键词：物流技术与装备；教学资源；实习基地

随着我国物流实践的迅猛发展，许多高校都开设了物流专业，招生情况也非常乐观。在物流课程体系的教学中，有许多学校开设了“现代物流技术与装备”这门课程，作者通过对这门课程的教学，在教学资源、教育教学和实习基地三个方面感受颇深。

一、教学资源相对匮乏

由于许多高校开设“物流技术与装备”这门课程时间不长，教学资源相对缺乏。本人在教学过程中，对本课程教学资源的匮乏情况深有感触。一是教材资源不丰富，能作为高等学校教材的版本不多，初步统计了一下，以“现代物流技术与装备”为名的教材主要有：王国华主编，2004 年中国铁道出版社出版；周全申主编，2007 年中国物资出版社出版；唐四元主编，2008 年清华大学出版社出版的三个版本。以“物流技术与装备”为名的教材主要只有：裴衣峰主编，中山大学出版社出版；程国全主编，2008 年高等教育出版社出版的两个版本。而且部分教材缺乏案例，许多与教材匹配的课件的图片就是书上的图片。二是其他形式的教学资源缺乏，比如教学视频材料非常少，即使通过各种渠道找到的一些视频，质量也不高：①大部分视频时间太短，都在2分钟左右；②主题不明确，图像效果不是非常清晰。学生还没有来得及了解里面的内容就结束了，而且由于时间太短，增加了组织课堂教学的难度。三是教材偏重设备技术的内容太多。多数教材对许多设备图形（或剖面图形）标注得比较详细，可绝大部分的学生缺少对相关设备的感性认识，增加了教学的难度和学生理解的难度。如图 1 和图 2 就是教材上面的两个物流设备的结构。

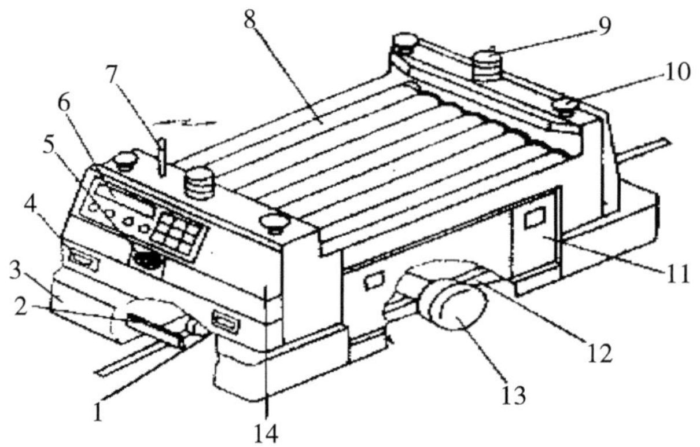

图 1　自动导引搬运车总体结构

1—随动轮；2—导向传感器；3—接触缓冲器；4—接近探知器（探头）；5—警示音响；6—操作盘；7—外部通信装置；8—自动移载机构；9—警示灯；10—急停按钮；11—蓄电池组；12—车体；13—速差驱动轮；14—电控装置箱

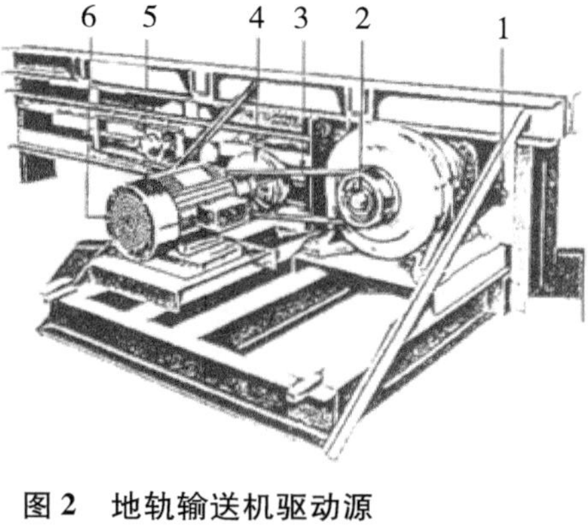

图 2　地轨输送机驱动源

1—变速箱；2—减速齿轮；3—V 型皮带；4—连接器；5—张力调整；6—马达

二、现有的教学条件难以满足学生的求知欲望

物流技术与装备对大多数学生来说是一门全新的课程，他们对相关知识的了解都只是停留在平时所了解的一些运输工具、集装箱和普通叉车等初级认识上，对这门课程的学习有较强的新鲜感和求知欲。可由于教学资源的缺乏使得学生从其他途径获取知识的机会不多，为了弥补这方面的不足，就要求老师在这方面具有丰富的经验和足够的认识，可现实的情况是："物流技术与装备"是一门发展迅速、涵盖范围广、综合性和技术性非常强的课程，要求老师既要熟悉现代的各种运输和搬运设备，又要掌握相应的机械和器械方面的知识，还要求具备较强的电子和信息知识，所以对老师的要求非常高（对学生的知识结构要求也很高）。实际情况是，许多学校的老师都或多或少在某方面存在欠缺：许多从企业进入学校的老师，对现代的各种运输和搬运设备比较熟悉，对物流设备的教学比较得心应手，可当进入电子标签、RF 技术和全球定位系统等与电子和信息结合比较紧密的部分时，就觉得吃力，不敢涉及太深，讲得不透彻。许多本身一直在学校的老师，虽然在电子和信息方面的理论比较强，但却对现代各种运输和搬运设备不太熟悉，所以对于物流设备知识讲得不透彻，也难以达到教学要求。作者虽然本科阶段学的是理工科，对电子和信息知识比较熟悉，而且在 2004 年以前与物流也打过不少交道，对物流的技术与装备有一定的认识和了解，但由于近几年物流技术与装备的发展很快，所以对一些先进的设备，专业化、自动化较强的大型物流场所也比较陌生，这一点在教学实践中深有体会。

三、教学实习基地难以满足教学的要求

教学实习基地对物流技术与装备的教育教学来说至关重要，由于本门课程学生平时接触不多，对大多数的物流装备都不了解，在物流技术方面，由于大多物流管理的学生都是文科学生，长期忽视对理工科学科的学习，对电子和信息方面的知识积累不多，当涉及电子标签、RF 技术和全球定位系统时，他们理解起来也比较困难，所以最好是有现实的东西让他们观看，现场

讲解，甚至直接操作，这对他们的学习和理解有事半功倍的效果。可是物流技术与装备实验室的建设内容比较多，投入大，尤其是自动化立体仓库等现代化实验室，如果在学校内部建设实验室的话，在目前来讲还不太实际，所以最好是与校外建立实习基地。可许多学校所在的城市大多都还没有现代化的大规模的物流公司或场所，有些（如卷烟厂等）大型公司的生产设备和仓库设备比较齐全，但要与他们建立实习基地的难度比较大，所以目前来讲教学实习基地难以满足教学的要求。作者在教学过程中也只带学生到了可口可乐和青岛啤酒等大型公司和大型的商场去参观和了解他们先进的生产设备以及一些常用的货架、托盘和叉车，从实际情况看，就是这样学生就非常满足了，觉得开阔了眼界，学到了许多东西。可大型港口的龙门起重机、海运和航空运输的物流设备、自动化立体仓库以及全球定位系统等许多先进的物流技术与装备还是了解不多。

四、对物流技术与装备教育教学的思考

首先要尽快丰富教育教学资源。为了满足教学的需求，一是要丰富教材，尽快编写出多种各具特色的教材和参考资料，让学生和老师有符合自己学习和教学风格的多种教材的选择。二是要丰富教学图片和视频资料，这些资料的丰富，学校可以有意识地组织或派遣老师到大型物流公司或大型货运港口拍摄清晰、全面的教学图片，录制时间长度合适的教学视频，尤其是现代化的自动分拣系统、先进的物流设备、自动化的立体仓库等本门课程关键的内容。

其次是优化教学队伍。“物流技术与装备”是一门涵盖运输、机械、电子和信息等知识的综合性非常强的课程，对老师的要求非常高，要求老师既要具备工程机械和器械方面的知识，又要具备电子和信息方面的知识。而对于目前许多学校的老师来说，很多从事物流技术与装备教学的老师都是由相关的专业转型而来，知识结构不是非常完善，有的老师对物流设备比较熟悉，而有的老师对物流技术比较精通，但综合起来比较全面的老师不多，所以教师的知识结构有待提高。为了提高老师的综合素质，建议各个学校除了要求老师自身努力提高素质以外，学校还要有目的、有计划地组织相关老师到大

型物流公司和基地实地考察学习的同时进行理论知识的培训和进修，全面提高老师的综合素质，把物流技术与装备的老师培养成为纵横相交的T型人才或复合型人才。另外，对物流管理的学生可以开设一些比较浅显的电子和信息方面的选修课，完善学生的知识结构。

最后是加大教学实习基地建设的力度。实习基地的建设，学生是最大的受益者，学生在课堂上通过老师的讲解，通过图片和视频的感受和理解，通过到基地实地学习和实际操作以后，学习的效果可以达到一个质的飞跃，所以应该加大实习基地建设力度。为了有成效地建设实习基地，除了各个系部和老师要积极主动与外部联系，利用各种关系建立教学实习基地以外，还建议对那些难度较大的基地的建设，应该以学校的名义参与（而不是以系部或老师的名义），这样可以提高谈判的能力，增加基地建设的效度，尽量建立一批高层次的教学实习基地。

五、结语

总之，为了提高物流技术与装备的教育教学质量和水平，在适当完善学生的知识结构的同时，我们应该从教学资源、教师队伍的建设和教学实习基地建设等几个方面着手。在完善教材和相应的教学图片、视频的同时，提高教师队伍的素质，使他们朝纵横相交的T型人才或复合型人才方向发展。在教学实习基地的建设方面加大力度，朝高层次的教学实习基地发展。

普通本科经管类应用型创新人才培养模式改革的探索与实践

汪德荣　韦海鸣

摘　要： 普通本科适应社会需要的人才培养，要在专业设置、教学方案、培养模式以及考核体系等方面进行改革。本文介绍了广西师范学院经济管理学院经管类应用型创新人才培养模式改革的探索与实践，主要包括：人才培养方案改革，构建“四位耦合互动”的培养模式；课程体系改革，实施“1.5+2.5”和“3+0.5+0.5”模式；教学内容改革，力求做到“三个融合”；教学方式的改革，构建“立体化”教学模式；推进特色校园文化建设，搭建“经济管理论坛月”平台；专业实习实训改革，实现“立体管理，科学评价，注重多赢”；强化保障体系建设，构建基于应用创新能力培养的“多层环状”教学管理系统。

关键词： 经管类专业；人才培养模式；教学改革；地方教学型高校

普通本科应用型人才培养模式的改革是我国高等教育大众化、多元化发展的必然趋势，是大学教育面向基层服务社会的创举。[1]经济管理类专业是应用型学科，与社会经济发展的联系十分紧密。近年来，广西师范学院经济管理学院基于经济管理类专业实践性很强的特点，树立全面素质观，面向中国—东盟自由贸易区经济管理类人才的需求，以“宽口径、厚基础、高素质、强能力”为总体指导思想，拓宽基础，培养人才的主动适应性，体现创新教育、素质教育和终生教育理念；融教师和学生能力素养、专业知识素养培养为一体，相互协调、综合提高；突出“课程结构显重点，课程设置多维度”的课程体系定位，注重知识内容的基础性、系统性与先进性以及创新实践运用能力的提升，从理论基础、实践应用、方法技能三个方面形成独特的课程体系；坚持理论教学、实践教学和科学研究相结合，注重学生建立不断演进的知识体系能力的培养，以培养学生具备“职业基础力+学习力+研究力+实践力+创新力”为核心目标，逐步形成一套系统完整的应用型创新人才的培养模式，使学生成为知识、能力、素质三方面协调发展的具有自我学习能力、自我更新能力和创新能力的“复合型、外向型、创新型、应用型”人才。

一、人才培养模式定位：“四位耦合互动”

高校的人才培养模式是指在一定的教育思想与教育理论指导下，为实现培养目标而采取的培养过程的某种标准构造样式和运行方式。[2]我们从2004年开始，先后5次对广西，主要是对南宁、北海、钦州、防城港等广西北部湾经济区地域的企事业单位和私人企业进行了人才需求的调研，了解在中国—东盟自由贸易区建成背景下的人才需求情况；并且每年对已毕业的学生进行跟踪调查，了解进入社会的学生的创新能力和综合素质状况，以及对学校教学和人才培养模式的改革意见。在调研的基础上，逐步确定人才培养改革方案要面向中国—东盟自由贸易区经济管理类人才的需求，探索培养“复合型、外向型、创新型、应用型”经济管理人才的培养模式。

地方教学型本科院校的人才培养目标就是培养“实基础、强能力、高素质、广适应”的人才，即“能主动适应基层市场需求干什么”，从而成为有广泛适用性的应用型人才。[3]因此，我们精心构建了“理论教学—案例教学—模拟实验—专业实习实训”四位耦合互动应用型人才培养模式，即将理论教学、案例教学、模拟实验、专业实习相结合，培养创新性应用型人才。理论教学方面主要突出学生理论素养的培养，通过加强基础理论、基本概念的讲授，体现厚基础的要求，为提升实践能力和创新能力奠定基础。案例教学通过案例分析讨论，理论联系实际，在问题分析中深化理论，提升创新能力，以案例教学模式实现教师资源、课时资源、学生资源等的整合。模拟实训通过让学生运用模拟实训软件，进一步加强对理论内容的理解，提高课程学习兴趣，提升知识的应用能力。专业实习包括课程见习和毕业实习两部分，通过专业实习，学生直接接触工作实际，在工作中提高专业知识的应用能力。

二、课程体系改革：“1.5+2.5”和“3+0.5+0.5”

多年来，普通本科教育普遍采用“3.5+0.5”教学模式，即用3年半的时间学习基础理论与专业知识，用半年时间从事毕业环节的工作。[4] 近年来，“3+1”模式成为专业人才培养的重点模式，即大学前3年完成专业所需的基本能力训练，后一年通过产学研结合的实践培养模式。[5] 我们在调研和教学实践中发现，这两种模式对学生理论联系实际、融会贯通所学知识、进行创新实践能力和综合应用能力等方面的培养仍然比较薄弱。

在充分讨论和调研的基础上，我们开始探索构建“强调横向厚基础与宽知识域，纵向强能力与深专业力”的经济管理类专业课程体系，由学校通识类课程、学院优秀教学资源配置的平台课程、“能力本位”的专业基础课程和“动手中学习”的专业课程共同构成“四层次”课程体系。设置有大学通修课、学科群基础课、专业必修课、专业方向指定选修课、任意选修课、文化素质公共选修课和实践环节7个课程模块。专设东盟国家的语言和知识性课程。

2009年我们提出并扎实推进“1.5+2.5”的培养模式。即在前3学期（一年半）设立学科基础课程模块，将专业基础课程打通，打牢基础；后5个学期（两年半）进行专业课程教育，在课程设置上突出专业选修课、应用型课程的比重，并增设涉及东盟方面的课程，构建经济管理类专业的课程平台。在课堂教学过程中强调问题讨论及互动交流，着力提高专业技能。该模式在第4学期允许部分学生在经济管理专业内进行专业的重新选择，第5学期课程见习或顶岗实习，第7、第8学期（包括大学三年级暑期为期两个月的专业实习）完成课程设计、生产实习和毕业实习等综合实践训练，并结合实习实践撰写毕业论文。该模式以培养“复合型、外向型、创新型、应用型”经济管理人才为主线，按照共性培养与个性化培养相结合的原则，进一步深化学分制改革，实施“贯通基础，分流培养，逐步到位”的培养方式，实现人才培养从“深井”模式向“大平台”模式转变。该模式实施四年来对培养厚基础、宽口径的创新型人才发挥了重要的作用。

为更好地适应中国—东盟自由贸易区建设对人才培养的需要，我院拓展实习空间，安排部分学生赴东南亚国家见习。在“1.5 +2.5”的基础上，2010年我院进一步推行“3 +0.5 +0.5”培养模式，即3年的理论学习，第4年可选择0.5年在东盟地区实习，0.5年在国内实习并完成毕业论文。学生通过在东南亚国家进行语言学习、考察实习、社会实践等，增强了对东南亚国家的了解，取得了良好的效果。

三、教学内容改革：“三个融合”

积极推进课程教学内容整体优化，强调课程教学内容改革，突出基础性、综合性、实践性、创新性等特点，力求做到“三个融合”，即融传授知识、培养能力和提高素质为一体；融人文精神、科学素养和创新能力培养为一体；融教学、科研和为区域性社会经济服务为一体，努力做到内容新、水平高、效果好。

注重以特色专业建设为突破，我院现有的人力资源管理专业、旅游管理专业、公共事业管理专业、市场营销专业、物流管理专业和国际经济与贸易等经济管理多专业互动发展，专业特色明显，专业优势突出，形成了面向中国—东盟自由贸易区发展需要、面向广西经济社会发展需要的课程教学内容体系。

教材建设与选用以质量为首要原则，以使用国内外优秀教材为主，以精品教材和教辅材料的编写为重点。教材选用主要有国外优秀教材、“教育部十二五规划教材”“面向21世纪教材”等。这部分教材主要是使用在学科基础课程教学，而“专业必修课程模块”和“专业选修课程模块”的教材建设，则大力支持，积极组织教师自己动手编写，编写的内容包括教材、习题、案例库、试题库等，也包括教学课件的制作、实验设计及课外学时方案的设计等。在教学中大量引入案例教学，组织老师共同编写了《经济管理专业课程教学案例集》，通过对成功或失败的案例进行剖析和研讨，让学生在案例分析中吸取他人成功的经验或失败的教训，在模拟决策过程中得到训练，提高学生分析问题和解决问题的能力，进一步强化学生综合实践技能和创新能力的培养。

四、教学方式改革：“立体化教学”

根据经济管理学科的特点和人才培养目标，加快教学方法和教学手段的改革。建立跨学科的互动教学模式，改变传统的“填鸭式”“满堂灌”的知识传授式教学方法，采用启发式教学方法，如探索实例引入、情景模拟、案例分析等。通过案例教学，开展人机互动、人人互动，遵从“提出问题—分析问题—解决问题—探究创新”的认知过程，变学生被动学习为主动学习、变单向传授为多向交流，调动学生自主学习的积极性，激发他们的学习兴趣；把科学研究活动引入教学，使学生的知识来源多渠道和多元化，引导学生自觉学习、主动学习和创造性学习；改变传统的单一化教学模式，构架立体化教学模式，如探索理论教学、模拟实验教学、项目引导式大作业、实践教学等相结合的立体化教学模式；改变传统的教学手段，充分采用现代化教学手段，如采用图文并茂的多媒体课件授课、开发内容丰富的课程教学网站辅助教学等。2011 年开始我院分阶段推进人才培养创新实验区网站、物流管理专业网站、教师学术空间站、精品课程群等网站的建设，以此构建多维立体的教学平台，促进教学资源共享，形成理论教学与实践教学相呼应，课堂教学与网站教学相结合的立体化教学模式，提高学生学习积极性，加强教师与学生的互动交流，并以此为平台引导学生参与教师学术研究。

五、特色校园文化建设：“经济管理论坛月”

提高大学生实践能力，培养应用型创新人才是一项系统工程，需要高等教育全面系统地进行改革与创新，其中校园文化建设是极其重要的方面。[6]一直以来，我院学生工作以培养“复合型、外向型、创新型、应用型”经管类人才为目标，融合教学、科研、实践等育人环节，积极开展校园文化建设，紧扣经济管理专业特点，精心培育“经济管理论坛活动月”这一实践性校园文化品牌。每年 5 月，举办师生共同参与的精品校园文化活动——“经济管理论坛活动月”，活动月由专业大赛、学术沙龙、职场沙龙、研究生学术论坛、闭幕式晚会暨表彰总结会五个部分组成，其中专业大赛包括：模拟竞聘大赛、导游服务大赛、商业设计大赛、商务礼仪大赛。学术沙龙设立了经管高端论坛，邀请知名专家学者、政府官员、企业高管，通过讲座、学术研讨等方式，探讨学科前沿发展，分析国内外政治经济形势与趋势，解读政府重要决策，揭示企业经营与人才发展的内在规律。论坛活动月的各项活动紧密结合各经济管理专业学生专业能力的培养，迄今已经成功开展九届，对学生的专业能力建设和综合素质提高发挥了重要的作用。

结合专业特点组织的经管论坛活动月成效显著。活动的影响不断扩大，不仅经济管理专业的学生报名参赛，也吸引了校内其他专业同学和其他高校同学的参与。广西区内多家媒体对活动进行了报道。通过活动月平台，建立了与政府、企业、学校、科研机构间的联系，学生、老师、企业家、学者、政府官员等共同参与活动中，既锻炼了学生的能力，又推动了学院专业学科的发展，为学生与社会、学生与企业搭建了相互交流的平台，取得了多方合作共赢的效果。

六、专业实习实训改革："立体管理，科学评价，注重多赢"

实践教学已经成为高校人才培养战略中的重要内容。根据培养目标的要求，我们设计了一套经济管理类学生专业实习方案，探索出一条"立体管理，科学评价，注重多赢"的专业实习改革道路，强化实验室和实习基地建设，实现"学习—上岗"零距离。

在基地实践教育环节，除了强化学生对经济管理实践的了解、认识与体验外，强调先在校内进行模拟训练，构建能力基础，然后在专业实践基地进行基本技能训练，如信息获取能力、沟通能力、简单决策能力和管理操作能力等。同时，注重职业操守训练，使学生在实践中获得职业道德、职业意识、职业规范、职业行为的培养与锻炼。目前，在广西和广东的大中型企业和事业单位已建立了 16 家相对稳定的校外专业教学实践、实习基地，达到了校企、校政共同育人的目的，有利于提高学生的适应能力、计划协调能力、人际沟通能力和实际工作能力。

实验室建设突出"整合学科资源，一室多种功能"的特色，集实验、训练、模拟、研究为一体。我院已建有现代商贸物流实验教学中心、国际贸易模拟操作实验室、港口物流仿真模拟实验室、旅游实验室和案例分析室 5 个多功能实训室，涉及物流管理、电子商务、企业管理、国际贸易、人力资源管理、公共管理、旅游管理等领域。同时，按照经济管理学科人才培养特点与要求，改变"黑板管理"，进一步调整实验教学计划及大纲，改革实验内容，减少验证性实验，加大综合性、设计性实验的比例。改进实验教材与教法，改变过去那种"认识型、单项型、验证型"的实验教学，打破专业内外界限，构建综合性、设计性、应用性为主的实验教学内容，培养学生综合分析问题和解决问题的能力。在教学安排上，打破课内课外的界限、学期和假期的界限，合理安排实验与训练时数，尤其将第二课堂纳入培养计划，与第一课堂有机结合。

应用型创新人才的培养不仅需要一批掌握理论前沿、具有较强理论素养的理论型教师，也需要大量的理论与实际相结合的双师型教师。我院制定了多项激励和保障措施，积极推进双师型教师的培养。鼓励老师参与社会实践，承接横向课题，报考各种职业资格证，到企业、政府等单位开展产学研等多种实践活动，教师实践能力、创新能力得到了切实的提高。同时，我院还聘请外部学者和专家、实业界精英组成兼职教师队伍，充分利用外脑智慧，密切经济管理实践，开阔学生视野，培养学生能力。

目前，我院已经拥有国家和广西壮族自治区及南宁市支持建设的 6 个项目支撑平台：广西高等学校特色专业及课程一体化建设项目、广西壮族自治区重点建设职教师资培养专业、面向中国—东盟自贸区的经管类应用型人才培养模式的探索与实践项目、物流管理教育部高等学校"专业综合改革试点"项目、广西师范学院—钦州港口集团物流管理实践教育基地项目、南宁市物流人才培训中心项目等。

七、保障体系建设：教学管理系统"多层环状"

建立"多层环状"教学管理系统，包括决策、执行、监控和信息反馈系统，构建多层环状、环环相扣、结构紧密、功能优化的教学管理工作"回路"。构建了体现整合思想、开放精神、激励与约束相结合的评价机制，并建立与评价体系相适应的激励和协调机制。构建了教学质量综合评价体系及其优质优酬机制，将教学质量评价结果与教学奖酬和绩效工资挂钩，优质的给予优酬。

设计了教学信息调查表和听课记录表。调查表在课程结束时使用，听课记录表由课程教学管理负责人教学过程中随机听课时填写。对课程教学管理负责人每学期听课次数定量化，并要求分别对相关教学环节进行评价。根据学生填写的调查表和负责人填写的听课记录，分析教学过程中所存在的问题以及教学改革与创新的效果，为教学研讨和教改指明方向。

构建学生全面素质综合测评体系及其激励机制，建立模块化激励机制，分模块对学生进行测评，设立相应的素质模块奖学金和全面素质奖。构建院系级教学工作评价体系及其奖优扶重机制，对院系教学运行、教学基本建设、教学改革研究和教学管理状态实行科学、制度化的系统评价。

构建多样化的考核体系是加强学生专业能力培养的重要手段。我们调整了传统的过于注重理论知识的考核方式，通过构建闭卷笔试、开卷考试、案例讨论分析、调查报告撰写、情景模拟演绎、面试问答等多样化的考核体系，全方位培养学生对理论知识的掌握和应用能力的提升。例如，市场调查与预测、营销企划实务、物流系统分析与设计等课程，采取“闭卷考试+策划书”的方式考核；商务礼仪、推销与谈判、导游业务等通过“闭卷考试+分组展示”的方式考核。

经过扎实的专业理论学习和实践环节的训练，学生专业学习兴趣高，专业理论基础较为扎实。学生通过参加各种学科竞赛、社会实践、专业实习，综合素质、创新能力、动手能力、综合分析能力等方面得到大幅度的提高，在全国、全区多个大赛崭露头角，成绩喜人。

每年学生就业率都在95%以上，并在工作中很快成为单位骨干，用人单位对我院人才质量给予高度评价，认为我院毕业生整体素质高，业务能力强，在工作中表现出色。

参考文献：

［1］卢宁，陈雪梅，丁小明．普通本科应用型人才培养模式改革初探［J］．高教论坛，2007（2）：21－23.

［2］葛建民．中英高校人才培养模式的比较分析与思考［J］．黑龙江高教研究，2009（4）：56－58.

［3］谭伟平，宋克慧，彭庆文．怀化学院“三位一体”通适性应用型人才培养模式改革的探索与实践［J］．高等教育研究，2010（10）：67－69.

［4］唐玉斌，陈芳艳．“3＋1”教学模式在培养高级工程技术人才中的运用［J］．江苏科技大学学报（社会科学版），2004（12）：103－105.

［5］黄汉昌．独立学院校企合作人才培养模式的实践与探索［J］．文教资料，2008（20）：168－169.

［6］周鸿，韦海鸣．地方性师范院校管理类专业本科实践体系改革的研究与实践［J］．高教论坛，2008（5）：105－107.

地方高等师范院校计算机科学与技术专业人才培养模式的改革与实践

李文敬　廖伟志　元昌安

摘　要：针对我校计算机科学与技术专业人才培养模式现状及其存在的不足，提出"1+2+1"的计算机应用型人才培养新模式。通过开设"软件开发与网络工程应用型人才培养模式创新实验班"，在教育理念、培养目标与规格、课程体系结构、管理与运行机制、评估方式等多方面进行改革与创新。经过几年的试验，创新实验班的学生在软件系统开发能力和网络工程能力方面取得了明显的提高，本专业人才培养模式的改革与实践取得了一定的成效。

关键词：计算机专业；培养模式；应用型人才；改革与实践

目前，高校培养的计算机专业人才大致分为研究型、工程型和应用型三种，采用的人才培养模式各不相同，但大都来源于"研究型"的人才培养模式。近几年，我校计算机专业人才培养模式虽然做了一些改良，人才培养方案也进行了相应的改进。但是，仍然没有跳出重理论、轻实践的弊端；学生专业能力和实践能力没有明显的提高，教学质量没有达到预期的效果。为此，我们以"软件开发与网络工程人才培养模式创新实验班"为依托，对计算机专业人才培养模式进行改革与实践，以培养适应社会需要的软件开发和网络技术本科应用型人才，具有重要的现实意义。

一、人才培养模式的现状与不足

（一）计算机专业人才培养模式现状

人才培养模式是指在一定的现代教育理论、教育思想指导下，按照特定的培养目标和人才规格，以相对稳定的教学内容和课程体系、管理制度和评估方式，实施人才教育的过程的总和。目前，我国有500多所本科院校开设了计算机专业，采用的人才培养模式包括“3.5+0.5”模式、“3+1”模式、“2+2”等模式。其中，“3.5+0.5”模式是指3年半理论学习加半年实习实践时间，这种模式是计算机专业普遍采用的传统人才培养模式，适合于培养研究型的计算机人才，其优点是培养的学生基础理论扎实，专业理论能力强，但实践能力偏低。“3+1”模式是指3年理论学习加1年实习实践时间，该模式是传统人才培养模式的改进，适合于培养工程型或应用型的计算机人才，其优点是培养的学生基础理论扎实，专业能力较强，实践能力比较强。“2+2”模式是指2年的宽口径厚基础的通识课程理论学习加上2年的专业课程学习。该模式突破了传统的人才培养模式，学生用两年时间学习多学科、跨学科的基础知识，后两年再选择计算机专业的学习。它注重跨学科基础知识的学习，有利于学生创新能力的培养。该模式较适合于各专业师资力量雄厚、学生学习能力较强、以培养研究型或工程型为目标的院校。此外，还有诸如“2.5+1.5”模式等。不同的院校虽然采用不同的模式，但其培养目标和规格、课程体系结构、教学内容、教学大纲和实践教学环节等内涵设计，都是参照传统研究型大学计算机专业制订的[1]。

（二）人才培养模式存在的不足

我校计算机专业采用的是传统的“3.5+0.5”的人才培养模式。虽然随着计算机专业人才需求的不断变化，也对培养目标和人才规格、课程体系、教学内容、教学大纲和实践教学环节、教学管理等人才培养模式的内涵进行修改，但还是没跳出培养“研究型”人才的框框，依然存在重理论，轻实践，教学质量不高的问题。主要存在如下不足。

（1）人才培养目标方向模糊，不够明确。提出培养计算机本科应用型高级人才，定位是准确的。但是，是培养硬件人才、软件人才还是网络技术人才，抑或培养通才，目标模糊；人才培养规格要求“全才通才”，脱离实际。提出的人才培养规格既要求学生具有硬件、软件能力，也要求学生具有网络技术能力，样样能行，成为通才，脱离实际。

（2）课程体系结构不尽合理，不能有力支撑培养目标与人才规格的设计。

课程体系结构的理论课程与实践课程比例不够合理，实践课程比例少。课程设置面面俱到，包罗万象，学生各方面课程都选修，但都没能深入地掌握。学生既成不了通才，也没有掌握到某一方面的专门技能，达不到培养目标和规格的要求。

（3）教学实施过程没能跳出重理论，轻实践的框框。教师比较注重理论教学，强调原理、算法的讲解分析，缺乏对原理及算法具体应用的训练。对课程实验、实习实训等实践教学工作重视不够，强调验证性的实验，缺少设计和综合性的实验训练；实习实训时间不足等。

（4）教学保障存在不足，学分制管理没有得到充分的运用。具有硬件和软件开发背景、在企业公司历练过的教师不多，能够胜任实践教学的教师数量不足；学生人数较多，专业场所和设备数量不足，学生不能充分进行实验、实习与实践。学分制管理办法，方便了学生的自主选课。但是，目前采用的学期学分制，还不是真正意义上的学分制，灵活性不够，没能激发出学生的潜力。

（5）教学质量评价体系不够完善。目前仍采用以理论考核为主的教学质量评价体系，各教学环节缺乏严格和量化的质量标准，造成教师教学重理论、轻实践；学生实践能力不足，影响应用型人才的培养。

二、人才需求与专业定位

（一）计算机人才需求现状

随着我国社会经济的快速发展，以计算机为核心的高科技产品层出不穷，互联网和智能手机正在改变我们的工作、学习、生活和娱乐方式，并以前所未有的速度渗透到人类生活的每一个角落。计算机人才需求包括计算机、网络、通信的软硬件系统的生产与集成、软硬件测试、销售、维护与维修，网站开发、管理与维护、网络安全、网络游戏设计开发，各行业快速发展对软件的巨大需求，经济全球化所带来的软件外包等，对计算机专业人才的需要面越来越广、规模不断扩大。尤其是软件企业的软件设计、开发和软件测试人才缺口更大。虽然每年高校培养的计算机专业毕业生不少，但培养的毕业生有些因专业能力偏低、实践能力不强，不能适应社会需求。目前，计算机专业人才市场的供求现状是：计算机专业毕业生就业困难，而用人单位却招聘不到满意的人才[2]。

（二）学校与专业定位

我校是一所地方性本科高等师范院校，学校的人才培养定位是：培养具有民族使命感、历史责任感，具有创新精神和实践能力，服从基础教育以及适应区域经济建设和社会发展的应用型高级专门人才。计算机专业的人才培养定位是：培养具有创新精神和实践能力，适应区域经济建设和社会发展的计算机本科应用型高级专门人才。

三、专业人才培养模式改革与创新

（一）人才培养模式改革的思路和定位

我们以开设“软件开发与网络工程人才培养模式创新实验班”为依托，对本校计算机专业的人才培养模式进行改革，改革的思路和定位是：立足广西区域经济和社会发展，培养适应广西经济发展，尤其是北部湾经济区建设所需要的软件与网络应用型人才。以此造就一支在教学与科研方面都具有创新精神和能力的高素质骨干教师队伍；构建一个体现培养学生的实践能力、创新能力、就业能力和创业能力为目标的课程体系；创建一种系统科学的教学管理体制；养成科学严谨的学风和务实创新的科学态度；营造一个既确保培养规格要求，又能发展学生个性的人才培养环境。

（二）人才培养模式改革方案

1. 新的人才培养模式

采用“1 +2 +1”的人才培养模式。学生第 1 年在计算机专业、软件工程、信息管理与信息系统、教育技术学四个专业中学习通识课程和专业基础课程；第 2 年学生通过自愿、选拔和转专业等形式进入“软件开发与网络工程人才培养模式创新实验班”，学习两年的专业课程；第 4 年到实习实践基地进行专业实习和项目开发。

2. 人才培养目标

培养德智体全面发展，具有扎实的计算机软件和计算机网络的基础理论、基本方法和基本技能。掌握计算机软件设计、网络设计等主流技术，具有较强的抽象思维、逻辑推理和运算能力以及利用计算机解决实际问题的综合能力。能在机关、科研、企业、事业等单位胜任计算机软件开发、网站建设与管理的应用型高级技术人才。

3. 人才培养规格

以培养软件开发和网络工程应用型人才为目标的人才培养模式，其人才规格是：①具有较强的抽象思维、逻辑推理和运算能力；②具有较强的编程、大中型软件系统的设计与开发能力，自学和适应新的软件开发工具的能力；③有较强的组网、网页设计、网站建设以及维护与管理能力；④具有较高的思想文化、心理和身体素质，具备较强的适应、协调、团队协作、应变和创新能力。

人才规格中的第①、④条，强调软件开发和网络工程的人才必须具备的能力；第②条强调软件系统开发人才必须具备的能力；第③条是网络工程人才必须具备的能力。毕业生具备了软件开发或网络工程能力，就能够适应目前 IT 企业或各行业管理岗位对计算机专业人才的需求。

4. 课程体系结构

根据人才培养目标和人才培养规格，对课程体系结构进行改革[3]。第一，制订新的教学计划，增加实践教学的课时比例；第二，重新设置专业基础课程和实践课程，开设一些特色课程，如项目开发案例实训、网站建设与管理案例实训等，并设置软件开发和网络工程两个方向的课程；第三，加大实践教学的课时量，尤其是到 IT 企业实习实践基地的专业实习时间，从半年增加到 1 年。

5. 教学评价体系

对各教学环节制订易于实施、可量化的新的教学质量评价体系。理论性较强的专业基础课程，采用闭卷考核的方式，而应用性较强的专业课程，减少理论考试，采用上机考试或制作作品的考核形式。实验课程采用综合设计、制作作品的考核方式。实习以具体参与企业项目开发或网站建设作为评价的指标。

（三）人才培养模式的改革与创新性

（1）在教育理念上，我们改变了以往“以教师为主，以教为中心”的理念。采取“以学生为本，以就业为导向，以教师为主导”的新型教育理念，并贯穿整个人才培养方案的制订和教学的实施过程。

（2））在人才培养模式上，从原来的“3.5 +0.5”模式改为“1 +2 +1”的分段模式。创新实验班的学生来源于多个专业，都有从事软件开发或网络工程工作的意愿。学生的理想和目标明确，主动性强。

（3）在人才培养目标上，提出“培养软件开发和网络工程应用型高级专门人才”为目标。目标明确、具体，操作性强的特点。改变了原来以“培养本科应用型高级专门人才”为目标，培养“全才、通才”，目标模糊的不足。

（4）在人才培养规格上，要求学生具备多学科知识结构，改变了以往学生只具备单一学科知识的不足；在专业能力上，不要求学生成为“全才、通才”，只要求具有胜任软件开发或网络工程岗位的能力，具有一专多能的应用型人才。

（5）在课程体系结构设置上，提高实验、见习、实习实训、毕业设计等实践环节的教学课时，还设置了一些特色课程。教学管理采用学分制管理方法，实行本科生导师制，建立相应的网络管理系统实行科学管理。教学质量评价体系方面，对各教学环节制订“量化”的质量标准，改革理论课程、实验课、实践教学考核方式，以学生的学习成果、作品、获奖等作为评价学生专业能力的主要指标。

四、人才培养模式创新实验班

（一）创新实验班的构建与保障

该创新实验班的学生主要来自计算机专业、软件工程专业、信息管理与信息系统专业、教育技术学四个专业，全班总人数为 30 人。第 1 年学生在各自的专业学习通识课程和专业基础课程。第 2 年以自愿、选拔或转专业方式进入实验班学习专业课程。第 4 年到实习实践基地进行专业实习，参与项目开发。

创新实验班得到学校在政策、师资、教学基础设施等方面的保障。学校按照教育部创新实验区的建设，在人、财、物给予保障；支持高层次人才的引进、划拨专项建设经费，所需要设备、场地优先安排，保证设备及时到位。学院保证选派教学经验丰富的教师担任该实验班的课程；在校内建立“软件开发创新”和“网络工程创新”实训基地；在校外与本地多家 IT 公司签约建立多个校外实习实训基地，为学生的短期见习、实训和实习提供稳定的、良好的环境和平台。

（二）创新实验班的管理与运行

该实验班由专业所在学院负责教学安排、管理和实施。创新实验班采用学分制的管理方式，有利于学生自主选课；该班还实行本科生导师制，导师负责指导学生选课、学习指导、实践指导；建立学生选导网络系统，加强教师对学生的指导，增进师生之间的沟通和交流。组织学生参加学校、省以及全国性的计算机程序设计、网页设计等比赛，通过各种比赛的磨炼，不断提高学生的参赛经验和专业能力。

（三）创新实验班的试验效果

该实验班注重培养学生的独立思考和解决实际问题的能力，以学生为中心，以就业为导向，培养有较强自学能力、有较宽厚的文化修养和较强专业能力的应用型高级专门人才。几年来，在创新实验班师生的共同努力下，培养的学生具有扎实的专业基础知识。学生根据自身的兴趣和发展方向，系统地修读科学计算、计算机软件开发、计算机网络、数据库与人工智能等方面的课程，分别掌握了软件设计与开发、网络工程方面的专业技术。通过加强实践教学，加大学生软件设计与开发、网络工程的综合训练，在实践基地参与项目开发等实训，提高了该实验班学生软件开发或网络技术的能力，使学生能够胜任 IT 企业软件开发和网络技术工程师的岗位，也完全胜任其他行业计算机和网络等管理的岗位。该实验班学生在毕业前，软件开发方向的学生都开发出 1 ~ 2 个实用的软件作品，有些学生还承担某些单位软件系统项目的部分开发工作。网络技术方向的学生，都能独立做到组建局域网、建立和管理网站，有些学生还参与了一些机关、企事业单位的网站建设与管理。由于学生有开发经验、有了自己的作品，在就业的激烈竞争中显示出开发能力强的优点，大大提高学生的就业机会。该班学生的就业成功率比非实验班的计算机专业学生高。被单位聘用的学生，他们的专业能力得到了用人单位肯定。

五、结语

通过开设“软件开发与网络工程人才培养模式创新实验班”，对计算机专业人才培养模式进行尝试和探索，并对培养目标、人才规格、课程体系、教学管理、教学质量评价体系等人才培养模式的内涵进行改革，取得了一定的成效。但是，实验班人数较少，学校投入的资源较多。如何在班级人数较多、学校资源投入有限的情况下，推广创新实验班的人才培养模式是我们下一步的主要工作。

参考文献：

［1］陈琳．计算机科学与技术专业应用型人才培养模式探讨［J］．长江大学学报（自然科学版），2009，6（4）：355－356.

［2］张勇．地方高校计算机专业人才培养模式改革研究［J］．吉林工程技术师范学院学报，2010，26（8）：26－28.

［3］李文敬，刘之家，闭应洲．应用型本科计算机专业实践教学体系的构建与实施［J］．计算机教育，2011（2）：26－31.

以学生为中心的理念在工商管理教学中的应用

汪德荣

摘　要： 学生是经典教学三要素之一，随着新课程改革的深入，该要素的主体地位越来越凸显。工商管理学科具有较强的实践性和动态性，“以学生为中心”的教学理念认为教师需要转变自己的角色，建立与学生互动共享的关系，促使学生在学习过程中全程参与。学生不是简单被动地接收信息，而是积极主动地建构知识。

关键词： 建构知识；主体转变；“以学生为中心”

一直以来，影响并统治我国高校教学领域的是“以教师为中心”的教学模式。通常将教育归结为教师、课堂、教材三个中心体制，在教师和学生的教与学交互作用的关系中以教师为中心，在课堂上的集体面授与个性化教学中以集体面授为中心，在使用教材时以教师和学校指定的为主，学生自己使用学习资料为辅。在“以教师为中心”理念指导下，整个教学过程的设计和开发及其组织和实施是教师的职责，学生的任务是在这种教育体制和思想下系统地学习教师在课堂上讲授的科学理论知识。一位外国教育家说过：“当孩子意识到学习是在教育他的时候，这样的教育往往是失败的。”回顾、反思我们的工商管理专业课教学，往往过分强调理性的说教，机械的灌输，以致我们的学生懒于思考、懒于动手。正如布鲁克菲尔德所指出的，课堂教学是大学中最常见的活动，也因为如此，它也是最经常被滥用的活动。[1]

以教师为中心的课堂教学方式对于系统的传授知识具有一定的优势，然而，作为认知主体的学生，在教学活动中始终处于受灌输的被动地位，难以发挥其主动性和积极性，这种压抑学生个性、不让学生主动思考、扼杀创造性思维不利于培养学生的发散性、创新能力。学校在教育思想定位中能否坚持以学生为主体，以教师为主导，以能力为根本，是提高教学质量的前提，是检验教学成果的标准。那么如何进行课堂教学改革，选择适合时宜的教育教学方法，是摆在我们面前的重要任务。特别是对于工商管理课程的教学具有十分重要的现实意义。

一、工商管理课程特点

工商管理学科是涉及面宽、理论性与应用性强的学科，该课程不同于一般理论课程，具有较强的实践性，是一门理论与实践并重的专业课程。工商管理专业旨在培养适应现代市场经济需要，掌握现代管理理论、具有国际化视野、创新意识与团队精神，适应社会需要的复合型人才。工商管理专业培养的是“宽口径、厚基础、重创新、强素质、国际化”的应用型专业人才，体现“与市场接轨，适应社会需求”的宗旨。在重视理论教学的基础上，要按照工商管理人才培养要求调整和优化课程体系，结合社会现实需求修订人才培养方案，制订与社会发展需要相结合的培养方案和课程体系，将最新的管理科学的新成果、新技术、新内容充实到专业课程教学中，倡导以教师为主导、学生为主体、师生互动的教学方式，形成具有工商管理专业特色的教学方法、考试和教学手段。在教学方式和手段上不能只局限于就某一种管理问题的既定状态进行一次性处理，而着力创造一种能培养学生对不断发展变化的管理问题、按照权变原则、多次性处理的对策能力的训练方式。[2]要特别注重实施个性化教育。教育应该以人为本，让学生接受教育、提高素质、开发智慧、挖掘潜力，使学生的聪明才智贡献于社会。

二、树立以学生为中心的教育理念

当今教育界提倡“以学生为中心”，教学改革强调以学生为本的思想，通过参与学生的学习过程得到深刻的体验。这一认知过程，增强了学生的学习兴趣、热情和动机，丰富了学生的内心世界和心灵体验，纠正了学生的学习观、人生观和世界观，搭起了与人和世界交流的桥梁，使学生清楚地认识自己，正确地引导学生合作、探究、体验学习过程，将所学的知识应用到实际生活中。“以学生为中心”首先要做的就是使学生成为主体角色，促使他们产生一种自我概念，产生学习的内在动力，由学生来控制和管理自己的学习行为，要以友善的方式，在现实的具体的生活中进行教育，教师在整个教学活动中只起主导和协助的作用。

“以学生为中心”就是要学生从传统教学模式的“我不得不学”转变成“我要学、我想学”，使每个学生都感受到成功的喜悦，体会到在学中乐，在乐中学，极大地提高了学生的学习兴趣和学习积极性。教师的角色要从讲解者、示范者、评价者更多地转化为一种组织者、激励者。简言之，以学生为中心也就是以学为主而不是以教为主，因此，教育培训也好，教与学也好，都要取决于学生的学习，教是要通过学来体现的。这一价值取向反映在国际上就是终生学习。在这种模式中，学生是知识意义的主动建构者，教师是教学过程的组织者、指导者，意义建构的帮助者、促进者；教材所提供的知识不再是教师传授的内容，而是学生主动建构意义的对象。[3]

三、在工商管理课程中创建“以学生为中心”的教学模式

有人说：“情景是激活学生创造禀性的有效途径。”鉴于此，教师就要积极创设民主和谐充满爱的情境，采取多种方法，充分调动学生主动参与的积极性，使其在学习中更加集中精力，更好地感知、记忆、思考进而“外化”为课堂活动。教师的作用就在于引导学生发挥主体作用，根据教学大纲内容，制订教学方案，安排教学内容，从老师教为主转变为学生学为主；设置教学情境，把教学内容化为社会实际，积极运用案例讨论、情景分析、综合讨论、角色模拟等方式，培养学生的创新思维，将新方法落实到每个教学环节之中，组织开展师生之间、学生之间的交流与合作，从以教师为中心转变为以学生为中心，帮助学生进行发现式学习，激发、引导和督促学生学习、帮助学生学会学习，培养学生自主学习的能力。课程教学是一个复杂的系统，这个系统的核心应是学生的发展。有人把教育的目标概括为“一个核心，两个基点”，即以学生全面素质提高为核心，以培养综合能力和发展学生个性为基点，这正是检验教学效果的根本标准。教学不仅是使学生获得知识的过程，同时还是培养学生能力和发展学生素质的过程。学习知识固然重要，但掌握、

理解、消化知识，创造性地运用、发展知识的能力更为重要。知识是形成能力的基础，而能力是素质的核心。在教学中，要把学生获取知识、形成能力和发展素质三个不同层次有机结合起来，相互转化，全面发展。特别要重视学生创新能力的提高，在课堂中引导学生去思考，而不是探讨一个标准答案。把知识讲解与能力培养结合起来，把课堂教学与课后自主学习结合起来；着力提升学生的学习力、研究力、实践力和创新力，从以传授知识为主转变为知识能力并重、促进人的全面发展。科学的教学过程应是教师和学生双方共同活动的过程。在这个过程中，教师和学生是平等的，教师的“教”和学生的“学”是统一体，两者互相影响又各自独立。由此看来，大学教学过程从本质上讲，应该是“以学生为中心”的一种活动，在这个活动中，老师的主要任务不只是传授知识，更重要的是教会学生掌握如何学到知识的方法。这种“以学生为中心”的教学模式注重学生在学习过程中发挥学生的主动性、积极性，教师相应的教学行为主要围绕“自主学习策略”和“学习环境”两个方面进行。

因而工商管理教学活动应该以此为原则，让这个原则成为工商管理应用型教学改革的指导思想。只有这样，才能培养出具有创新思维、创新能力的应用型大学生。

参考文献：

［1］斯蒂芬·D. 布鲁克菲尔德. 大学教师的技巧——论课堂教学中的方法、信任和回应［M］. 周心红，洪宁，译. 杭州：浙江大学出版社，2005：46.

［2］周波. 亲验式教学模式在工商管理教学中的应用［J］. 牡丹江师范学院学报（哲社版），2006（2）：112－113.

［3］尹文嘉. 以学习者为中心的理念在行政管理学中的应用［J］. 中国科教创新导刊，2009（19）.

物流管理（职师）专业教学模式改革初探

马小雅

摘　要：通过高校管理类课程主要用的教学模式分析和物流管理（职师）专业教学现状和存在问题分析，在长期教学实践经验和学生教学评价基础上，针对物流管理（职师）专业教学模式和培养目标，提出：①示范观摩课教学模式；②“模拟上课＋教师点评＋其他团队提问”模式；③情景模拟上课模式；④翻转课堂教学模式。

关键词：物流管理（职师）；教学模式；情景模拟；翻转课堂

一、引言

随着物流业快速发展及其在国民经济中重要地位的日益显现，物流人才需求出现持续井喷的态势，尽管许多院校都开设了物流管理专业，但物流人才的培养并没有很好地符合物流快速发展的需要。由于我国物流业还处于初级起步阶段，第三方物流发展规模较小，这样的现实情况导致对物流人才的需求更多偏向于低层次，比如运输司机、仓储分拣工、仓储搬运工等。而大多数物流管理专业毕业生是高职和本科类毕业生，出现对低层次物流岗位不愿做，高层次物流岗位做不了的局面。于是，师范类院校开设物流管理（职师）专业为中职学校培养物流管理教学人才，这样不仅为一部分本科院校物流管理毕业生拓展就业渠道，同时也为物流业低层次人才需求提供支持。

然而，师范类院校开设物流管理（职师）专业过程中存在教学模式与教学培养目标不吻合的情况，本文基于这样的现实情况，从培养物流管理职业师范类学生教学技能和为中职学校培养有效教学人才角度和教学目标出发，通过分析现阶段教育环境下教学模式存在的问题，结合物流管理（职师）专业学生自身特点和物流课程上课过程中该如何安排教学，提出适合物流管理（职师）专业教学模式改革的教学模式。

二、高校管理类课程主要用的教学模式分析

1. 讲授式

讲授式就是以老师讲授给学生的教学方法。作为一个古老而传统的教学方法，讲授式教学法一直在课堂中普遍采用[1]。讲授式在当前新课程积极提倡自主、合作和探究学习方式为主的趋势下，显得不够新颖，而实际上讲授法是其他教学方法的基础，有利于大幅度提高课堂教学的效果和效率，有利于帮助学生全面、深刻、准确地掌握教材，同时有利于充分发挥教师自身的主导作用。

2. 案例分析教学法

案例分析教学法由哈佛大学于1880年开发完成，后被哈佛商学院用于培养高级经理和管理精英的教育实践，逐渐发展为今天的“案例分析法”。哈佛大学的“案例分析法”，开始时只是作为一种教育技法用于高级经理人及商业政策的相关教育实践中，后来被许多公司借鉴来成为用于培养公司企业得力员工的一种重要方法。[2]通过使用这种方法对员工进行培训，能明显地增加员工对公司各项业务的了解，培养员工间良好的人际关系，提高员工解决问题的能力，增加公司的凝聚力。案例分析法是指结合文献资料对单一对象进行分析，得出事物一般性、普遍性的规律的方法。

3. 企业参观式

企业参观式是根据所学课程的内容，由上课教师根据上课进度内容联系相关企业，带领学生到企业参观，从直观和实践的角度让学生理解所学课程知识内容。

4. 学生团队合作实践调查法

学生团队合作实践调查法的教学模式是参与式教学的一种，是由上课教师根据课程体系内容和教学目标把学生分成团队，然后让每个团队选择一个企业或者一类企业进行自行调研，根据调研情况在班级做汇报。

三、物流管理（职师）专业教学现状和问题分析

物流管理（职师）专业的培养目标是为中职和高职院校培养具有物流管理专业知识和教学技能的教师。但是，现实是现在很多大学讲授专业课的老师的教学方式和教学观念都没有因为物流管理（职师）专业是以培养职业师范生为目标而改变或转变，仍然沿袭传统的专业知识的灌输和教师“一言堂”。对于如何培养优秀和具有实践操作能力的物流管理职业师范生，如何通过示范让学生懂得怎样上课才能算一堂好课，如何评价一堂课等问题，专业科任老师很少主动去实践和改革。

出现这些情况的主要原因有：①大多数管理类大学老师不是师范出身，没有系统地学过教学技法和教学原理等课程，导致很多老师在上课过程中根据个人喜好和对课程内容熟悉程度上课，对于教材系统的体系不能很好地呈现给学生学习和理解；②大多数老师的教学理念更多在于传递基本专业知识，很多老师的上课教学课件几乎不更新或者更新的比较少。而在信息获得如此方便的今天，很多基本知识百度就能获得，导致学生学习积极性不高，培养效果没有达到预期；③以科研为导向的大学现实，让处于一线教学青年教师在背负各种科研压力和经济压力的现实面前，没有很多的时间精力花在备课和上好课上，导致教学质量不高，教学效果不明显，从而达不到教学预期。

四、物流管理（职师）专业教学模式改革的途径

通过高校管理类课程主要用的教学模式分析、物流管理（职师）专业教学现状和存在问题分析，在长期教学实践经验和学生教学评价基础上，针对物流管理（职师）专业教学模式和培养目标，提出以下教学模式。

1. 示范观摩课教学模式

示范观摩课教学模式的操作方式是：教师选择一个主题，以标准课时 40 分钟为时间限制，把学生以小组形式分组座，教师根据教学内容设计教学各

个环节，示范讲课过程中如何把教学内容与各个环节设计结合起来，学生通过教师示范，在观摩中理解并掌握怎样上好一节标准课。

物流管理（职师）专业的培养目标是为中职和高职院校培养具有物流管理专业知识和教学技能的教师。为达到这个目标，教师示范，让学生通过"看中学"，明白教学过程和环节的设计。

2. "模拟上课 + 教师点评 + 其他团队提问"模式

模拟上课模式的操作方式是：教师根据教学目标和内容为学生设定一个主题内容，把学生分团队，各团队学生成员分工讨论并合作备课，然后模拟教师身份上课。物流管理（职师）专业课程中有"运输管理"课程，但关于运输管理的内容在"物流管理概论"里面也有相关内容。"运输管理"科任老师可以根据课程内容把基础学过的部分让学生模拟上课，让学生在做中学，体会和领悟如何上好一节课。

模拟上课模式可以让学生模拟教师身份给班级同学上课，这个过程不仅能锻炼学生的口头表达能力和心理承受能力，还能让学生在备课过程中学会如何查找知识和 PPT 制作。同时，以团队形式操作让学生们不仅学会团队合作，还能让学生们在团队合作过程中相互学习、相互交流，达到促进合作和相互提高的作用。

教师点评是在学生模拟上课后，教师根据学生团队模拟上课的情况对其进行点评，指出学生团队做得好的地方和不足的地方，帮助学生更好地在做中学后明白团队模拟上课的效果和不足。

其他团队点评是在教师点评后，其他团队的成员根据模拟上课的专业内容对模拟上课团队进行提问，这样设计的目的是让模拟上课的团队不仅学会上课，同时为了做好回答提问准备，备课过程中扎实理解和熟悉专业知识内容。

3. 情景模拟上课模式

情景模拟上课模式要求教师能紧密结合课程内容前沿和现实的案例教学，把案例编辑为一个剧本，让学生以团队的形式模拟案例中涉及的角色；比如在"仓储与配送管理"课程中，把仓储出库过程中遇到的问题编辑成现实案例，以情景模拟的形式让学生团队表演，其余同学看，在看中发现问题，在发现问题的基础上，与座位相邻的同学讨论该如何解决问题。

情景模拟上课模式不仅锻炼演案例剧本的同学对课程内容熟悉程度和对现实中各物流岗位角色的领悟能力，同时还锻炼他们的表演能力和把问题突出呈现的能力。在锻炼演案例剧本的同时，打破传统的案例教学文本形式，以角色和人物形象揣摩的形式让学生在观察演案例剧本时发现问题，并在熟悉问题内容的基础上锻炼发散思维和逻辑思维来解决问题。

4. 翻转课堂教学模式

翻转课堂是目前最新和引起很多高校高度关注的教学模式[3]，课堂形式不是讲授基本知识和要点，而是提前给学生以团队形式自己学习相关知识，在课堂上以案例讨论和团队合作的形式来检测学生对知识的掌握程度，实现师生相互思想交流的课题气氛。对于物流管理（职师）专业学生，未来能在中职或者高职院校上台讲课，必须具备一定的自主学习钻研能力，翻转课堂教学模式能在根本上督促学生主动学习，让学生在自主学习过程中学会把理论知识运用到教学案例讨论和团队合作中。同时，翻转课堂教学模式还能进一步提高课堂教学效率，减少教师在上课过程中枯燥地传递基本知识的时间，把时间更多花在与学生讨论和引导学生解决问题思维上，从根本上提高教学效果。

五、结语

笔者自 2012 年 9 月开始，把以上四种教学模式运用到“物流管理概论”“仓储与配送管理”和“物流成本管理”专业课程中，学生评价评分高达 95 分以上，这个评分说明对物流管理（职师）专业学生物流管理理论知识掌握和教学技能训练取得良好的效果。基于实践运用中取得的良好评价提出这四种教学模式，丰富当前课堂教学。但教学是一个不断摸索和不断改进的过程，在未来的教学过程中，还需不断了解物流管理（职师）专业培养对象，扎实努力地做好教师工作。

参考文献：

[1] 讲授式．百度百科［EB/OL］．http：//baike.baidu.com/view/3035562.htm.

［2］周德峰．案例教学法与管理类课程改革［J］．广东外语外贸大学学报，2001（1）：106－108.

［3］张金磊，王颖，张宝辉．翻转课堂教学模式研究［J］．远程教育杂志，2012，30（4）．

➡ 课程建设篇

对大数据时代改革物流专业统计学课程教学内容的思考

李冠军　贺世红

摘　要：大数据时代背景下，物流行业已成为大数据产生的重要来源，物流数据分析对物流行业和企业的发展具有重要意义。统计学作为一门理论和实践性较强的课程，由于其强调数据分析的课程特性，对于物流专业的学生来说，显得比过去更为重要。本文从大数据时代背景下物流专业人才培养要符合社会发展需求的角度，在分析目前课堂教学内容存在问题的基础上，考虑把大数据的相关内容引入统计学教学内容，以更好地培养符合物流行业发展需要的物流专业人才。

关键词：大数据；物流专业；统计学；教学内容

随着互联网、物联网、无线传感器、云计算的快速发展，全球数据量出现爆炸式增长，人类社会已步入大数据时代。现如今大数据在经济、政治、文化等各个领域都得到一定应用，并产生了深远的影响。物流行业联系着各企业、商家、家庭和个人，所涉及的数据量非常大且具有一定价值。通过合理的数据收集、整理、分析，将会得到正确有用的信息，有助于降低物流成本、提高物流效率、改善物流供应链以及提高客户满意度等，这些对物流行业和企业的发展具有重大意义。

物流专业的学生，在学习过程及后续的工作过程中将会与许多涉及物流的数据打交道，如生产数据、销售数据、库存数据、财务数据、交通运输数据等。如何正确地收集数据、整理数据、分析数据，如何认识和使用传统数据和大数据，成为大数据时代背景下企业对物流人才的新需求[1]。统计学是一门专注于数据分析的基础课程，能教会学生认识和使用数据，并从数据中挖掘出有用的信息，为进行科学决策提供理论和方法指导。在大数据时代背景下，将大数据相关内容引入物流专业统计学课程教学内容，不但符合时代要求，而且有助于激发学生的学习兴趣，更有利于培养符合社会需求的物流专业人才。

一、大数据对统计学的影响

统计学是收集、整理、描述、分析以及解释数据的学科，研究对象包含来自于各个领域的数据。而大数据也是产生于多个领域，大数据的应用阶段包括数据整合、数据挖掘和数据分析，这和统计学的研究过程大致是一致的，我们可以认为大数据是统计科学自然发展的衍生物[2]。但是大数据的研究分析又与传统统计研究有所不同。李金昌（2014）认为，大数据与传统统计学研究的对象没有变化，“变的是数据的来源、体量、来源、速度与量化的方式”[3]。在全球产生较大影响的《大数据时代》（［英］，Viktor 等著）一书中，提出了大数据研究区别于传统统计的三个最显著的变化：样本等于总体、不在追求精确性、相关分析比因果分析更重要[4]。

基于大数据对时代已经产生重大影响，我们在统计学课堂里必然会面对学生对大数据与统计学关联性的一些疑问。因此，主动把大数据的相关内容引入统计学课堂教学内容，不但会激发学生对统计学的学习兴趣，而且有助于培养符合社会发展需求的专业人才。

二、目前物流专业统计学课程教学存在的问题

当前物流专业统计学教学中存在不少问题：教学目标单一、专业针对性不强；教学内容理论性较强，不能与时俱进更新教学内容，学生学习兴趣不高；统计软件操作课时有限，学生不能很好地了解和掌握基本操作等。如不能较好地解决这些问题，将会影响符合社会需要的、合格的物流人才的培养。

（一）教学内容以统计学基础知识为主，与专业的联系性不强

目前，大部分教师的教学内容还是依据所选教材，换句话来讲，所选教

材基本决定了课堂的教学内容。一方面，物流本科专业与其他经管类本科专业使用的教材大都差不多，教材内容并没有强化与专业的联系；而有强化与专业联系的教材大都属于高职高专类，不符合本科教材使用要求，仅用于教学内容的参考。主流的非统计专业的统计学教材编写注重通适性，教材主要内容都以统计学的基本原理和方法、描述统计、推断统计以及统计的基础应用等基础统计知识为主，在教学重点、习题、案例方面并无明确针对物流专业。另一方面，大部分物流专业的统计学的授课教师对物流行业并无太多了解，这也导致了课堂教学内容与专业的联系性不强。

由于教材选择、授课教师以及学生自身的问题，导致很多学生对统计学的学习兴趣不高。但是，根据对物流专业毕业学生毕业后的工作追踪，了解到绝大多数人在日常工作中都涉及数据统计及统计分析的事项。

（二）教学理论内容较多，软件应用操作较少

统计学的课程教学内容中理论讲解内容偏多，软件应用操作较少，这是大部分学校物流专业统计学教学的现状。出现这种情况的可能原因有：统计学的基础原理和方法不理解，就无法建立统计思维；传统统计学教学中，统计学的学习需要有一定的数学基础知识，而物流专业很多学生来源于文科，数学基础比较薄弱，在讲统计时需要花较多时间帮助学生回忆相关数学知识；近些年一些学校的物流专业进行教学改革，在学生总学时不变的情况下，增加新的专业课程，这是以压缩基础课程学时为代价的，统计学的必要教学内容本来就不少，课时压缩后，理论教学所占比重提高，软件应用操作学时减少。

随着统计软件的大量应用以及软件设计的完善，物流专业的统计学的教学应该更侧重统计软件的操作应用，教学内容的重点应更侧重于数据统计结果的分析。笔者认为，能让学生懂得如何应用软件进行统计分析，懂得统计分析结果的含义，并能将分析结果运用于决策参考，才是非统计专业统计学教学的目的。

（三）课程教学内容相对固定，不能与时俱进

统计学的教学内容相对固定：理论部分讲授统计的概念、数据的分类、

数据收集方法、描述性统计方法、抽样调查、参数估计、假设检验、方差分析、回归分析、统计指数等；软件操作无外乎 SPSS、EXCEL 等常见软件的统计功能。笔者学生时代统计学学习的内容和如今课堂教学的内容没有太大变化。而如今，物联网、云计算、大数据等一系列新名词的出现对统计学科的发展产生显著影响，但这些影响在教学内容中却得不到太多反映。学生在了解这些名词后对所学的知识也产生疑惑：“我们学的这些东西，在以后还有多少能用到?”产生这种疑问的原因可能有：现有的教材内容缺少对统计应用前沿内容的更新；教师本身对统计前沿知识的了解太少，无法解释学生的疑惑。对大部分学生来讲，当疑惑不能被解答时，就可能失去学习兴趣。

三、基于大数据时代背景下对物流专业统计学课堂教学内容变动的考虑

随着物联网、移动互联、互联网的快速发展，数据的来源更加丰富，渠道更加多元，统计数据的收集难度比以前也更加容易。物流行业是一个产生海量数据的行业，人们已经意识到大数据对物流行业影响的重要性，开始加以应用。大数据对统计学的影响主要表现在多样性来源的数据，以及巨大的数量对数据的转化、有效提取以及计算方式的改变，但是统计分析的基本原理和基本方法依然适用。所以在教学内容中引入大数据的相关知识，不但可以消除学生对于大数据与统计学关系的疑惑，有利于培养学生的数据分析思维，更有利于认识现代物流业的发展，有助于未来更好地进入物流行业。

（一）在教学内容中，引入关于大数据的基础知识，让学生对大数据有所认知

基于大数据对统计学和物流行业已经产生了重要的影响，所以在对物流专业的统计学课程教学内容引入大数据的基础知识，已经非常必要。引入的内容包括：大数据的概念；大数据与传统数据的区别和联系；大数据的处理方法；基于大数据的统计分析；大数据与物流行业的联系及影响等内容。加入这些内容，可以让学生对大数据有一个基本的认知，有助于初步的数据统计思维的培养，同时也有助于消除心中关于大数据与统计学关系的疑惑。

（二）在统计分析中，加入传统数据与大数据的比较，让学生认识到基础统计方法的普适性

通过传统数据与大数据的比较，可以让学生更深层次地理解数据的概念。在此基础上，通过传统数据的处理方法与大数据处理方法的比较，可以更好地理解数据处理方法的基本程序。进一步通过传统数据与大数据的统计分析的案例，可以让学生清楚现在统计学课程所学的基础统计分析方法也是适用于大数据分析的，具有普适性。同时也让同学们了解，处理传统数据与大数据的软件是不同的，激发学生课外对于大数据处理软件的学习欲望。

（三）在教学案例中，尽量采用物流领域的统计案例，让学生感知统计知识在物流领域的应用

在日常的统计学教学中，教学所选案例对于提高学生的学习兴趣有很大影响。通过对学生统计学学习调查得知，学生觉得案例教学比单纯的理论教学来得更实际，可以让他们知道某些知识点在实际中如何使用，如果与专业相关则会更加集中注意力。所以对于物流专业的学生，统计学的教学案例应该尽可能采用物流领域的统计案例。例如，在课堂中选用菜鸟网络在“双11”前后利用大数据分析提高物流效率的案例，就能引发学生的强烈兴趣。又如，关于某企业 ABC 分类法的统计分析，与库存管理的 ABC 分类法联系起来，也会引起学生的特别关注。总之，对于物流专业的学生在统计学的课程教学案例中，尽可能采用物流领域的案例，与学生所学的专业知识联系起来，就有可能调动学生的学习积极性，使得他们对统计学产生兴趣。

四、结语

我国现代物流业发展迅速，培养符合现代物流业发展需要的物流人才任重道远。物流专业人才的培养既要考虑知识学习和更新，也要考虑如何激发学生对物流行业产生兴趣。培养有志从业于物流行业并能掌握与时俱进的物流从业知识和技能的人才，是物流专业培养符合现代物流业发展需要的人才标准。

参考文献：

［1］林昶．大数据时代物流专业教育对策分析［J］．教育教学论坛，2014（10）：49－50.

［2］李卫东．大数据对统计学科发展的影响［J］．统计与决策，2014（13）．

［3］李金昌．大数据与统计新思维［J］．统计研究，2014（1）：10－15.

［4］维克托·迈尔·舍恩伯格，肯尼思·库克耶．大数据时代［M］．盛杨燕，周涛，译．杭州：浙江人民出版社，2013.

物流管理专业学科交叉类课程建设初探

李　梅

关于交叉学科，科学界有许多不同的解释，本文选择炎冰等人 1996 年发表在《科学技术与辩证法》中的概念：交叉学科是在两种或两种以上单一学科基础上，科学主体凭借对象整合、概念移植、理论渗透和类比推理等方法，对对象世界及其变化进行探测、体认和再现后形成的跨越单一学科性的独立的科学理论体系[1]。可见，学科交叉是形成新学科的源泉和沃土，是获得原创性科学成果的重要途径，更是“站在巨人的肩膀上”探索科学创新的最优方法。物流管理专业在国内的经济管理类专业中属于新兴专业，也是 21 世纪企业提升竞争力需要实践的主要专业领域。同时，该专业也具有明显的交叉学科特点，涉及自然科学和社会科学等多个学科领域。将物流管理专业课程设置成交叉类学科课程，一方面，是物流管理专业学科成熟发展的需要，随着物流管理类课程教学改革的不断深入，亟须继续拓展课程的广度和深度；另一方面，也是物流专业人才适应社会实践的需要，物流产业是综合产业，物流人才必须是复合型人才，只有这样，高等教育培养出来的物流人才才能更好地应对越来越激烈的市场挑战。总之，物流管理专业朝交叉学科方向发展是物流专业教学改革的必然要求。

一、物流管理专业学科交叉课程设计——以三门交叉课程为例

交叉学科的设置和形成主要依托于交叉课程的建设。本文将以物流管理专业中三门课程为例，初探物流管理专业学科中交叉课程的设计思路。

（一）交叉课程之一：“交通运输组织学”

传统的物流管理专业设置中有一门专业课——运输管理，该课程教学的

主要内容是让学生了解运输管理的五种基本方式及业务、集装箱运输、零担运输、智能运输等；而课程延伸到“交通运输组织学”后，除了讲授上述基本内容（实际上有相当多的内容与“物流管理”“物流配送”“物流成本”等课程重复）外，更侧重于交通运输系统及组织设计、交通运输组织方式及规划职能、交通运输枢纽及站场组织、交通运输组织绩效评价指标等实际工作中操作性更强、应用更广泛的内容。后者实际是物流管理的专业基础课与交通运输专业基础课的课程交叉，但又偏向于管理，使得物流管理专业的学生易于接受和理解，同时增强了学生们对交通运输系统的组织和管理的深层领悟和实操能力。

（二）交叉课程之二：“物流运筹学”

一般本科院校的管理类专业中都会设置“管理运筹学”这门课程，也正是因为该课程为管理类专业的必修课，缺乏与专业本身的结合特殊性，才使很多学生认为这门课程一方面晦涩难懂，另一方面应用性差。事实上，在引入“物流运筹学”后，以工程数学建模为基础的运筹学和以规划应用为主的物流系统决策实现了很好的融合，教师和学生学习本门课程的专业性、目标性都显著增强，学习效果自然大大提升。

（三）交叉课程之三：“物流金融学”

“物流金融学”是一门典型的交叉课程，它将物流管理的相关理论和可能涉及的金融学知识融合，针对性更强。物流企业离不开金融，物流人才需要了解金融。通过专业化的课程学习，可以使学生了解如何有效地利用资金，提高资金的流转速度，降低资金成本和金融结算风险，最终提高物流企业自身的经济运行质量[2]。

二、物流管理专业学科交叉课程建设中存在的问题

（一）教师缺乏专业交叉意识、相关教材不足

在进行课程规划和设置时，很多教师没有能够与时俱进，结合物流专业

多学科交叉的特点进行课程建设。因此，课程规划中出现大量围绕物流的若干职能展开形成的传统物流课程，课程内容重复性比较严重，理论性过强，缺乏实践教学，学生学习兴趣大打折扣，教学效果欠佳。此外，教材缺乏也是交叉课程建设的一大瓶颈，以“物流运筹学”课程为例，市面上单纯介绍运筹学或是最优化方法的书非常多，但是能和物流管理实践的具体案例结合的书却很少，即使有个别教材命名为“物流运筹学”，实际上内容还是重复“管理运筹学”的老一套。教材建设跟不上，物流交叉课程的发展就会受到制约。

（二）教学方式陈旧

随着物流管理专业教学改革的不断深入，物流的教学方式也从讲授型逐渐向参与型的教学方式转变，但是在交叉课程建设中，由于教学内容涉及多学科领域，对教师的要求也较高，需要不断探索出更新的教学方式以提高学生的学习兴趣，增强学习效果。

（三）考核方式亟待改进

物流管理专业课程传统的考核方式是以笔试为主，有时辅以论文、调查报告等其他方式。引入交叉课程后，单纯的笔试可能无法考核出学生的真实水平和实践能力，需要引入新的考核办法来适应这种变化。

三、物流管理专业学科交叉建设对策

（一）提升教师意识、深化课程改革

由于物流学科的综合性和交叉性，要求教师在规划课程设置的时候深入思考，如何才能让学生尽可能多地了解到所学知识的应用价值，学以致用。在基础课程建设的基础上，要多设置或优化改进原有的教学计划，尽可能打通物流管理课程和与之相关的其他专业的关联性，建设一些实用的交叉类课程，例如，在学习“西方经济学”的基础上，可以利用小学期或短课时量开设“物流经济学”课程，让学生将学习过的西方经济学理论更好地应用于物

流管理实践领域，解释现实物流企业的经济学问题，针对理论，有的放矢。由此，也可以设置物流管理类课程建设的课程群，将原有的专业基础课和拓展后的专业实践课建设成课程群，教师的教学不再“各自为政”，学生学习知识的系统性也将逐步增强。

此外，加强教材建设也是提升物流管理交叉课程质量的有效途径之一。有条件的学校可以规划建设物流交叉课程的系列教材；也可以选择多校联动的方式，集合优质的教师资源，建设物流类交叉课程精品教材；亦可请相关专家评审，为教材的整体质量把关。

（二）教学方式有待改进

大多数的物流交叉课程都在理论的基础上增加了实践教学部分，对应的教学方法也应该由传统的课堂讲授式逐渐拓展，如采用校企联合、精品课程、实践教学、案例教学等方式。更可以采用翻转课堂、微课、慕课等现代化教学方式增强基础教学的效率和实践教学的效果。另外，交叉课程建设可以增加实践性的创新环节，如结合物流大赛、创业创新项目等校内外专业实践活动，引导学生更好地运用专业知识，提升实践能力。对于实力较强的科研院所，也可以以组建研究组、研究中心、研究基地等形式深化学科交叉的建设，鼓励学生加入科研团队，提升科研水平。

（三）考核方式亟待改革

交叉课程的建立促使物流管理相关课程考核方式的改革。需改变传统单纯笔试为主的考核方式，转至提升学生学习和实践能力的考核方式上来。考核形式可多样化，如现场模拟演示、管理角色扮演、案例设计和分析、培训讲解，甚至可以通过交叉课程实践，拍摄微电影[3]、召开头脑风暴会等新型方式。考核方式的改革势必会大大促进物流交叉课程建设的实际效果。

四、小结

物流产业发展迅猛，对高等教育中的物流管理专业建设提出了更高的要求。本文提出了专业建设中的一种新型模式——物流管理类交叉课程建设。

这种模式对教师提出了更高要求，需要教师综合了解多学科的知识；这种模式也为学生发展提供了更广阔的平台，拓宽了就业之路。希望以此模式为契机，为物流管理专业改革提供一些思路。

参考文献：

［1］炎冰，宋子良．“交叉学科”概念新解［J］．科学技术与辩证法，1996，13（4）：51－54.

［2］张涛．我国物流业与金融业交叉融合的可行性分析［J］．商业时代，2007（19）：18－19.

［3］单文慧．《企业管理学》课堂教学及课程考核体系改革研究［J］．内蒙古农业大学学报（社会科学版），2014，16（77）：100－102.

以职业能力培养为核心的应用型本科课程体系改革思考

龙晓虹　汪德荣

摘　要：以学科为中心的传统课程体系已无法满足我国产业转型对高端应用型人才的需求，应用型本科课程体系改革是高等教育转型发展的必然趋势。本文以职业能力的培养为核心，对应用型本科课程体系在理论和实践构建以及实施保障等方面进行了一些思考。

关键词：职业能力培养；应用型本科课程体系；改革

在国家产业结构升级的大背景下，一方面高端应用型人才的匮乏逐渐成为制约产业发展的瓶颈。但另一方面高校本科毕业生却依旧面临就业难的问题。高校人才培养与行业社会需求脱节是造成这对矛盾的主要原因。传统本科教育以学科为中心的课程体系忽略了对学生专业实践能力、综合运用理论解决实际问题等职业能力的培养，无法满足企业、行业对人才的职业能力需求。《国家中长期教育改革和发展纲要》（以下简称《纲要》）提出产、学、研、用相结合的理念以及应用型本科与社会资源深度合作与共享的合作教育模式将使得应用型本科物流专业的课程改革势在必行。

应用型本科专业的人才培养有别于研究型大学的学术研究和职业类院校的技能型教育，应用型本科是理论研究与技能应用的转化平台，具有集研究、应用、技术、创新于一体的复合型特点，因而定位为介于学术研究和技能操作型之间，在建立合理知识结构及相关理论的同时，加强专业知识、技术的流程和技能教育，培养与产业发展相适应的高端应用型人才。

一、应用型本科课程体系的构建

（一）构建原则

1. 围绕职业能力培养为中心原则

针对行业、岗位需求，无论是基础课、专业课、素质拓展课，还是理论课、实践课都要以强化能力、注重应用，以解决实际问题为目标来进行课程内容的精简和优化整合，提高学生的学习能力、知识运用能力、就业适应能力和创新发展能力。

2. 坚持行业社会需求的导向原则

应用型本科培养面向的区域性和行业性特点决定了它的课程设置必须以行业社会的需求和发展为导向，把握行业发展动态，及时了解行业社会需求并对课程进行适当调整、优化。

（二）构建思路

采用企业、行业专家参与课程制定的办法，构建以行业社会需求为导向，职业能力培养为核心，依托学科、突出专业、面向应用，强化实践教学的课程体系。

1. 理论课程方面

（1）依托学科。建立合理的足够的学科基础知识和跨学科领域的知识，使学生具备扎实的专业理论基础。

（2）突出专业。围绕培养目标，以专业上够用、适度为原则，精简整合课程。

（3）面向应用。应用型本科与研究型本科在人才培养上最大的区别在于其对职业的适应性。这种适应性表现在课程设置上考虑适当增加面向行业和面向区域的实用性课程。如广西应用型高校的物流专业可开设“北部湾港口物流”“中国—东盟物流”“东盟国家政治与经济”等课程。

（4）“平台＋模块”的课程结构。将专业基础知识、能力和素质作为核心技能，设置主干必修课基本平台。

2. 实践课程方面

（1）突出职业能力和个人创新能力的培养。对实践教学内容进行重新设计、整合，减少演示性、验证性实验，增加设计性、综合性实践环节，提高学生对知识的综合应用能力。

（2）重新认识实践课与理论课的逻辑关系。改变过去实践教学对理论教学的依附地位，建立一个符合职业能力发展进程、贯穿整个本科教育过程、独立的实践课程体系。

（3）充分利用社会资源与合作教育优势，建立稳定、优质的产学研基地，优化人才培养基础条件，进行多种形式的实践教学探索。

（4）增设创新研究学分，通过科研或是项目促进实践教学。如结合每年面向高校学生开设的大学生创新创业项目的实施，对于结题的学生给予一定的创新研究学分。此外，参与老师的科研工作也有助于提高学生的科研创新能力和综合解决问题的实践能力。

二、实施保障

（1）师资队伍建设。在目前的机制下组建“双师型”队伍操作起来难度较大，因此也可以考虑通过整合不同专业经历和业务优势的教师，达到整个教师团队的“双能型”（实践、执教），以团队的合力和优势为培养应用型本科人才提供坚实的保障。

（2）以教学大纲和教材建设为载体，促进教学内容和教学方法的改革。制订与培养目标相适应的教学大纲，选用或自编适用的配套教材，在清晰把握职业需求的基础上整合物流专业内容，同时融入物流领域的学术和技术前沿，设计合理的知识点，采用以培养学生综合应用能力为导向的行动教学法。

三、评价机制

建立以社会评价为主的多元化人才培养评价机制。在传统教学环节评价的基础上，更为重视社会、行业、用人单位的评价。对学生的就业率、就业质量进行关注和分析，并以此作为教育教学质量改进的依据。

参考文献：

陈小虎，杨祥．新型应用型本科院校发展的14个基本问题［J］．中国大学教学，2013（1）：17－22.

应用型本科物流管理专业双语教学的必要性及建议

陆宇灵　王　青

摘　要：物流国际化进程对物流人才提出“复合型、高素质专业人员”的要求，本科物流管理专业应该确定学生培养目标“精专业、通外语、重实践”的特点。剖析当下物流管理双语教学实践中存在的困境，并由此提出相应解决方案。

关键词：双语教学；物流管理；应用型专业人才；教学模式

一、双语教学的必要性

2001 年教育部发布《关于加强高等学校本科教学工作提高教学质量的若干意见》，其中要求：高等院校要积极推进双语教学。2005 年《关于进一步加强高等学校本科教学工作的若干意见》和 2007 年《关于进一步深化本科教学改革全面提高教学质量的若干意见》又再次强调：“本科教育要创造条件使用英语等外语进行公共课和专业课教学”“继续扩大”“鼓励开展”双语教学。

高校物流管理专业实施双语教学不仅仅是时代发展的需要，也是物流国际化进程中对人才复合型高素质专业化所提出的要求。结合现在中国双语教学的反思，物流管理双语教学，旨在让学生在学习和参与中真正获得语言优势、专业优势及本土优势，使双语成为学生竞争优势的来源。

二、物流管理专业实施双语教学的必要性

专家指出：现代经济的发展很大程度上取决于物流的发展水平。发达国

家在物流教育方面早就走在前面：美国有50多所大学设置了物流管理的学位教育；欧洲也有87所大学开设了物流高等教育；日本、新加坡、韩国的很多大学也纷纷开设了物流高等教育。中国的“十一五”规划把“物流”列入需要大力发展的现代服务业。“十一五”之后，国务院印发了《物流业调整和振兴规划》，中国物流业步入了快步发展提升的新阶段，迫切需要掌握物流专业知识和实务能力，且具有较强英语应用能力的复合型人才。物流专业实施双语教学十分必要。

1. 走出物流业高素质人才紧缺困境的必要之举

相对需要升级和对外开放的物流产业，物流专业的人才培养相对滞后，物流专业人才已经被列为我国12类紧缺人才之一。

国际快递巨头中，外运敦豪全国人力资源总监郑贵红说：物流人才除了需要非常专业的物流知识外，还必须具备深厚的外语、海关知识等。但国内高职院校目前根本无法提供企业所需的集专业性和较高英语水平于一体的高素质专业人员。所以，高校物流管理专业在培养人才时，除了专业知识，必须要通过双语教学提高学生的外语职业素养，培养出具备国际竞争力的双语人才。

2. 国际物流快速发展的要求

南宁是中国面向东南亚的门户城市。南宁市发展和改革委员会常务副主任农冰表示：未来，首府南宁的现代物流业将立足广西、辐射周边省市、面向东盟国家乃至其他国家和地区，南宁将成为服务东盟各国及其他国家和地区的国际性区域现代物流中心。

外向型、复合型物流管理专业人才将是这些物流企业需求的主体，这种人才不仅需要精通物流知识，还要具备和国际同行对话的能力。

3. 物流业国际化、信息化、标准化的必然选择

物流业早已形成全球性规模，涉及原材料的国际间采购、跨国设厂、国际间航运及快递服务、全球分销配送等多种国际分工合作。物流全球化也意味着它的信息化和标准化：需要信息技术对其采购、生产、运输等各个环节进行监控调整；为了提高效率，物流行业标准化程度也会不断提高，不论是技术装备还是运营的国际法规都会越来越标准化。无论是信息化还是标准化，都意味着英语这一重要的工作语言起到举足轻重的作用。

培养出熟悉国际物流规则、能快速掌握物流发展前沿知识、具有国际对话能力的高水平物流人才，是我国物流走上国际舞台、获得快速发展的必要条件。而双语教学则是实现这一目标的必然选择。

三、当下物流管理双语教学面临的困境

物流管理是新兴专业，涉及多种学科的交叉知识，有高度的学科相关性。学科的新兴性和知识的广泛性让国内高校在开展专业教学时面临诸多问题。根据对部分高校的调研，把当前物流管理双语教学问题归结如下。

1. 双语教师师资不足

对教师本身要求很高，过硬的专业知识和娴熟的外语能力缺一不可，我国高校教师大都是单科型，很难两者兼具。虽然近年来高校引进了海归人才和博士来完善师资队伍，但也很难达到双语的目标，海归教师专业知识不够扎实，国内专业博士英文阐述能力不强，所以目前授课教师真正能达到双语教学要求的凤毛麟角。

部分双语教师，受锢于外语能力或专业能力，不敢自由发挥，完全按照之前设计的套路讲课，不能根据学生的实际接受情况随意转换。而学生本身外语能力有限，也比较拘谨，这让师生之间无法自如地进行交流，导致双语课堂效果欠佳。

2. 学生的外语能力不达标

双语教学不仅对教师本身的口语书面表达能力有较高要求，对学生的英文听说能力也有较高要求。二本学院本身入学门槛不高，生源素质对双语教学提出了严峻的考验，根据问卷调查结果，参加双语教学考查课的学生中，能听懂1/2的不到60%，还有20%的学生几乎无法听懂，这导致只有20%不到的学生喜欢双语课，40%觉得效果一般，还有40%表示很累，效果不佳。

虽然高校学生面临外语等级考试的锻炼，但是应试教育注重的是语言知识，而非语言应用技能，语法、读写能力的提高并不意味着学生的英文听说能力也能相应提高。这种外语能力的偏离使双语教学还需要花大力气在英语基本功的训练上。

3. 教学资源较缺乏

国内双语教材多数直接使用国外原版英文教材和教辅材料，但是教学对象却是中国环境下英语能力欠佳的中国学生。国外教材虽然数据翔实、案例丰富，但教材中涉及的文化背景是西方国家的，西方公司品牌及营销环境都在中国学生的知识储备之外，所以外国案例在帮助中国学生理解理论方面有困难。而且国外教材面临的对象是以英语为母语的本国学生，中国学生想要在有限的学时里理解那么多英语的信息相当困难。而除教材和教辅外，其他辅助材料非常缺乏，教师备课和学生查资料都因此受到限制，不能放眼去开拓视野。

4. 授课方式单一

由于实践条件的缺乏，所以在教法上仍采用比较僵化的“填鸭式”教学，学生在课堂上缺乏主体参与感，缺乏独立思维。授课内容太注重理论，学生学习状态比较僵死，缺乏批判、分析问题的积极性。这种单方被动的状态影响了师生之间的交流互动。其实，这种情况的发生跟学院实验室建设和实践基地建设不到位有很大关系，实践的不到位导致教法和教学手段单一化。

5. 实践条件缺乏

前面说双语教师不能够很好地调动学生的专业积极性，教学理论色彩较重，无法传授学生实际需要的技能，学生无法将学到的理论知识应用到实践层面去验证和巩固，这种困境不能完全归结到教师身上。

物流管理是实践性很强的专业，物流专业课程的顺利进行，相应的实践场地、设备、校外实训基地等都相当重要。但目前教学过程中需要的设备较贵，维护成本较高，利用率不高，造成一般学校很难承受，实训场地缺乏。另外，经验丰富的实践指导老师较少，很多老师科班出身，精于专业理论，却没参加过物流管理相关工作，也影响了实践教学的效果。

四、关于走出物流管理双语教学困境的思考和建议

1. 加强师资队伍建设

双语课程对教师要求比较高，不仅要具备扎实的专业素养，还要有外语的综合运用能力；不仅有学科的理论基础，还得掌握先进的教学理念和方法

及实践积累。这种复合型教师的培养直接关系到双语教学的成败，学校不仅仅应该重视自身培养教师，还应该引进人才、虚拟共享，建立一支双语教师队伍。

为了加强师资队伍建设，学校应在以下方面进行改进：①加强资金投入，有规划地培养年轻教师，选派有潜力的青年教师参加国内的专项培训，有条件的可以送教师参加国外的双语教学研讨会或到国外进修；②聘请国内外经验丰富的资深专家、外籍教师来上课，提升本校教师的专业和外语能力；③由于物流管理是实践性很强的专业，所以可以支持教师到物流公司挂职锻炼，积累实践经验；④双语教师属于高标准的复合型人才，校方应该在教学工作量的计算中，予以适当补偿，并且在评定职称、定岗定级上采取鼓励性的政策，以鼓励教师不断提高自身素养的积极性。

2. 分级、分阶段，循序渐进地引导学生进入双语学习佳境

双语教学另一个大困难来自部分学生的外语能力达不到接受外语授课的标准，所以教师必须妥善处理好目标语使用的方式和度，避免造成英语术语和专业知识都无法掌握的窘境。双语教学课程最好安排在大二下学期以后，因为大一时学生的英文能力较弱。

（1）面对学生外语水平参差不齐的状况，教师可以有针对性地对学生进行分级。根据双语教学的阀限理论（the thresholds theory），双语教学能进行下去的前提是：学生的外语水平达到中级层次。教师根据分级对不同外语层次的学生因材施教，学生也会根据分级来努力攀爬，最后消灭分级。

（2）分阶段教学。第一阶段：术语阶段，物流专业双语教学中存在大量专业词汇，如果早期没掌握，就容易导致后面知识积累中的错位误解。可以汇编一本专业词汇手册，专门讲授专业词汇。这一阶段讲解以中文为主，用英文简单渗透专业术语，鼓励学生翻阅词典，让学生整理术语的基本信息。此阶段英文使用率控制在10%以内。第二阶段：开始培养学生的英语思考能力，浅显内容用英文，较难内容中英文并用，鼓励学生英文思考、回答、作业。此阶段英文使用率最好在30%左右，不超过40%。第三阶段：英文完全渗透教学，强制学生形成英文思维习惯。教学语言以英文为主，要求学生必须英文阐述观点、完成作业和考试。英文使用率最好达到80%以上。

3. 原版教材基础上，结合国情编写时效性强的教材

（1）原版教材为主。双语教学的开展必须依托于外文原版教材和教辅材料，因为国外对物流的研究早在我国之前，知识体系完整，语言表述规范，案例也非常充实。但是，国内老师有必要对原版教材内容进行处理，使之与国内课程衔接，根据《教学大纲》进行再加工，使之与国情相符，使国外先进教学理念与国内实情有效融合。

（2）鼓励专业教师自编教材。教师在吸收国外先进教学体系和理念的基础上，可以结合我国实情，编写针对性和时效性强的教材。案例既可以来自 Science Direct、Springer Link 等网络资源，也可以来自中国现实社会，在归纳和整理中，形成中国特色。

4. 充分利用多媒体、网络资源，教学方式多样化

课堂双语教学时间非常短暂，所以教师有必要掌握良好的 PPT 制作风格，将专业知识和英语融合在一起，展示物流的各个环节，并可以选取实际案例作为互动讨论的对象。在课件的制作过程中，应该把文字和视频等有声文件适当地搭配起来，重难点突出。

另外，为了维持较好的教学效果，教师有必要布置课外任务，让学生在网络平台上调查讨论和思考，比如门特网（www. mentors. cn）系统，能极大扩展双语教学师生及学生彼此互动的时间和空间，也调动了学生积极参与思考实践学习的积极性。

5. 通过案例分析法和企业实践培养实用型专业人才

教学实践中注意教师为主的讲授和学生为主的案例分析相结合。案例分析法（Case Analysis Method）又称个案研究法，哈佛商学院用它在培养管理精英的教育实践中，逐渐发展为现在的“案例分析法”。这种以案例为基础的经验性教育，着重培养实用性专业人才，让学生走出死记硬背的僵化状态。鼓励学生分析案例时，以小组为单位进行课堂讨论、案例分析、制作各种 PPT，再在组与组之间进行比较和点评；学生能力的评估也从考试转向以论文、调查报告为主，鼓励学生提高实考查、分析、解决实际问题的能力。

想要培养出理论和实践能力都强的实用型专业人才，必须在物流教育中加强实践性，使之与市场需求相结合。根据学生的学习阶段不同，设置“专业认知—专业实地考查—专业素养和职业规划”的实践层次，让学生一步步成长为实用性人才。应该建立面向市场需求的、可操作性强的物流实验室，架起理论和实践的桥梁。让学生直接参与到实践活动中，校企合作，让大二学生到企业参观，大三学生到企业实习，把知识直接运用于企业实训中，形成技能和职业素养。也可以让企业专业人才直接到学院授课，传授实用的专业经验。

本文由教育部"本科教学工程"地方高校第一批本科专业综合改革试点项目"广西师范学院物流管理专业"（项目编号：ZG0429）提供支持。

参考文献：

［1］教育部．关于加强高等学校本科教学工作提高教学质量的若干意见［Z］．教高〔2001〕4号，2001.

［2］王斌华．双语教育与双语教学［M］．上海：上海教育出版社，2003.

［3］刘永峰，高振莉．高校双语教学的误区与对策［J］．高等工程教育研究，2006（2）：126－128.

［4］W. F. 麦凯，M·西格恩．双语教育概论［M］．北京：光明日报出版社，1989：35－38.

［5］王晓锋．物流管理专业实践教学一体化模式研究［J］．实验室研究与探索，2007（8）：83－88.

高校 ERP 课程实验教学方法研究

陈　婷　黄海清

摘　要： Enterprise Resource Planning 简称 ERP，中文翻译为企业资源计划，它是现代企业资源的一种整合管理与优化措施，其目的在于使企业的资源得到最为高效的利用，以实现最大化的企业效益，随着 ERP 在企业中的大范围推广，社会对于相关人才的需求量不断增高，这就为高校的人才培养提出了一个新的方向与新的要求。ERP 对人才的要求是既能对企业的运营与管理有清楚的掌握与了解，还要熟悉相关的信息技术，而在我国高校的传统人才教育模式下，人才的培养始终存在片面化或是理论化的问题，这就使得高校人才培养不能完全满足 ERP 的推广与实践需要。针对这样的问题，ERP 实验教学作为一种以学生主观体验为主的教学模式，能够有效解决我国高校人才培养中的过于理论化、过于片面化的困境，有效地培养出经营管理与信息技术素质能力兼备的复合型人才。为进一步提高我国 ERP 人才教育培养质量，本文基于作者自身实际教学经验，对高校 ERP 课程实验教学的相关问题进行了分析探讨，以期为社会培养出真正的复合型高素质 ERP 人才。

关键词： 企业资源计划；实验教学；主要内容；基本条件；方法；效果

企业 EPR 的推广与实践，是建立在经营管理与信息技术兼备的复合型人才基础之上的。但客观来说，当前我国国内的现状是，高校的教育工作无法为社会与企业培养出这种能够切实服务于企业 ERP 推广与实践的人才，人才培养的理论化与片面化使得人才在毕业投入工作后，无法快速适应岗位，这对于 ERP 在我国社会企业中的推广与实践来说是非常大的阻碍。

从本质上来讲，EPR 是一种以整合化、系统化管理为基本理念，以现代信息科学技术为基本条件，以实现企业效益最大化为目标的企业资源管理平台。而在高校的 ERP 教学中，由于课程理论本身的空洞性与抽象性，使得学生很难实际掌握知识，更无法将相关的知识理论联系到实际，这就极大地降低了高校 EPR 教学的有效性，虽然有后期的社会实践来进行一定的教学弥补，但是却依然存在不少问题：第一，想要找到愿意合作的企业并不容易；第二，难以对学生进行有效的组织与管理；第三，在企业实习过程当中，学生虽然能够在一定程度上增强自身的实践能力，但是却严重缺乏系统性；第四，针对很多问题都只有一次性的处理应对机会，学生不能实现重复训练；第五，很多疑问不能得到及时、明了的解决，即使在其他人的帮助下处理了问题，也并没有清楚了解其理论原理等。为了解决这一系列问题，ERP 实验教学开始借助电子仿真以及计算机辅助等方式，对教学手段进行不断的完善，正快速朝着以体验教学、仿真教学为主，社会企业实践为辅的 ERP 实验教学方向迈进。笔者主要就相关问题进行了分析与探讨。

一、高校 ERP 实验教学的主要内容分析

（一）基本课程理论

在高校的 ERP 实验教学的主要内容中，第一个组成部分是基础理论，在这个阶段内容的教学过程当中，老师主要是向学生传授 ERP 的基础理论知识，使学生通过各种可用的学习资料，丰富自身的理论知识结构，并熟练 ERP 软件环境与操作。

（二）沙盘推演

通过分组，使学生进行模拟的企业组建，在这个过程当中，每个组员各司其职，进行模拟经营与对抗。企业组建的初期阶段，每组学生所拥有的资产与数据是完全相同的，在经营与竞争的过程当中，各组成员就需要为了保住与发展自己所建立的企业而参与到模拟竞争中。每组学生的模拟企业所面临的市场情况是相同的，他们需要自己根据市场情况信息，结合自己的理论学习来做出经营决策，如是否要到银行贷款、购买多少条生产线、是要开发国内市场还是国际市场、要投入多少广告费等。通过这样的体验式实验教学

方法，一方面学生的主观性得到了增强，对于相关理论知识的消化与吸收更加有效；另一方面教学的趣味性也会大幅度提升，所有学生都能够沉浸在自身的角色中，通过自己的理论知识基础与对市场情况的观察，来做出最优化的企业经营决策，由于对抗机制的存在，各组学生都能够最大限度地投入其中。

（三）企业信息化

通过了前两个阶段的内容教学，尤其是在推演教学之后，学生已经能够直观、具体地对企业的各种作业流程、基本要素产生认识，并且会在推演过程当中产生各种模拟的数据。这个时候，就可以指导学生利用第一阶段中所学的 ERP 软件环境与操作，来实现企业信息化。这是依旧采用模拟教学方法，使学生在仿真的教学环境中，设计出信息化实施方案，将一个传统的企业逐步改造成一个信息化的 ERP 管理企业。这个时候第二个阶段的推演不应当就此结束，而需要持续进行下去，继续保持企业间的竞争状态，但此时企业的经营管理决策制定，却需要依靠 ERP 软件来进行辅助，许多信息分析与挖掘都通过计算机来完成，保证信息的效率、全面与深度。

这里主要强调第二个阶段与第三个阶段的教学，经过这两个阶段的教学，学生会不知不觉地对两种情况下的决策制定进行对比，直观地产生对 ERP 的作用认识，以及传统企业推广与实践 ERP 的难点所在、需要格外的注意些什么等。

二、高校 ERP 实验教学的基本条件

（一）专门的实验教室

专门的教学环境也在一定程度上关系到 ERP 实验教学的有效性，所以应当根据教学内容与教学重点的不同，有针对性地设计出实验教室。对于沙盘推演教室，其主要作用是为模拟企业对抗，企业的许多经营决策都需要在这里做出，所以教室的设计应当尽可能仿照实际企业条件，并配备 8 人容量的圆桌，每桌再配物理沙盘；对于市场商务教室，它的主要作用是进行市场与

企业间的相互交流，所以要给老师配备相关的教学设备来清楚地发布市场信息，比如商品需求情况等，然后为各个模拟公司的市场总监提供仿真的场所，来进行商品订单竞争；信息化教室是企业信息化技术手段实践的主要场地，所以至少要为每个学生配备一台独立的计算机，并安装 ERP 软件。

（二）师资条件

高校的 ERP 实验教学具有非常强的综合性，这就从侧面提高了对老师的素质能力要求，只有老师具备这些相关的综合知识素质能力，才能保证教学的有效开展。一方面，教师要对 ERP 软件环境与操作绝对的熟悉；另一方面，还要对企业的经营管理有深厚的认识。ERP 实验是一种仿真的游戏，这个游戏注重的是过程，而并非只是结果。所以，在实际的实验教学开始之前，老师要设计出一套详细的实验教学方案，分步骤、按计划地实现教学目标，使学生的知识能力逐步得到提升。作者认为最好是邀请软件供应商来对实验教学教师进行专业性的培训，并通过考核来检验老师对 ERP 软件的实际掌握情况，保证他们有能力对学生进行教学，同时对于实验教学的方案也需要相关教师一同投入进行设计，并将教学措施细化到具体的细节，保证教学计划的科学性、操作性与有效性。

（三）基本实验教学物资与教学组织

计算机与 ERP 软件是不用说的，除了这两者之外还需要有仿真的统计分析表、广告费用表、市场订单；另外，在 ERP 实验教学开始之前，还有许多的准备工作需要完成，这些工作虽然琐碎但是却十分必要，所以重要的是有专配的实验员配合老师进行相关工作，并帮助老师进行教学组织，为实验教学的顺利进行提供保障，这样才能取得优良的教学成果，提高 ERP 实验教学的有效性。

三、高校 ERP 实验教学的具体方法

高校的 ERP 实验教学是一种以实践、仿真、自主体验为主的教学方式，不仅注重基础理论知识的构建，更加注重将基础理论联系实际，并利用计算

机与 ERP 软件作为辅助手段，进行市场经营。在 ERP 实验教学的具体方法上，作者认为有以下几点可取。

（一）对各专业的学生进行混编组队

为了进行 ERP 实验教学，可以将财务会计、财务管理、企业管理、市场营销、信息管理和经济学等多个专业的学生进行 CEO、市场销售总监、财务总监、生产主管、出纳、会计和审计等角色分工混合编组，每个小组命名为不同的公司，一个学习小组就是一个具有相对完整知识结构的学习群体，为自主式、协作式学习提供必要的组织保障，并且在这若干个模拟公司间进行博弈。

（二）明确老师自身引导者的角色定位

实验教学中心的专职教师主司 ERP 实验教学的总体设计、策划与相关条件的开发与准备；而来自二级教学单位的财务管理、企业管理、市场营销等不同专业教师组成教学指导团队，并负责具体实验教学活动的设计、策划、实施与引导。

（三）丰富教学途径

通过将网上答疑法、项目驱动法、博弈对抗法、团队学习法、沙盘演练法、自主互动法、专题讨论法和点评法等多种方法引入 ERP 实验教学过程，既可以极大地激发学生的学习热情，大幅提高实验教学的效率，也可以使师生关系得到良心发展。教师从以讲授知识为主，转变为以策划教学内容、创设学习情境、配置学习资源、引导学习方向、点拨学习疑难、监控学习过程、评估学习效果为主；学生从知识的被动接受者转变为知识的积极探究者，其学习内容不仅来自课堂与教师，还来自图书馆、网络与其他学习伙伴。

（四）建立、完善沙盘推演运作管理网络系统平台

这个系统平台主要为 ERP 实验教学提供教师管理、学生管理、师生交流、业务信息收集与发布、成绩管理与评定等多项功能，用于有效支撑不同院系学生和教师的组织与管理。另外，该平台还需要建设课程资源库，为学生提

供视频、图片、文本等丰富的课外参考资源，实现三维课堂与网上虚拟课堂的有机链接。

（五）教学考核与评估的全面拓展

教学考核不只是评估老师与学生的教学质量，更是为下一步的教学开展提供了改进方向，所以应当全面拓展教学考核与评估的覆盖面。第一，要改变以往考核中只注重学生知识量的狭隘方向，将学生的理论知识能力与利用知识来解决实际问题的能力进行综合性的考核评估；第二，改变以往只针对学生个体考核评估的方式，从团队的角度出发，对整个学习团队的教学质量进行考核；第三，在考核与评价过程当中，关注学生的学习过程，不仅仅将目光聚焦在学生的学习结果上；第四，丰富考核评估的方式、方法，除了传统的闭卷考核外，还有许多的考核方法值得研究与开发，比如由学生间进行相互的考虑与评估，这更能对学生的综合知识能力结构给出客观、全面的评价。

四、高校 ERP 实验教学应取得的效果

（一）学生的战略经营思想与能力能够得到培养与锻炼

在 ERP 实验教学的过程当中，学生会通过仿真的环境进行企业经营，分析市场形式，参与市场竞争，为企业的生存与发展做出决策，这一系列的活动都会使得学生对于市场环境的应变能力增强，并使学生的战略经营思想与能力得到培养与锻炼。

（二）使学生的团队合作能力得到增强

在实验教学过程当中，学生必须要相互团结合作，围着共同的目标各司其职，在不知不觉中，通过相互间的配合与沟通，他们会在潜意识中意识到团队合作的重要性，并培养起自身的团队合作精神与团队合作能力，这对于学生今后的职业发展来说是至关重要的。

除了上述两点之外，通过 ERP 实验教学学生还能够得到诸多收获，在此

不再一一赘述。下表是作者通过实际的教学结果调查统计的学生对于 ERP 实验教学的收获，能够更加直观地从学生的角度来分析 ERP 实验教学的效果。

ERP 实验教学学生收获调查统计

	很大（%）	般（%）	没有（%）
团队合作意识有怎样的提高	82	16	2
对各自角色的理解有怎样的提高	80	17	3
对工厂生产有怎样的认识	85	13	2
对企业管理有怎样的认识	86	10	4
对市场分析能力有怎样的提高	81	15	4
对工厂生产能力规划与排程的重要性有怎样的认识	78	16	6
对物料需求计划有怎样的认识	84	10	6
对资源的有限性有怎样的认识	87	10	3
对就业有怎样的帮助	81	17	2
未来自己独立创业信心有怎样的提高	80	17	3

参考文献：

［1］李晶．高校 ERP 实验教学体系构建的探讨［J］．福建电脑，2008（7）：201－202.

［2］白广梅，王小逸．改革实验教学　培养创新人才［J］．实验室研究与探索，2009（4）：223－333.

［3］何里文．基于 ERP 软件平台的工商管理专业实验教学体系改进［J］．大众科技，2008（1）：164－165.

［4］喻霞．创新性 ERP 实验教学的探索与实践［J］．大众科技，2010（7）：15－17，165.

［5］彭祖成，李晖，周述文．高校 ERP 实验教学方法研究［J］．中国管理信息化，2010（14）：114－116.

提高经管类专业的数据库课程教学效率的方法

黎　英

摘　要：在分析经管类专业学生学习基础和培养目标的基础上，从授课内容的深度和广度、授课方式和上机实验几个方面对如何教授经管类专业学生数据库课程进行探讨，归纳总结出提高经管类专业学生的数据库课程教学效率的方法。

关键词：教学方法；数据库；经管类

数据库课程是理工类计算机相关专业及经管类管理信息系统和电子商务等专业的必修课程。由于不同专业有各自不同的培养目标，因此不同专业数据库课程的教学都具有各自的特点。上述专业开设数据库课程的时间比较长，这些专业的教师对于如何教授数据库课程都具有比较丰富的经验并且开发出各种行之有效的教学方法及教学模式[1-3]。随着高校通才教育理念的贯彻，数据库课程由某些高校经济管理学院的电子商务或管理信息系统专业必修课转变为整个学院的自然科学基础必修课，如何教授好该课程没有现成的方法可用，因此如何提高面向经管类专业的数据库课程的教学效率就成为一个需要解决的问题。

一、经管类专业的数据库课程授课特点分析

教授某门课程要根据学生的学习基础、培养目标来因材施教，因此如何上好经管类专业的数据库课程首先要分析该类专业学生的学习基础和培养目标。经管类学生的生源是文科生，他们的理工科基础相对于理科学生来说较为薄弱，不适宜讲授理工背景比较复杂的理论知识。经管类学生的培养目标

更注重于学生的管理能力而不是掌握计算机技术，在讲授数据库课程时要从培养经管类学生的管理能力出发，考虑数据库课程对培养经管类学生的管理能力能够产生何种影响。学习数据库课程可以帮助学生了解组织管理信息系统是如何建立及运作的，这有助于学生在帮助建立本组织的管理信息系统中发挥更加重要的作用，并且能够更好地使用管理信息系统。学生在了解到数据库课程对他们提高管理能力是有切实帮助之后，就能够积极主动地学习该课程。

由于经管类学生学习数据库的目的是了解数据库技术及应用，而不是掌握数据库应用程序的开发，因此在讲授数据库课程时要和计算机类专业的数据库课程有所区别。经管类学生在数据库课程的教学上要注意选择合适的内容，教学手段要多样化，上机实践要易于操作。数据库课程的授课可分为3个部分，即理论教学、上机教学和上机实验。理论教学部分选择合适的授课内容，既要注意包括基本的数据库相关理论，又要注意理论的深度要适度。在教学手段上，根据不同的授课内容选择不同的教学手段。上机实验是为了便于学生了解数据库的基本功能和数据库应用程序的编制，实验的难度要小，以免学生因为是文科生动手能力相对薄弱而难以实验，进而学习热情和积极性受到打击。

二、提高经管类专业的数据库课程教学效率的方法

由于经管类专业数据库课程教学的独特性，要从课程内容选择、教学手段和上机实践三个方面考虑如何教学，其中内容选择和教学手段是相关的。

（一）授课内容

数据库课程的授课内容根据授课方式可以分为多媒体课堂结合板书授课和上机授课两个部分。

（1）多媒体课堂结合板书授课主要是讲授理论，授课内容要基本涵盖数据库课程的相关知识和其所依据的理论，内容包括：数据库导论、关系数据库基本理论、E-R模型、数据库设计、关系数据库标准语言（SQL）、数据库保护。在关系数据库基本理论中，由于一般的数据库设计只要符合三范式即

可，因此授课内容中范式只需要讲到三范式即可，相应的基本理论也只需要讲到三范式需要的理论即可。难度大的范式理论会让学生学习起来更加吃力，从而削减学生的学习兴趣。数据库查询优化的内容可以省略。讲授范式理论、E-R 模型、数据库设计和 SQL 时，要注意选用企业管理方面的例子。在讲授 SE-LECT 语句时，需要结合板书授课，以便让学生了解该语句如何从最简单的形式向复杂的形式变化。多媒体课堂授课要辅以板书，可以深入细致地为学生讲解难以理解的内容，同时减缓多媒体课件展示的速度，让学生跟上教师授课的思路。

（2）上机授课内容分为两个部分，一是某种商用数据库（例如 SQLSERV-ER）的使用方法，二是数据库应用软件的开发工具的使用方法。数据库软件的授课包括使用图形界面和编写 SQL 语句建立数据库、表、索引；使用 SQL 语句对数据库进行数据操纵、数据查询和数据控制等操作。开发工具的使用方法主要集中在数据库开发相关常用组件的使用、事件的定义和简单代码的编制。

（二）上机实践

上机实践的内容是开发某个简单数据库应用程序，结合经管专业学生的培养目标，应该选用商业管理信息系统，如进销存信息管理系统。实验目的是让学生了解数据库应用程序的基本开发过程，要选择合适的开发工具并编制详细的上机课件。开发工具选择简单易用的开发工具，例如 POWERBUILD-ER、VB 或 DELPHI 等图形开发工具。以 DELPHI 为例，可以使用少数几个组件并且只需要少量代码就可以开发一个简单的数据库应用程序。学生在上机实验时，只需要配置几个常用数据库组件的属性，定义常用事件并添加很少的程序代码即可完成程序设计。学生通过简单操作即可以看到程序运行结果可以激发他们的学习兴趣和学习热情。上机课件方面，由于经管类学生学习数据库的课时比较少，学习开发工具的时间比较短，因而对开发工具的使用不是很熟练，因此要事先写好详细的上机课件。课件中每一个步骤要尽可能详细，以便学生能够按照实验步骤完成简单数据库应用程序的编制。例如使用 DELPHI 来开发数据库应用程序，在课件中需要指明每次上机操作要首先进入 DELPHI 界面，然后打开工程项目，而不能不打开工程项目而直接打开表单，因为单独打开的表单是不能运行的。在学生上机过程中还需要注意观察和收集实验过程中学生遇到的各种问题，针对这些问题不断完善上机课件，为后续学生的实验操作创造更好条件。

三、结语

本文分析了经管类学生的生源特点、培养目标和数据库课程对于该类专业学生的培养目标所起的作用，从该课程的授课内容范围、授课内容深度、授课方式、上机实验几个方面提出如何提高经管类学生的数据库课程教学效率的方法。本文所提出的方法还不够完善，还需要在教学过程中不断观察和分析，对所提出的方法进行改进，才能不断提高经管学生的数据库课程教学效率。

参考文献：

［1］叶霞，李俊山，李海龙. 数据库原理及应用实践教学改革［J］. 计算机教育，2011（1）：56－59.

［2］孟宪虎. 信息管理类专业数据库课程实验教学模式研究［J］. 计算机教育，2011（1）：60－64.

［3］赵亚娟. 数据库课程中的实例教学［J］. 甘肃科技，2011（27）：166－169.

课程建设的实践与反思①

——以采购与供应管理课程为例

陆丽娜　王伊礼　许伟婷

摘　要：通过采购与供应管理课程教学过程中教学效果不理想的现状，探索现状背后可能存在的问题，结合自身在教学实践中的体会和学科特点提出三点思考：注重教学设计，丰富教学形式；教学评价方式改革和增强校企合作实践。

关键词：物流专业；教学；实践与反思

一、引言

近年来，《中国职业教育年鉴（2015）》指出，我国物流市场庞大，物流固定资产投资加速，对物流操作人才产生了巨大需求。而现代物流业是劳动密集型和技术密集型相结合的产业，随着信息技术、自动仓储技术、包装技术、装卸搬运技术及相应设备大量在物流活动中的应用，物流业的发展需要大批具有一定文化水平并具备一定技能的物流操作人才。由此可见，如何将培养专业物流人才与市场需求进行有效对接是我们需要认真思考的问题，高校在人才培养方面责无旁贷，课堂是高校教育的载体，而课程建设是高校教学建设的核心，是高等学校教育永恒的主题。基于此，本文欲以“采购与供应管理”这门课程为切入点，结合自己教授这门课程的体悟来浅析这门课程的课程建设，以期更好地服务社会和满足市场对物流人才的需求。

---

① 广西师范学院课程与教学改革重点项目（批准号：2013KCYJG06）；广西师范学院教学改革项目（批准号：2014JG22）。

关于什么是课程？其具体内涵如何？学界对课程的理解主要有三种观点：一是“教学科目说”；二是我国学者吴杰在1986年出版的《教学论》；三是学习结果说，我国学者施良方在1996年出版的《课程理论——课程的基础、原理与问题》一书中写道，“一些学者认为，课程不应该指向活动，而应该直接关注预期的学习结果或目标，即要把重点从手段转向目的。这要求课程事先制定一套有结构、有序列的学习目标，所有教学活动都是为达到这些目标服务的。”

二、采购与供应管理课程建设内容

1. 注重教学设计，丰富教学形式

讲授法作为一种古老而传统的教学方法，一直在教学过程中被最广泛地使用，这种方式固然有一定的好处，但是，教师上课看着课件念诵这种照本宣科的现象也相当普遍，这种教授方式会使整个课堂死气沉沉，学生不仅学不到知识，而且还会影响学习的兴趣。在这个过程中，学生一旦产生了物流专业知识枯燥的刻板印象，就很难再重新调动学生学习的积极性了。

教师是课堂的导航人，在上一门课前应当精心做好教学设计，既能有效传授教学计划中的知识，又能引起学生的学习兴趣，一堂别开生面的课应当有学生的响应和共鸣，学生的主观能动性一旦调动起来，课堂气氛就会变得和谐、融洽，教师原定的授课内容便可顺利进行。

多样化的教学形式下学生不易倦怠，在多情境的学习中学习更易吸收知识。因此，在课堂上增加案例教学来丰富教学是一个很好的办法。如“采购与供应管理”这门课程是集系统性、操作性、实践性于一体的新兴学科，该课程应有不少于30%的课时用于专门的案例教学和讨论，将国际物流市场营销的经典案例搬到课程上讲解、分析、点评。案例教学法的教学方式通常有两种：一是老师提前发下案例，学生分成5～7人的若干小组，课下让学生查阅相关资料，与同组成员讨论后将自己对案例的理解做成课件，下次课上在每个小组中随机挑选一名学生到讲台上演示他所做的课件，老师对学生的课件进行分析、点评；二是老师课下准备经典或最新的案例，课堂上进行案例的梳理、分析后提出问题，随后让学生与邻座的同学讨论后再作答。这两种案例教学法均能较好地提升学生分析问题的能力，除此以外，在第一种案例教学法学生准备的过程中，不仅锻炼了学生的发散思维和逻辑思维，同时学生的创造力也得到提升。

2. 教学评价方式改革

教学评价方式改革包括两个方面：一是老师对学生的评价；二是学生对老师的评价。

采购与供应管理课程的综合成绩应包含两个部分：平时成绩和期末考试成绩。平时成绩的评价包括学生的出勤、课堂表现、平时作业评价、课程大作业及实验成绩五个部分，每个环节成绩评定的比例在学期前提前告知学生，让学生对自己在每个环节的得分情况有预估，以便结合自己的能力、精力付出相应的努力。期末考试是对这门课程掌握情况的全面考核，侧重于对基本概念、核心观念、基础理论的考察，卷面成绩相对具有公平性和公正性，两部分成绩缺一不可。而在实际考核中，老师在平时成绩评判中的随意性，平时成绩和期末成绩分配的权重畸轻或畸重都会破坏对学生整体评价的公平、公正性。不同课程的平时成绩和期末成绩占比应该是不同的，如采购与供应管理课程的分值分配中，平时成绩应该占更大的比重。

学生对老师的评价也是高校中常采用的一种评价方式，但是在实践中的具体表现是，与评价好的老师相比，评价差的老师除了影响下降，不会受到任何其他处罚。这背后隐藏的是所有高校一边倒的重科研、轻教学奇怪现象，教师的科研固然重要，但是教书育人才是教书的天职，不能厚此薄彼。高校重视学生对教师的评价结果可以有效促进课堂的教学质量，进而学生可以更好地学习知识。

3. 增强校企合作实践

物流专业是一门实践性很强的新学科，国内外企业都偏好动手能力强或有实际工作经验的物流专业人才。以采购与供应管理为代表的课程除了需要在实验室熟练地使用专业软件外，还需要去实践。在实践环节中，我们通过改变教学计划在二年级下学期或在三年级上学期安排综合实习，可以让学生在实践的过程中及时发现自己的短板；并且通过实习可以更了解自己，在不断地探索中找到自己最擅长和喜欢的方面；在实习结束后，大部分同学会更加珍惜自己的学习机会；还可以在现在的工作压力和以后的学习压力这种双重压力之下，激发出学生的创造力。这种工作学习相结合的方式是创造力的一种体现。

校企合作的良性循环一旦形成，学校和企业都会得到持续、长久的回报，实习结束后，企业会要求学生成绩达到一定的要求和拿到相关的证书，提前签订有条件的就业意向协议，这将是企业源源不断的人才库。同时，学校在就业压力下也会督促学生更好地完成学业，学生作为能动的个体，为了实现个人价值，会提升个人的成就需求和积极性来达到校方和企业的要求。

三、结语

笔者在采购与供应管理课程的教学过程中，发现这门课程的教学效果总是达不到预期，自己也尝试过营造轻松的课题氛围或者课下关心学生的学习等，但是这些做法不能从根本上改变这门课程的学习现状，故有了上文的思考。课程教学的探索是一个永无止境的过程，希望同人们能一起努力，共同推进。

参考文献：

［1］中国社会科学院语言研究所词典编辑室．现代汉语词典［M］．商务印书馆，2005.

［2］吴杰．教学论［M］．长春：吉林教育出版社，1986.

［3］施良力．课程理论：课程的基础、原理与问题［M］．北京：教育科学出版社，1996.

应用型本科计算机专业实践教学体系的构建与实施

李文敬　刘之家　闭应洲

摘　要：本文分析应用型本科计算机专业实践教学体系及其实施过程中存在的不足，提出构建培养应用型人才的“基本操作”“硬件应用”“算法分析与程序设计”“系统综合开发”四种专业能力的实践教学体系，并给出了具体途径、方法及实施效果。

关键词：计算机专业；实践教学；体系构建；质量标准；改革实施

计算机科学与技术是一个实践性很强的工科专业，实践教学又是该专业人才培养方案和教学计划的重要组成部分，是对学生进行专业技能训练以及创新能力培养的重要环节。在我国信息化工作向全方位、深层次地快速推进的今天，以计算机技术为核心的信息技术，对推动国家信息化和经济的快速发展将起着关键作用。目前，国家的信息化和经济发展对计算机专业人才的需求不断增加。但是，在计算机人才供需方面，却出现这样两种相互矛盾的情况，一方面，公司、企业招不到需要的计算机人才；另一方面，却出现计算机专业的毕业生就业困难的局面。产生的原因在于学校不了解公司、企业相应岗位对计算机人才的知识结构、专业能力、专业素质的要求，对学生的培养脱离实际需要。在人才培养方案的制订和实施中重理论、轻实践，学生的实践与动手能力普遍不高，不能适应社会需要。为此，我们对学校应用型本科计算机专业人才培养方案进行改革，明确培养计算机应用型人才的专业定位和培养目标，根据公司、企业对计算机人才的要求，重新构建了应用型本科计算机专业实践教学体系，并制订各实践教学环节的质量标准和准入制度。

一、应用型本科计算机专业实践教学体系与实施存在的问题

应用型本科计算机专业教学计划的课程体系结构一般包括通识课程、专业理论课程和实践课程三个部分。通过这些课程的教学与实践，培养和构建学生的计算机思维能力、算法设计与分析能力、程序设计与软件开发能力、计算机系统的认知、分析、设计与分析能力[1]。但是，现在培养出来的学生，理论能力强于实践动手能力，基本操作技能、编程能力和软件开发能力远达不到公司、企业的要求，实践教学体系的构建和实施过程还存在一些不足。

（一）实践教学体系不能支撑专业定位和培养目标

（1）实践课程所占课时量（学分）少。我校是一所地方性本科院校，培养目标是培养具有扎实计算机软、硬件理论基础和较强的专业能力、操作技能的能够适应区域经济发展需要的计算机应用型人才。但是，在我校的应用型本科计算机专业教学计划中，总学分为170学分，其中，通识课程为61学分，占35%，专业理论课程为67学分，占39.4%，实践课程为42学分，占24.7%，实践课程学分比例偏低。若按照专业课程109个学分来分析，实践课程的42个学分中，实验课程为23学分，实习与毕业设计为19学分，分别占专业课程总学分的21.1%和17.4%。实验课程刚达到专业规范要求的最低限，不能满足培养计算机应用型人才的要求。

（2）实践课程结构不合理。实验课程以加深理解和巩固课程理论教学内容为主要目的，在实践课程中，所开设的课程实验、课程设计和综合设计的课时量不足，影响了学生对理论的理解与掌握，影响了学生的基本操作和基本技能的训练，影响了学生编程能力、系统综合开发能力的形成与提高，也影响了学生毕业实习和毕业设计等社会及综合实践的效果。

（3）实践教学内容和方法滞后。实验课程以验证型实验为主，设计型和综合型的实验很少，学生缺少基本能力和系统综合设计开发能力的训练；没有课程设计和案例综合开发的实训，毕业实习与毕业设计环节质量不高；没有公司与企业的实践经历，学生不了解社会的需求。

（二）实践课程的考核与评估不够完善，实施过程随意性大

（1）有些实验课程是课程内实验，理论与实验教学虽然是分开进行的，但是实验课程的考核与评估却没有独立开展，实验成绩或由实验报告成绩得出，或直接使用理论考试代替实验课程的考核，忽略了对学生操作能力、实践能力的考核和评价。有些做了简单的实地操作考核，但没有相应的考核标准，随意性很大。

（2）开设的见习课程，只设置了实践的学分，但实践的内容随意性大，且没有制定相关的考核标准，没有针对性，流于形式，没有起到应有的作用。

（3）毕业实习没有制定准入制及考核标准，毕业设计缺少量化的标准。学生的实践和动手能力差，进入公司、企业实习时，不能参与单位的项目设计开发，只能从事一些技术含量低的工作，达不到了解公司、企业和提高自身系统设计开发的能力；毕业设计有些流于形式，好的作品不多见。

（三）实践教学师资、设备与场所不足，实践教学效果不高

（1）现有实验教学师资大部分都是从学校到学校，具有在公司参与项目开发经验等实践经历的比较少，不能有效地指导学生进行系统设计与开发，在很大程度上影响了实践教学的质量和效果，制约了学生实践能力的提高。

（2）由于专业扩招，学生人数总量增加，学校配备的设备不能满足学生实践的需要，尤其是专业实验室配备不够，有些专业课程的实验只能安排在公共实验室里进行，实验的效果不够理想。

（3）实践基地少，不能满足学生的实训和实习的要求。学校没有建立系统综合设计与开发中心，没有针对性的综合开发训练；与计算机的软硬件公司或企业建立实习基地少，学生没能直接参与公司项目的开发，不能了解系统开发所需要的技术、工具以及公司的运作与管理。

二、实践教学体系的构建

通过对我校应用型本科计算机专业教学计划课程体系结构的研究，发现原教学计划中实践课程的教学和实施过程存在许多不足。为此，我们结合学

校所处的区域经济和发展前景，以及信息社会对计算机应用型人才的需求状况，重新制订了应用型本科计算机专业人才培养方案，从“基本操作”“硬件应用”“算法分析与程序设计”“系统综合开发”四种能力培养出发，对实践教学体系结构重新构建，使其更适应该专业的定位和培养目标。

（一）构建能够支撑培养应用型人才的实践课程体系

要培养符合专业定位的计算机应用型人才，首先要改革人才培养方案中理论课程与实践课程的比例，较大幅度地提高实验课程的课时量（学分），以保证学生有足够的时间进行基本专业技能的训练和综合专业能力的实训，有充足的时间到实训基地参加实习。从2006年开始，我们对应用型本科计算机专业的人才培养方案进行了改革调整，对实践教学体系进行三个方面的改革。

（1）对专业理论课程与实践课程的学分从原来的67∶23调整为49∶41，将实践课程的学分提高到与理论课程接近1∶1的程度。

（2）调整实践教学体系结构。原来的体系只包含实验课、见习课、毕业实习、毕业设计四个实践环节。现增加了课程设计、系统综合开发实训、课外实践、软件外包装训练等环节。

（3）更新实践内容和教学方法。实验课程原来只有验证型的实验，对理论课程中的原理、语句、语法、算法等进行简单的验证，以加深对相关内容的理解。这样培养出来的学生只能够编写一些简单的程序，对于复杂的程序就无法完成。为此，我们对实验课程在原有验证型实验基础上，增加了设计型和综合型的实验项目；并在此基础上，增加了课程设计，要求学生完成一个课程作品；增加系统综合开发实训，以便学生能够综合几门课程的技术来完成一个系统的设计与开发；增加课外实践课程，要求学生完成一至两个系统开发，对学生的综合开发能力进行训练。

（二）构建培养应用型人才专业能力的实践课程体系

应用型本科计算机专业的基本专业能力包括：计算思维能力、算法设计与分析能力、程序设计与实现能力、系统能力[2]。计算思维能力的培养主要由通识课程来完成，其他三个方面的能力，我们根据区域经济发展以及信息社会对计算机人才的需求，结合学校的具体情况，将本科计算机应用型人才的专业能力分解为“基本操作能力”“算法分析与编程能力”“硬件应用能力”“系统综合开发能力”[3]。并从计算机硬件、软件两方面和培养四种能力出发，构建我校应用型本科计算机专业的实践课程体系，如下图所示。

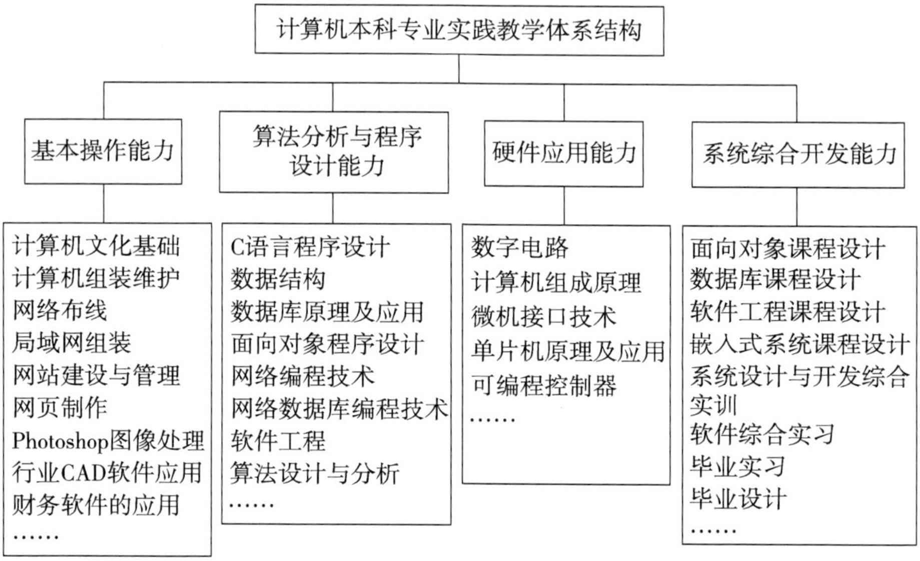

以培养应用型人才为目标的应用型本科计算机专业实践教学体系

1. 基本操作能力的培养

从多年应用型本科计算机专业毕业生就业情况来看，计算机毕业生的就业行业面广、要求学生的专业能力层次多样。但是，最基本的就业要求，就是要求学生能够熟练掌握计算机的基本操作。然而，我们培养的专业学生很多却达不到这样的要求。为此，通过开设计算机基本操作实践课程，培养学生熟练掌握办公软件，使学生能够从事文员及简单的数据处理工作；掌握计算机的组装与维护，使学生能够从事计算机硬件的安装和基本的维护；掌握网络布线、局域网的组网、网页制作、网站建设与管理，使学生能够从事网络安装、建设与维护工作；熟练掌握某一行业的应用软件，使学生能够从事该行业的应用软件系统的使用、管理以及二次开发工作。

2. 算法分析与编程能力的培养

通过开设 C 语言程序设计课程实验，使学生掌握基本的编程基础以及模块化的程序设计理念，学会基本的算法分析与设计；开设数据结构课程实验，使学生掌握解决实际问题中数据结构如何设计与存储，算法如何分析、设计与实现；开设数据原理及应用实验，使学生掌握数据库的建立及编程操作；开设面向对象语言实验，使学生掌握当今面向对象软件系统开发所使用的语言，学会建立面向对象软件系统的前台；开设网络编程和网络数据库编程实验，使学生掌握面向 Internet 的 C/S 模式或 B/S 模式应用软件系统的开发，尤其是使学生学会建立软件系统的前台与后面的连接与访问操作；开设软件工程实验，使学生掌握开发软件系统所需要经历的步骤以及每一个阶段所要做的工作。

3. 硬件应用能力的培养

开设数字电路实验、计算机组成原理实验、微机原理及接口技术实验，使学生进一步对计算机硬件结构以及计算机控制原理的理解；开设单片机原理及应用、可编程控制器实验，培养学生掌握计算机如何编程对各种现代化设备的控制与应用，为学生从事嵌入式系统开发打下坚实的基础。

4. 系统综合开发能力的培养

开设面向对象课程设计，使学生能够使用面向对象语言设计一个比较完整的软件系统的界面及各模块功能程序；数据库课程设计使学生能够根据解决问题建立软件系统的后台数据库；软件工程课程设计使学生根据所建立的软件系统，编写完整的系统开发各阶段的分析与设计文档，并编程测试、运行；开设系统设计与开发综合实训，以软件系统案例的形式进行实训，使学生能够综合自己所学的语言、数据库等技术开发一个 B/S 软件系统，或建立一个网站；开设嵌入式系统课程设计，使学生掌握嵌入式系统的开发。

（三）建立各实践教学环节的质量标准

为使实践教学各个环节的质量得到保证，确保学生实践与动手能力的提高，我们对实践教学体系的各环节的考核与评价进行改革，制定了各环节的质量标准和毕业实习准入制度。

1. 课程实验教学环节的质量标准

原来课程实验教学环节的成绩大都以学生的实验报告来评定，从多年的实践情况来看，这样评定出的成绩有很大偏差。由于课程实验中大部分都是验证型实验，学生比较容易完成，按照实验报告来评定成绩，不能评价其真正的操作能力。因此，我们对基本操作课程实验、程序设计课程实验、网站建设实验、数据库应用实验等制定了量化的质量标准，如计算机办公软件操作质量标准、计算机组装与维护实验质量标准、程序设计课程实验质量标准等。

2. 系统综合开发实验质量标准

制定了课程设计训练质量标准，软件系统综合设计与开发实训质量标准，课外实践活动作品验收质量标准等。

3. 实习准入制与毕业设计质量标准

原来的毕业实习按照教学计划的时间安排，不管学生是否掌握了相应的技术和技能，到时间后每个学生都可以参加，这样很难保证学生实习的质量，为此，我们制定了一个实习准入制度及相应的量化标准，做到实习前把关，使学生在真正掌握了一定程度的技术和技能之后，到实习单位后就能够很快适应生产实践，并尽可能参与实习单位的项目设计开发工作，提高自身的系统综合开发能力。通过制定实习质量标准保证学生在实习过程中的质量。为了保证毕业设计的质量，我们根据不同的毕业论文（设计）分别制定了理论研究论文、应用研究论文、软件系统设计的要求和质量标准。

三、实践教学的实施与成效

对应用型本科计算机专业实践教学体系结构进行改革与完善后，重要的工作就是实践教学工作的实施。

（1）课程实验教学采用两种方式实施。一是课程内实验教学，实验部分单独设置学分，按课程实验质量标准单独评分，采用实地操作方式进行考核，不再以单一的实验报告成绩作为评定的标准；二是单独课程实验教学，按课程实验质量标准单评分，采用实地操作或制作作品的方式进行考核，结合实验报告评定成绩。课程设计实验教学属于单独课程实验教学，但从某种意义上来说，它的综合性、复杂性比一般单独课程实验要高，要求也更高，因此，更适宜采用制作作品的方式来考核与评价。

（2）将系统综合设计与开发实训课和课外实践活动相结合，以软件系统案例进行教学，采用导师制的方式分组指导，学生利用课余时间完成一个网站的建设、一个 B/S 或 C/S 系统的设计开发。完成以后，由教师考评小组考核，学生除了运行作品外，还要进行适当讲解，最后对学生制作的作品进行考核验收。

（3）毕业实习建立准入制度及质量标准，对学生实习之前所掌握的技术和能力进行考核评价，达到要求的准予实习，达不到要求的延缓实习。准入制的考核主要包括学生对办公软件的操作、计算机组装与维护、网络布线、局域网的组网、网站的建设与管理、网络制作、常用应用软件使用等，通过检查学生提交 B/S 或 C/S 应用系统的作品来确定考核成绩是否合格。在实习过程中也采用量化的质量标准对学生实习进行评价。对于毕业论文（设计），制定了指导教师、评阅教师、答辩组的质量标准，毕业论文（设计）的成绩由指导教师评定的成绩、评阅教师评定的成绩、答辩组评定的成绩三部分组成，确保了毕业论文（设计）的质量。

我们构建的实践教学体系及各环节的质量标准，经过四年的实施，取得了一定的成效，学生的实践能力得到了很大的加强，实习单位满意度增加，毕业设计优秀作品增多，参加国家或省级计算机应用大赛等比赛获奖的人数逐年增加。

四、结语

如今的高等教育已经从原来的精英教育转变成大众教育，地方性高等院校大部分都是为区域经济培养合格的应用型人才。我校的应用型本科计算机专业从培养计算机应用型人才的专业定位和培养目标出发，构建该专业的实践教学体系、实践教学各环节的质量标准和保障措施，实施的效果良好。但是，随着计算机技术的快速发展，信息社会对计算机应用型人才的需求会不断变化，实践教学体系也需要不断改进与完善。

参考文献：

［1］王浩，胡学钢，侯整风，等．计算机科学与技术专业实践教学体系的研究与建设［J］．计算机教育，2007（22）：73－74.

［2］王志英．计算机科学与技术专业实践教学体系研究［J］．计算机教育，2008（3）：18－20.

［3］张辉宜，吴光龙．计算机科学与技术专业实践教学体系的研究［J］．安徽工业大学学报：社会科学版，2005（22）：14－115.

➡ 实践教学篇

基于社会需求的广西经管类大学生就业现状及对策研究

贺世红　汪德荣

摘　要：本文首先通过对广西各高校经济管理类（简称经管类）学生规模、专业发展和布局的了解和分析，把握广西经管类大学生培养现状；其次从广西近年来经济的发展和广西大学生就业率等几个方面认清广西经管类大学生就业基本情况；再次是在此基础上分析出广西经管类专业大学生在就业能力、就业稳定性等几个方面的问题；最后是针对问题提出了相应的措施。

关键词：社会需求；广西经管类大学生；就业

一、广西经管类大学生培养现状

（一）经管类学生大幅增长

近年来，为了满足社会对经济管理类本科学生不断增大的需求，广西经济管理类本科在校学生规模日益扩大，专业点日益增加。广西共有 18 所本科院校，这些院校不同程度地都开设了经济管理类本科专业。2009—2011 年，广西经管类本科学生招生人数逐年增加（见表 1），到 2011 年增长率达到 11.73%，在校学生人数也逐年增加，从 2009 年的 48936 人增加到 2010 年的 54192 人和 2011 年的 61130 人，分别增长 10.74% 和 12.80%。

表 1　　2009—2011 年广西经管类学生规模

年份	招生人数（人）	增长率（%）	在校人数（人）	增长率（%）
2009	15094		48936	
2010	15752	4.36	54192	10.74
2011	17600	11.73	61130	12.80

注：数据来源于广西统计局。

（二）专业与专业点稳中有升

2008 年，广西 18 所本科院校共开设经济管理类本科专业 28 种，专业点 104 个。2012 年广西 18 所本科院校共开设经济管理类本科专业 33 种，专业点 133 个，四年来，本科学校没有增加，专业增加 5 种，专业点数增加 29 个（具体情况见表 2），专业与专业点稳中有升。

表 2　　2008 年与 2012 年广西经济管理类本科专业及专业点　　（单位：个）

专业名称	点数		专业名称	点数	
	2008 年	2012 年		2008 年	2012 年
市场营销	13	14	公共事业管理	10	11
国际经济与贸易	9	11	工商管理	7	9
旅游管理	8	10	人力资源管理	5	7
物流管理	6	7	经济学	3	5
行政管理	6	6	会计学	5	7
电子商务	5	5	财务管理	3	5
信息管理	3	5	工程管理	4	4
社会工作	2	2	房地产管理	0	2
资源环境管理	1	2	金融学	2	4
管理科学	1	1	农林经济管理	1	2
国际商务	0	1	公司理财	1	1
土地资源管理	0	1	财政学	2	2
劳动与社会保障	1	1	投资学	0	1
会展经济与管理	1	1	审计学	1	1
文化产业管理	1	1	农村经济管理	0	1
税务	1	1	保险	1	1
资产评估	1	1	共计	104	133

注：原始数据来源于广西 18 所大学招生办公室（简称招生办）。

（三）专业点的布局相对合理

经管类本科专业点主要分布在综合大学、理工院校、财经院校和师范院校。专业主要集中在工商管理、公共管理、国际贸易、市场营销、旅游管理、人力资源、会计学和物流管理这几个专业，占整个专业的57%，大部分开设专业集中在南宁和桂林的本科院校，尤其是农林经济管理、会展经济与管理、审计学、保险等特色较为明显的专业几乎都集中在广西财经学院、桂林工学院和广西大学这几所学校。

二、社会对经管类学生需求现状

（一）经济快速增长为大学生提供了良好的就业时期

随着我国西部开发，广西经济在北部湾经济区和柳州、桂林等广西传统经济发达地区的带领下驶入了发展的快车道，经济实力日益增强，经济总量逐年增加，为广西经管类大学生提供了良好的就业时期和平台。广西经济自2007年以来，增长速度保持在12%左右，经济总量增加了123.77%。2007—2012年广西经济总量及增长情况见图1。

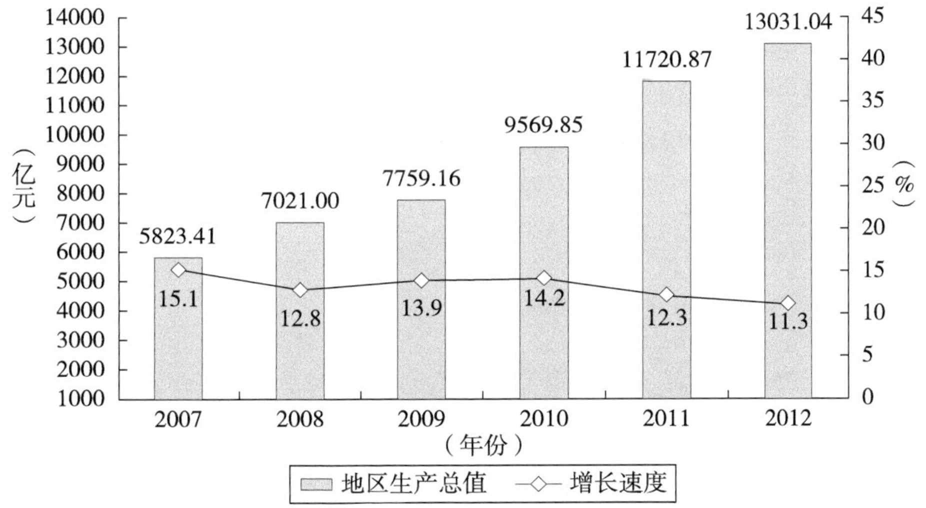

图1　2007—2012年地区生产总值及其增长速度

资料来源：广西统计局。

（二）中国东盟自贸区的建立为大学生创造了众多的就业机会

首先，自2010年中国东盟自由贸易区建成以来，为中国与东盟各国进行贸易、投资以及合作研究提供了一个便利的平台，广西外贸增长迅速。2007—2012 年广西进出口贸易情况见图 2。

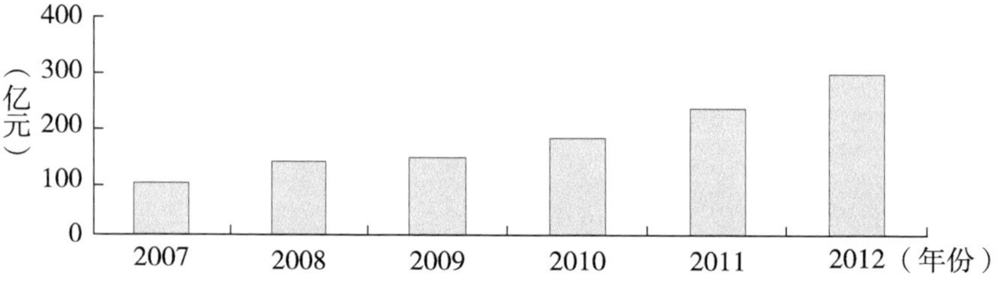

图 2　2007—2012 年广西货物进出口总额

资料来源：广西统计局。

其次，区内外许多企业抓住这一良好机遇进驻广西，包括华润、三一重工等在内的广西区外许多大型企业乃至包括沃尔玛等在内的世界 500 强企业抢驻广西。

最后，广西自身抓住契机，发展迅速。一是像玉柴、柳汽等广西传统优势企业抓住时机，趁势发展；二是发展和引进新能源、海洋经济、修造船等许多新型产业，扩大广西经济领域；三是大力发展中小微企业，增强广西经济活力；四是充分利用中国东盟自由贸易区平台，全力打造北部湾经济区，把广西打造为区域性现代商贸物流基地、先进制造业基地、特色农业基地和信息交流中心，提升广西经济品位。这些都为广西经管类大学生创造了众多的就业机会。

（三）广西大学生就业率稳中有升

据广西教育厅统计，2010 年广西大学生就业率为 89.87%，2011 年广西大学生就业率为 89.98%，2012 年广西大学生就业率为 91.4%。以上数据说明近三年来广西大学生就业率稳中有升，广西经管类大学生的就业情况也大致一样，但值得注意的是，在大学生就业中，高职高专毕业生的就业率比本科毕业生的就业率要高，比如 2012 年广西本科毕业生的就业率为 90%，高职高专毕业生的就业率为 92.5%。

三、广西经管类大学生就业存在的问题

（一）大学生就业能力与社会需求存在不小的差距

首先是广西高校经管类专业开办时间不长，高校和社会之间还存在一定的差距，培养该类学生的经验和能力还在不断地学习和完善，这当然是一个必要的过程。其次是高校培养学生要与社会需求紧密结合，但目前广西高校在培养经管类学生方面受到许多条件的约束。虽然学校正在全力破解，绝大部分高校都与许多各类型的企业建立校企合作，全方位地了解社会需求，建立各种实验室以及和企业携手合作来一起培养社会所需求的大学生，但还是会受到许多其他方面的约束，比如许多城区内高校由于受场地的约束，像企业管理、物流管理、国际贸易等许多专业的实用型实验室没有充足的建设场地。最后是大学扩招，一些学校的软件设施和师资力量难以同步跟进，这方面主要体现在许多三本院校。这些院校在硬件等基本条件达到以后就招生培养，软件设施难以跟进和更新；许多三本院校的师资是与二本院校联合在一起或者是外聘的，自己没有充足的师资储备，对二本学校老师和外聘老师的管理难以到位，这些都对大学生就业能力有一定的影响。

（二）大学生就业不稳定，跳槽现象比较多

调查显示，大学毕业生就业后三年内离职率达到 20% 以上。究其原因主要有以下几点：一是大学生毕业就业时对工作单位的期望太高，对自己估计过高，工作几年以后经过横向对比发现一山更比一山高，或者发现职业生涯受阻，从而产生不满因素，在机会成熟甚至有时还不太成熟的情况下就选择了跳槽；二是许多大学生就业时，由于工作难找，碰了几次壁以后心情就开始浮躁起来，于是社会上就出现了先就业再择业的现象，从而导致就业不稳定；三是企业和大学毕业生对能力的看重和理解有不小的差距，据中国人民大学劳动人事学院发布的《中国就业战略报告 2008—2010》显示，企业最关注毕业生的五个方面排序依次为责任心、敬业精神、口头表达能力、学习能力和解决问题能力，而在校大学生心目中的排位依次为解决问题能力、外语

能力、计划协调能力、学习能力、计算机能力，由此可见差距很大，这也在一定程度上导致了就业不稳定。

（三）企业对毕业生吸引力度不够，难以留住人才

我国大部分企业是中小企业，所以中小企业是大学毕业生就业的主要领地，当前许多企业尤其是中小企业太注重当下，没有明确的长远发展规划和人力资源发展规划，再加上许多中小企业难以满足对员工的保障，所以使得许多青年员工觉得未来不明确，缺乏安全感，这也在一定程度上影响了大学毕业生就业。

四、加强广西经管类大学生就业的对策

（一）多方努力，拉近教育与社会的距离

从广西经管类大学生培养来讲，主要是要拉近大学与社会的距离，让大学教育与社会需求接轨。对这方面的努力可以从以下几个方面入手：一是政府和行业机构，主要是政府部门。大学生是我国经济建设和发展的主要生力军，政府应该加大力度从宏观上提倡和引导，甚至可以有政策偏向地加强校企合作培养人才，开展破冰之旅；二是高校要主动走出来，积极主动地和企业合作，全面了解社会需求，整合高校之间的资源，整合高校和企业之间的资源，大力提升教学设施和教学环境，提升大学生的培养质量；三是企业也要积极辅助高校大学生的培养，企业应当适当放弃一些短期利益，与高校这样的人才输出机构建立起长期战略伙伴式的人才培养和输出模式，从长期来说企业可以大大降低人力资源招聘、稳定和培养成本，有利于企业的长远发展；四是政府、高校和企业三方合作，成立相应的专门机构，具体负责和执行，使得校企合作得到真正有效的落实。

（二）加强经管类大学生的就业指导工作，稳定就业水平

通过校企合作，拉近大学生与社会的距离，从大学生入学开始就要加强对学生就业指导工作，让大学生有目的地培养社会所需求的能力。高校、企

业和校企合作专门机构应加强在校大学生的职业生涯指导，将就业指导贯穿于大学生活的全过程，学校要有目的、有计划、有组织地增大大学生走出校园的力度，增加大学生对社会的了解，让大学生了解就业形势，明确就业方向，客服浮躁心理，提升大学生的就业能力和就业质量。

（三）提升企业魅力，最大限度地留住人才

特别是广西众多的中小企业应转变观念，要明晰自己的企业定位和使命，明晰企业发展前景和蓝图，完善员工保障机制，制定适合自身发展的战略与人力资源政策，加强企业文化建设，让新加入的员工感到自己的才华有空间施展，有一片天地遨游，勤奋努力可以得到相应的回报，从而对未来发展和升迁有明确预期，这样就能增加企业员工的忠诚度，提高员工的主人翁精神，增强企业魅力，最大限度地留住人才。

参考文献：

［1］肖红艳．湖南省经济管理类本科专业学生培养现状的分析与思考［J］．湖南师范大学教育科学学报，2009（9）．

［2］黄莺．经管类大学生就业能力培养对策研究——以浙江高校为例［J］．浙江工商大学学报，2012（5）．

［3］叶青．经管类大学生就业现状调查及对策分析［J］．网络财富，2010（4）．

创建“四位一体”实践模式，促进地方高师计算机专业应用型人才培养

李文敌　元昌安　廖伟志

摘　要：提高地方高师院校计算机科学与技术专业应用型人才培养质量的重点是加强学生实践能力和创新能力培养。广西师范学院计算机与信息工程学院从2005年起以提高计算机专业学生应用能力和专业技能为目标，对实践教学等进行了系列改革和创新探索。在“以生为本，学用并举”的实践教学理念指导下，构建课程实验、“两个一工程”、学科竞赛、校外实践基地“四位一体”实践教学新模式。创建基本操作训练、编程训练、设计训练、综合开发训练的“四训练、五能力”课程实验模式，改革实验教学内容和方法；创建开发一个软件系统、组建一个网站的“两个一工程”校内实践模式；创建以科研项目形式推进和管理的学科竞赛创新实践模式；建构“双师指导，分类培养；胜任一岗，一专多能”的校外实践基地实践模式。建立“两个一工程”导师制，建立学校、软件开发公司、通信网络公司、软硬件销售公司、中等职业学校、IT企业等实践基地，建立学校、竞赛、公司企业实践基地等共同考核学生专业应用能力的评价机制。通过六年多的研究实践，取得了显著的成果，受益面广，示范作用大，促进了我校计算机科学与技术等IT类专业应用型人才培养。

关键词：地方高师院校；计算机专业；四位一体；实践教学模式；研究与实践

一、课题提出

广西师范学院计算机科学与技术专业创办于1992年，经过20年的发展，

构建了比较完整的学士、硕士的人才培养体系，为广西的经济社会发展培养了大量的计算机应用型人才。

为了提高地方高师院校计算机专业应用型人才培养质量，加强学生实践能力和创新能力培养。我校计算机与信息工程学院从2005年起以提高计算机专业学生应用能力和专业技能为目标，对实践教学等进行了系列改革和创新探索。在“以生为本，学用并举”的实践教学理念指导下，构建课程实验、“两个一工程”、学科竞赛、校外实践基地“四位一体”实践教学新模式。创建基本操作训练、编程训练、设计训练、综合开发训练的“四步训练、五种能力”课程实验模式，改革实验教学内容和方法；创建开发一个软件系统、组建一个网站的“两个一工程”校内实践模式；创建以科研项目形式推进和管理的学科竞赛创新实践模式；建构“教研结合，分类培养；胜任一岗，一专多能”的校外实践基地实践模式，促进计算机科学与技术专业应用型人才培养为目标，主要解决当前地方高师院校计算机专业应用型人才培养存在的问题。

（1）地方高师院校计算机专业人才培养过程中，存在“重理论，轻实践”的问题。

（2）实践教学体系存在“重课堂实验和校外实践、轻课外实训和校内实践”的问题[1]。

（3）实验教学模式单一，存在“重验证性实验，轻设计和综合性实验”，实验缺乏针对性训练的问题。

（4）校外实践缺乏实践基地的内涵建设，实习效果有限，影响专业人才分类培养的问题。

二、指导思想与教学理念

广西师范学院计算机专业坚持“以生为本，学用并举”的教学理念[1]，以校内实验资源和校外实践基地为基础，以高素质实践教学队伍和完备的实验条件为保障，不断提升和完善实验教学设备与实践环境，创建科学、完善、先进的课程实验、“两个一工程”、学科竞赛、校外实践基地“四位一体”实践教学新模式。创建基本操作训练、编程训练、设计训练、综合开发训练的

“四训练、五能力”课程实验模式，注重实验内容和方法的改革研究、实验教材、实验管理体制机制及管理平台等软件建设，全面提高实验教学水平和实验室使用效益，不断提高学生的专业应用能力；创建开发一个软件系统、组建一个网站的“两个一工程”校内实践模式；创建以科研项目形式推进和管理的学科竞赛创新实践模式；拓展学生校内和课余实践空间，构建以项目驱动和学生参与科研项目的校园实践环境，促进学生综合设计开发能力的形成，提高专业应用能力。建构“教研结合，分类培养；胜任一岗，一专多能”的校外实践基地实践模式，完善校外实践基地内涵建设和创新实践，提高学生的就业能力。构建对学生专业应用能力培养的支持，实现学生自主学习和教师导向作用相结合、课堂教学与课外实践相结合、学校与实践基地教学相结合、专业技术与专业技能学用相结合。融传授知识、能力培养、素质提高为一体，促进高素质应用型人才的培养。

三、创建“四位一体”实践模式

我校计算机专业创建了课程实验、“两个一工程”、学科竞赛、校外实践基地“四位一体”的实践教学新模式，如图1所示。从课堂内的实验和针对性训练扩展到课堂外的校内“两个一工程”实训、科研项目驱动的创新实践和学科竞赛，再扩展到校外基地实习，以此统筹构建该专业的理论与实践教

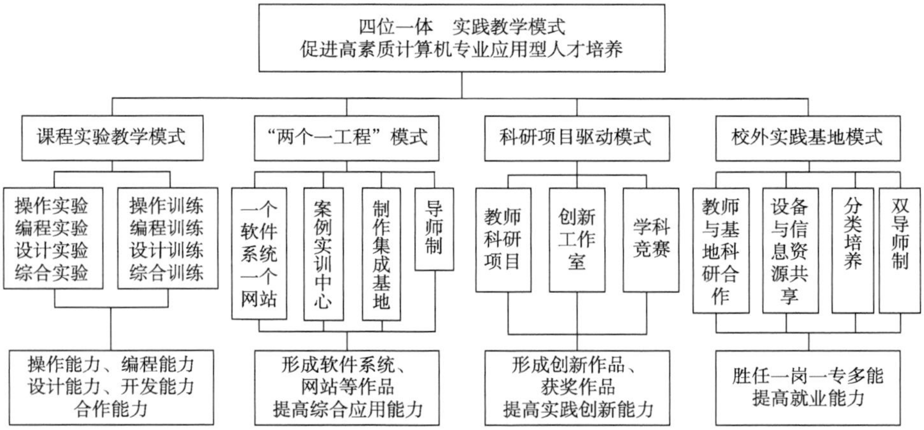

图1 “四位一体”实践教学模式

学，完善其课程教学体系，搭建多层次的实践教学平台，提高学生的综合能力和培养质量，以满足北部湾经济发展所急需的高素质计算机专业应用型人才的需求。

（一）“四步训练，五种能力”课程实验教学模式，多层级提高学生专业能力

创建操作训练、编程训练、设计训练、综合训练的“四步训练，五种能力”实验教学模式；应用任务驱动、案例分析、开放式、探究式实验教学方法；实验教材、虚拟现实、实验网络演示平台建设和多元化的教学手段；信息化的实验管理平台。对实验采用灵活多变、有针对性的训练，促进学生熟练掌握基本操作技能和专业技术[1]。

我校计算机专业创建的“四步训练，五种能力”实验教学模式，如图2所示。解决了原来实验类型单一，重编程实验，轻基本操作，缺少设计性和综合性实验的问题。由原来单一的编程实验扩展到基本操作实验、编程实验、课程设计实验、案例分析的综合实训；由原来单一的验证性实验扩展为有针对性的基本操作训练、编程读程训练、任务驱动的设计性训练、案例分析的综合开发训练。实现了学生专业能力和技能的多级训练、逐层提升的培养目标。

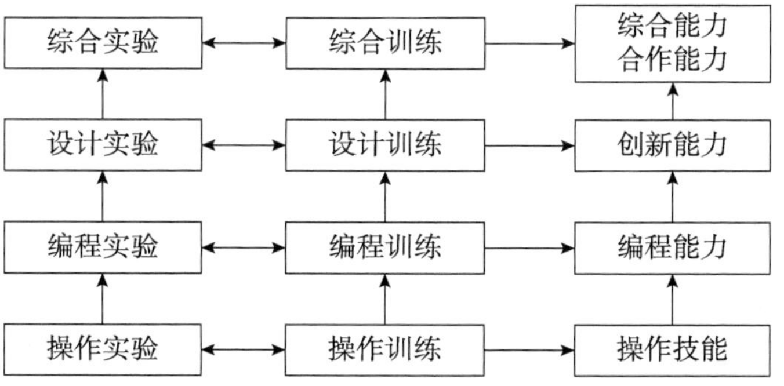

图2　“四步训练，五种能力”实验教学模式

1. 操作训练

计算机基本操作主要包括Office办公软件以及常用工具软件的使用、计算机组装与维护、网络布线、局域网服务器的安装与管理、应用软件的使用等。

有针对性地对低年级学生进行基本操作训练，使学生熟练掌握基本操作技能，为后续课程和专业能力的提升奠定良好的基础。

2. 编程训练

在增加实验课时的同时，对大一、大二程序设计课程实验开展编程训练。第一，由教师提供大量的程序给学生阅读，训练学生的读程能力；第二，在原来验证性实验基础上，增加设计性的实验，由教师提供算法，学生编写代码实现，通过一些常用的、难易适中的算法编程训练，一门课程学生编写代码量至少达到 20000 行以上，为课程设计和综合开发设计打基础。

3. 设计训练

设计实验主要是指课程设计，是编程实验后专门设置的、运用某一门程序设计语言解决实际问题的创新实验方式。主要包括面向对象程序设计、SQL server 数据库设计、动态网站设计等课程设计训练，一般设置于课程学习的后阶段，在大学第 2 ~5 学期，设计时间安排 2 ~3 周。采用的方法有任务驱动、自主选题等；训练的步骤：教师进行案例分析—学生自主命题或选择老师提供的题目—功能划分—详细设计—代码实现—运行测试—修改—提交作品—教师评价。训练达到综合运用某一工具语言设计一个功能简单的系统或多个模块之目的，培养学生的创新能力和综合应用能力。

4. 综合训练

综合实验主要是指综合多种技术（多门课程）来设计或制作一个完整作品的实验，是经历多门课程设计实验后专门设置的、运用多种技术解决实际问题的创新实验方式。涉及的技术包括软件工程 + 编程工具语言 + 数据库等，如开发一个软件系统，采用的技术包括 UML + C# + SQL server 等。综合训练一般安排在第 6 ~7 学期进行，以综合实训课程方式开设 1 个学期。采用的方法主要是项目驱动法，一个项目可由 1 ~3 人共同完成；训练的步骤：教师进行案例分析—学生选题—系统分析—系统设计—功能设计—编写代码—运行测试—提交及介绍作品—多教师评价。训练达到综合运用多种工具语言设计一个完整的系统或组建一个网站，培养学生综合应用能力和团队合作能力。

（二）“两个一工程”校内实践模式

为了提高学生的实践动手能力，培养学生计算机应用能力，从 2005 年开始，我们在计算机科学与技术等专业实施了“两个一工程”。该工程的含义是：学生在毕业实习前学会开发一个信息管理系统，学会组建一个网站。时间从第2学期到第7学期，历时2年半。制订了“两个一工程”实施方案、“两个一工程”本科学生导师制、“两个一工程”教师管理条例与奖励措施。建立了“两个一工程”学生选导系统及“两个一工程”项目管理网站，对学生、导师及项目进行管理。实施的步骤包括：学生选导师—教师指导—信息管理系统案例分析（或网站硬件组建）—学生选题（或不同平台 Windows/Linux 的网站）—系统分析—系统设计—编写代码—运行测试—提交作品—多教师评分。到目前为止，我系2003—2010级学生共500多人、教师80多人次参与“两个一工程”的活动，开发了500多个软件系统或网站。其中，有些学生开发的系统或网站具有较高的实用价值。该活动的开展，实现了从实验教学的一位教师指导几十个学生，发展到了一位老师指导一位学生的转变，提高了学生的软件系统开发和网站建设管理等专业应用能力。

（三）科研项目与学科竞赛模式

通过参与教师的科研课题研究，可让学生了解本专业的发展前沿动态，接触计算机领域的新知识、新技术和新方法，对计算机学科的知识体系有一个较完整的了解，对大学期间要学习的知识、技术有更深入的思考，激发学生的好奇心，并培养大学生的团队协作精神和沟通能力。具体办法：科研课题团队建立创新工作室—接受大学生参与项目研究报名—对报名学生进行考核—指派团队老师指导学生学习—指导老师给学生分配研究任务—学生研究—提交研究成果。

学科竞赛是在课堂教学基础上，以竞赛的方法，激发学生理论联系实际和独立发现问题、解决问题，培养学生专业素养和创新能力的重要途径。通过竞赛，培养一批学习能力强、学习潜力大、学习效果明显的学生骨干。我们主要组织学生参加的学科竞赛包括全国大学生软件大赛、广西计算机应用大赛，多年来已经形成常态化。逐步形成了学科竞赛的实践模式，制订校级选拔赛竞赛方案—学生选定指导教师—校级比赛评奖，选拔出参加全国或省级比赛选手—参赛选手集中训练—指导教师带队参加比赛—召开总结会，奖励获奖选手。

（四）校外实践基地模式

为了落实分类培养的目标，我们提出了“教研结合，分类培养；胜任一岗，一专多能”的实践基地建设思路，建立了软件开发、通信与网络技术、软硬件销售、中等职业技术学校等计算机专业实践基地。其中，“教研结合”是指建立的实践基地从两个层面进行，一方面给学生提供实习实践平台，另一方面教师与软件企业之间开展研发合作，在学校与企业之间形成利益共赢，有利于实践基地的稳定发展。“分类培养”是根据学生的兴趣爱好、就业意向、能力强弱、性别差异等多种因素综合考虑，通过实践基地的岗位设置和人才配置对学生进行分类培养。具体操作是与企业沟通制定学生实习实践的目标、内容、岗位、质量监控、时间等，为每一个学生制订一个具体的实习实践计划。“胜任一岗，一专多能”是指学生按照学校分类培养的目标，在实践基地主要在某一个具体的岗位进行实习，做到基本能够胜任该岗位所具有的专业能力和素质；并通过短期的岗位轮换，了解其他岗位所需要的专业能力与素质，日后通过学习和训练，能很快适应这些岗位的要求，做到一专多能。专业实习一般安排在第 7 学期进行，学校有实习带队教师，带领学生到实习基地，负责指导和管理实习学生；同时，实践基地还为每一个学生指派一名技术骨干担任指导教师，指导学生的实习工作，实行双导师制。

四、改革实践教学体系、实验教学内容和方法，提高学生应用与创新能力

（一）改革实践教学体系

根据区域经济发展以及信息社会对计算机人才的需求，结合学校的具体情况，提出构建培养应用型人才的“基本操作”“硬件应用”“算法分析与程序设计”“系统综合开发”四种专业能力的实践教学体系[2,3]。如图 3 所示[2]。

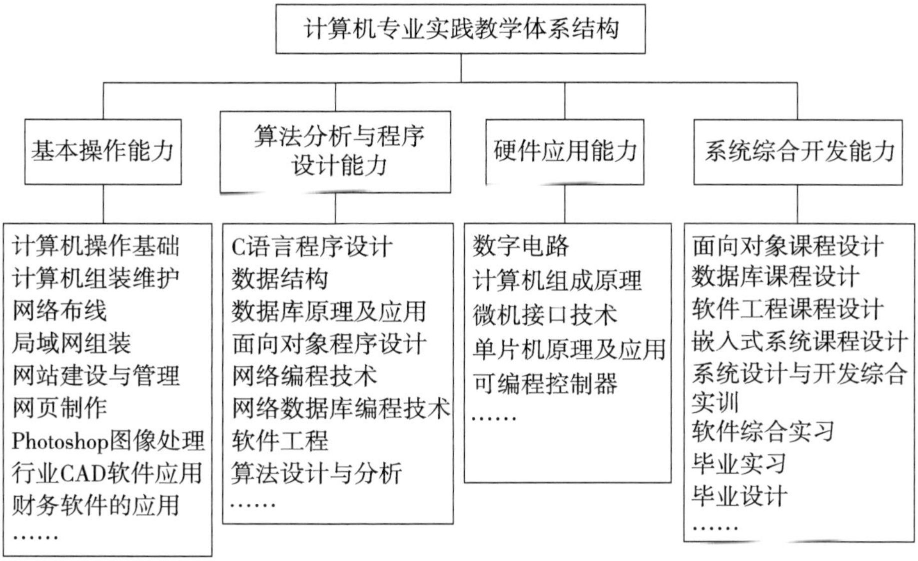

图3　以培养应用型人才为目标的应用型本科计算机专业实践教学体系[2]

（二）改革实验教学内容

1. 设置不同的专业实验课程，提高学生的四种专业能力

设置计算机操作基础、计算机组装与维护、网络布线、局域网组网、网页制作、网站建设与管理等实验课程，培养学生的基本操作能力。

设置C语言程序设计、数据结构、数据原理及应用、面向对象语言、网络编程、网络数据库编程等实验课程，培养学生的算法分析与编程能力。

设置数字电路、计算机组成原理、微机原理及接口技术、单片机原理及应用等实验课程，培养学生的硬件应用能力。

设置面向对象课程设计、数据库课程设计、系统设计案例分析与开发综合实训、网站建设与维护实训等实训课程，培养学生的系统综合开发能力。

2. 加大实验课时量，增加新的实验教学内容[2]

要培养计算机应用型人才，改革人才培养方案中理论课程与实践课程的比例，较大幅度地提高实验课程的课时量（学分），以保证学生有足够的时间进行基本专业技能的训练和综合专业能力的实训，有充足的时间到实训基地参加实习。从2006年开始，我们对计算机专业的人才培养方案进行了改革调整，将专业理论课程与实践课程的学分从原来的67∶23调整为49∶41，实践课程的学分提高到与理论课程接近1∶1的幅度。改革实验课程只注重验证型实验的做法，增加了设计型和综合型的实验内容，增加课程设计与系统综合开发实训等内容。

3. 改革实验教学评价标准[5]

原有实验教学大纲要求和目的不够明确，没有量化的标准。我们根据不同的实验项目、实验方法设立指标，对它们进行量化和强度的拓展，给学生和任课教师的教学有一个明确的标准要求。使学生明确自己要完成的任务，教师在实验教学过程中必须承担的具体责任，学校教学管理部门可以根据这些具体的指标对实验教学过程进行质量监控。确定实验教学质量标准，用量化的形式来强化实验教学目标。

（三）改革实践教学方法

仅依靠改革实验教学和实践教学内容来提高学生的计算机应用能力，存在诸多困难。我们根据软件工程、网络工程的人才需求，针对需求分析、系统设计（包括框架设计和数据库设计）、详细设计、程序设计、软件测试等不同阶段，采用不同的实验方法、实验路线和实验方案[4]。建构开放式、探究式、任务驱动式、案例分析的实验教学方法，鼓励学生开展自主、合作、探究式的实验训练。由验证型实验发展为设计性、综合设计性、探究性的实验。从课堂的四种能力的基本训练、综合训练拓展为课外的综合开发训练。鼓励学生参加教师的科研项目研究，创新工作室的创新研究[1]。

（四）改革实验教学管理

建立实验室管理信息平台，实现实验的信息化管理。实验室除了提供正常的课程实验之外，课余时间还增设了开放实验室时间，供学生自由自主实验。学生可以通过实验管理系统预约，在实验室开放时间自由选择实验项目、实验时间，满足学生自主、创新发展的需要。

（五）改革人才培养模式

我们应用“以生为本，学用并举”的实践教学理念，改革人才培养模式[1]。加强学生在校内外实践基地的专业能力和专业技能的训练，开设软件开发与网络工程创新实验班，创建“两个一工程”和创新工作室的创新实践，保证学生在软件开发实践基地、网络工程实践基地、软硬件销售实践基地、中职学校教育实习基地、IT 企业等校外实践基地有 1 学期以上的实践时间，提高学生的计算机应用能力和实践创新能力。

五、特色与成果

（一）以实践模式促进实践教学体系、内容和方法改革，提高应用型人才培养质量

我校计算机专业依托计算机教师科研和教学团队的科研教研优势，构建实践教学模式，建立新的实践教学体系。将教师的科研项目、科研成果、学科竞赛等融入实验和实践内容。建构任务驱动式、案例分析、开放式、探究式的教学方法。鼓励学生参与教师科研项目、创新工作室、“两个一工程”、学科竞赛，开展探究式与合作学习，使学生获得多项国家级和省级奖励。

“四位一体”的实践教学模式，在提高计算机专业应用型人才培养质量、深化教学改革发挥很大作用。近 6 年来学生获得 13 项国家级专业竞赛奖、15 项省级奖。如下表所示。

部分获奖学生名单

序号	姓名	项目类别	级别	等级	时间（年）
1	庞兴亮	全国 ITAT 教育就业技能大赛	国家级	二等奖	2007
2	梁财高	全国 ITAT 教育就业技能大赛	国家级	三等奖	2007
3	吴朝鑫	“蓝桥杯”全国软件专业人才设计与创业大赛总决赛	国家级	三等奖	2012
4	陈武等	2010 年全国大学生网络技术大赛决赛	国家级	团体优胜奖	2010
5	韦承北	2011 年全国大学生网络技术大赛决赛	国家级	团体优胜奖	2011
6	韦晓	第三届广西高校计算机应用大赛	省级	一等奖	2008

续 表

序号	姓名	项目类别	级别	等级	时间（年）
7	陈媚	2011年“国信蓝点杯”全国软件专业人才设计与开发大赛广西赛区	省级	一等奖	2011
8	吴晓	2012年“蓝桥杯”全国软件专业人才设计与创业大赛广西赛区	省级	一等奖	2012
9	李兴发	2012年“蓝桥杯”全国软件专业人才设计与创业大赛广西赛区	省级	一等奖	2012
10	吴朝鑫	2012年“蓝桥杯”全国软件专业人才设计与创业大赛广西赛区	省级	一等奖	2012

（二）本成果跨学科、专业开设实验课程范围广、学生受益面大

本成果面向广西师范学院计算机与信息工程学院、物理与电子工程学院、师园学院计算机科学与技术、软件工程、信息管理与信息系统、通信工程、教育技术学，开设有“面向对象程序设计”“数据库设计与开发”“软件案例分析与开发”“网站设计与开发”等富有特色的专业实验课程共计20多门；面向学校汉语言文学、新闻传播、英语、体育、艺术、应用电子技术、化学、高分子、地理、应用电子技术等30多个专业开设有“计算机应用基础”“网页制作”“Visual Basic程序设计”“多媒体设计与制作”等校内外公共选修实验课程共计8门；面向我校继续教育学院开设计算机基础培训课程、函授生计算机实验课程，教学效果显著，受到师生、校督导员的好评。

（三）本成果实验室建设示范作用大，辐射广，社会反响好，有普遍推广价值

2007年建立的“科学计算与智能信息处理实验室”被评为广西高校重点实验室，以该实验室为依托的计算机教师科研团队被评为广西高校人才。实验室有成效的建设，接待了区内外几十所高校领导、专家和同行的访问和交流，起到了较大的示范作用。

为广西IT企业、中职学校、中小学培养了2000多计算机软件开发、多媒体和网络课件开发人才、信息技术教师。培养质量高，辐射广，社会反响好，具有普遍推广价值。

参考文献：

［1］徐福荫，黄慕雄，张学波，等．创建“三位一体”实践教学体系，促进教育技术学专业实践创新人才培养［J］．电化教育研究，2008（10）：39－42.

［2］李文敬，刘之家，闭应洲．应用型本科计算机专业实践教学体系的构建与实施［J］．计算机教育，2011（2）：26－31.

［3］闭应洲，陆建波，李文敬．计算机专业实践教学体系的问题与对策研究［J］．广西师范院学报，2010，27（3）：111－114.

［4］李文敬，廖伟志，李广原，等．提高学生计算机软件系统开发能力的实验方法［J］．广西科学院学报，2008，24（4）：374－379.

［5］李文敬，廖伟志，闭应洲．计算机程序设计课程实验教学质量标准的研究［J］．计算机教育，2009（15）：136－139.

应用型人才视野下大学生社会实践与专业结合探究

黄奔月

摘　要：大学生社会实践活动是高校教育教学的重要环节，也是培养应用型人才的重要途径和手段。社会实践活动的重要作用在于引导大学生适应社会需求，提高实践能力和社会竞争力，指导大学生迅速成长。加强高等教育的社会实践环节，将社会实践与专业特点相结合，引导大学生发挥专业优势，结合地方经济特色，出成绩，做贡献，促进专业知识的完善和能力的提高，是高等教育深化改革的重点和难点。

关键词：大学生；社会实践；专业知识

一、大学生社会实践与专业结合的必要性

（一）大学生社会实践与专业结合利于培养高素质人才

应用型人才的培养要求大学生实践能力强，专业特长突出。在知识结构上，应用型人才应以行业与职业需求为本位；在能力结构上，应用型人才应具备较强的分析和解决问题能力、较强的专业实践能力和创新创造能力[1]。而重视大学生实践动手能力的培养和提高、引导大学生发挥专业优势、提高社会实践的针对性和实效性，是培养应用型人才的前提和基础。通过开展与专业特点紧密结合的社会实践活动，培养大学生应用已经具备的专业知识来指导实践，让大学生对专业内容增加感性认识，完善知识结构，增强大学生的动手能力和应用能力，促进大学生知识的本质和深层次的原因，激发学生的学习兴趣。因此，应该根据应用型人才培养的特点，将社会实践与专业特

点相结合，培养高素质人才。

（二）大学生社会实践与专业结合利于提高教学质量

当前，高等教育进入大众化阶段。同时，高校的扩招也带来了不容忽视的问题：一方面，教学质量降低、教育经费投入不足、生源质量差异加大等；另一方面，培养应用型人才需要进一步提高教育教学质量，这是顺应时代发展的必然要求，也是增强高校竞争力、注重内涵发展的重要举措。在社会实践活动中融入专业特色，此举能够促进高校教育目的的实现。因为社会实践是高校大学生的第二课堂，是课堂教育的应用与延伸。将社会实践活动与专业特点相结合，能加强高校与社会的沟通合作，实现开放办学，有助于高校进一步发现学校教学问题，观察学生在活动中的专业要求和实践动手能力与社会需求间存在的差距，从而改善教学方法，优化教学理念，实现教学与市场需求的衔接。

（三）社会实践与专业结合利于促进大学生的就业创业

随着高校毕业生人数的增长，就业难的现象也日趋严重。出现就业难的一个原因，就是由于大学生所学知识与社会实际脱钩。为了缓解就业难的现象，近年来各高校和各地政府纷纷出台了一系列政策支持大学生尤其是毕业生自主创业，但与此同时，社会也对大学生的综合素质能力提出了更高的要求。因此，高校在培养应用型人才时，要以满足社会需求为目标，以社会实践为切入口，开展与专业特点相结合的社会实践活动。在实践活动中引导学生树立奋斗目标，做好职业生涯规划，帮助学生挖掘自身优势，提高实践能力和社会竞争力。

二、大学生社会实践与专业结合的现状与问题

（一）思想认识不到位

受应试教育的影响，高校对社会实践的认识不够全面深刻。大部分高校认为社会实践是共青团的常规工作，是思想政治教育的工作范畴，是教学计

划外的补充形式，因此在人才培养方案和规划上并没有将社会实践纳入其中，尤其没有将社会实践与专业特点结合形成高质高效的社会实践人才培养体系[2]。此外，大学生对社会实践的理解不够深刻，参与度不高。普遍认为社会实践就是支教扫盲、文艺演出、体力劳动等简单工作，缺乏多样性和针对性，因此学生在总结社会实践工作时，总是局限在感性认识上，不仅流于形式将其作为简单作业应付了事，甚至认为社会实践是对时间和精力的浪费，不能学以致用，缺乏服务社会的能力。

（二）缺乏专业指导

学生在参与社会实践活动过程中缺乏专业指导。近年来的大学生社会实践活动虽然发展迅速，但具体活动主要是校团委负责发动，各二级学院分团委书记或辅导员组织落实，缺少专业教师的指导，导致大部分的实践活动选题较为单一，范围狭窄，主要是“三下乡”、志愿服务、勤工助学等与专业关系不够紧密的活动内容，不能指导学生对活动进行深入细致地考察和调研，无法很好地服务体现社会实践的价值；在实践过程中遇到的专业性问题，又由于专业教师的缺乏而无法从专业角度对其进行指导和解决，导致活动的有效性和针对性严重降低。从实际运行情况来看，高校没有从思想上真正重视社会实践，缺乏专门的指导机构对社会实践加以专业指导，仅是把社会实践看作是教学计划外的补充形式，没有将社会实践列入教学计划之内的实践指导内容中，脱离了专业背景，使其被定位为大学生的思想道德教育，限制了社会实践活动的创新性、专业性和连贯性。

（三）社会实践运行机制不健全

社会实践是高校教育教学的关键环节，是培养应用型人才的重要手段。社会实践活动作为一项系统性工程，具体操作过程中应该做到由社会、高校和学生共同协作完成，一旦缺少其中一方面，将影响社会实践和培育社会合格人才。当前，由于社会保障体系的不健全导致社会实践活动不能有效地开展。大部分高校重视理论教育忽视实践指导，不仅缺乏校外的社会实践基地，而且没有形成长期合作的专业实践基地，无法满足大多数学生的实践需求，学生的实践动手能力较为薄弱，不能加强学生专业技能的培养。此外，高校社会实践运行机制的不健全，也体现在社会实践活动的组织力量较为薄弱。当前的高校社会实践活动主要是由校团委牵头组织，实践活动社会参与面少，教育行政部门没有为大学生社会实践活动提供必要的政策和资金支持，全社会对学生的社会实践活动缺乏关注和宣传，很多社会机构更多的是把接收大学生作为一种政治任务完成，甚至认为接收大学生进行社会实践是一种工作负担，影响工作效率。社会实践运行机制的不完善，严重制约了学生实践活动的深层次发展。

三、大学生社会实践与专业结合的有效途径

（一）形成国家、社会、学校协同育人机制

为了确保社会实践育人目标的顺利实现，必须创新社会实践制度，构建国家、社会、学校协同育人机制，形成政府重视、社会支持、学校组织、学生参与的社会实践育人模式[3]。在国家层面上，政府要为社会实践提供必要的政策、法律和资金支持。一是对于接收社会实践的单位要进行相关的政策激励和优惠，引导全社会关注和支持大学生社会实践活动；二是制定相关的法律法规对社会实践活动进行分类登记和管理，保障学生在参与社会实践过程中的合法权益；三是对于与专业特点结合的社会实践活动，要给予更大力度的资金支持，引导社会实践活动向专业化发展。在社会层面上，企业、社区和乡村要形成共识，创造有利条件为学生社会实践活动提供平台支持。在学校层面上，高校应重视社会实践在培养应用型人才上的重要性，建立完善的社会实践工作运行体系。一方面，把社会实践列入人才培养方案和规划中，把社会实践作为公共选修课程的学分计算，通过学分考核的方式确保社会实践的质量；另一方面，建立社会实践指导教师激励机制，鼓励专业教师指导大学生社会实践。

（二）建立稳定的社会实践基地

建立稳定的社会实践基地，是高校大学生社会实践与专业特点结合的有效载体。高校对社会实践要加大支持力度，借助社会资源积极为学生建立稳

定的社会实践基地，确保社会实践活动能够持久深入地开展，以广西师范学院物流管理专业为例，该专业以现代物流业急需人才为导向，结合学院发展目标和专业建设发展规划，积极开展实践教学建设，与钦州港口集团有限公司等港口合作，共建港口物流和现代物流技术与装备实训实习基地，增强学生对港口物流、搬运装卸设备以及条码与自动化立体仓储的认识，全面提高人才培养质量、技术服务水平、社会培训能力。与广西凭祥物流园等管理先进的大型物流园区合作，共建学生实践教学基地，增强学生对物流企业的实际运作流程、软件信息系统、公路客运、货运、危险品运输、零担运输、报关货代等实际操作的能力，培养理论与应用相结合的物流人才，把基地建设成为区域领先的物流人才培养、培训基地。

（三）创新社会实践形式

高质量的社会实践活动能有效激发学生的创新思维，提高学生的专业能力，有助于培养适应社会需求的高素质人才，促进经济社会的发展。大学生在社会实践活动中与专业结合，创新社会实践形式，可以有效发挥高校服务社会的功能。

结合专业特点策划实践活动。以广西师范学院物流管理与工程学院为例，一是该学院结合学生所学的物流管理专业，成立校园第三方快递代理服务站，为各快递公司开展校园快件派送服务，利用课余时间为学校的大部分学生进行快递收发，提高了学生在物件管理、储存保管、拣货分拣的能力。二是该学院结合专业特点策划“三下乡”活动。根据物流管理专业的特色和国家大力发展电子商务的政策要求，为村民普及电子商务知识，指导村民通过电子商务平台拓宽农产品销售渠道，使村民享受时代发展的美好产物。

结合专业举办学科竞赛。例如笔者所在学院依托专业教研室力量，开拓学生第二课堂。为提高学生的实践动手能力，以专业知识为基点举办的大学生创业设计暨沙盘模拟经营大赛、教师技能大赛和物流规划大赛、电子商务规划大赛等学科赛事。学科竞赛的成功举办，学生技能有了提高的平台，打通了应用型人才发展渠道，为学生的多元发展提供保障。反过来也弥补了教学技能中实践环节的缺失，开创了一种“教学与竞赛互动，学生与教师相长”的新局面。

参考文献：

［1］吴中江，黄成亮．应用型人才内涵及应用型本科人才培养［J］．高等工程教育研究，2014（2）．

［2］黄阿火．新时期大学生社会实践活动的再思考［J］．湖南医科大学学报（社会科学版），2010（1）：168－170.

［3］殷世东．普通高中社会实践教育常态化开展探索［J］．现代教育科学（普教研究），2008（4）：85－87.

物流管理专业学生职业价值观教育研究[①]

——以广西师范学院为例

谢　珊

摘　要：物流产业的发展壮大对物流人才提出了较高的要求和需求，作为高校，如何培养适应产业需求和社会需要的物流管理高级人才，如何引导物流人才对口就业迫在眉睫。近年来物流管理专业学生的就业方向和就业问题提醒我们必须重视学生职业价值观教育，通过教育和引导，培养适应物流产业需要的高级人才，引导学生对口就业，促进我国物流产业的进一步发展。

关键词：物流管理；学生；职业价值观；教育

如何培养适应地方经济发展和社会需要的人才，一直是高校研究和努力的方向。特别是高等教育改革方案出台后，各高校更是注重专业与产业的对接。物流管理专业是一个新兴的专业，紧随国家加快物流产业发展的脚步，高校也应注重物流管理专业学生的引导教育，改革人才培养方案，加强学生职业价值观教育，促进物流管理专业毕业生对口就业。

一、“物流热”与物流专业学生对口就业难的供需矛盾

我国的现代物流已经进入快速增长、全面发展的新时期。目前，物流专业人才已被列为我国12类紧缺人才之一。根据国家《十二五规划纲要》，物

① 基金项目：“本科教学工程”地方高校第一批本科专业综合改革试点项目广西师范学院物流管理专业，项目编号：ZG0429。

流产业将迎来新的重要发展机遇。根据专家预测分析，“十二五”期间物流人才缺口以高学历人才（本科层次以上的人才）为主，本科层次物流人才在“十二五”的前三年均达到27000人以上。但现实当中，物流专业学生毕业后对口从事物流相关工作的学生并不多。以广西师范学院物流管理专业应届本科毕业生就业情况为例，2014届、2015届毕业生对口就业仅占毕业生人数的17.27%和13.91%。为什么在“物流热”、物流产业巨大的缺口的背景下，物流专业学生对口就业的情况却不容乐观，两者之间存在着供需矛盾呢？究其原因，既有我国物流产业现状的影响，也有学生自身的原因。

（一）我国物流产业的发展现状

2010年2月，物流业被列入“国家十大产业振兴规划”。但我国的物流业面临着基础设施不完善，管理技术水平较落后等问题，使得物流管理专业毕业生毕业后不愿或很少从事物流行业。

1. 东西部区域发展不平衡问题

虽然西部地区也在加快物流产业的发展和建设，但总体来说西部地区比东部发达地区物流业发展水平相对落后、缓慢，很多物流企业管理仍处在原始人力状态，这多少打击了毕业生从事物流相关工作的积极性。

2. 物流管理制度仍未完善

我国物流业目前管理还不够规范，无统一主管部门进行协调和管理，造成物流成本高居不下，物流企业效益降低，物流从业人员工资待遇与劳动付出不对等。这也使得愿意从事物流业的毕业生人数减少。

（二）物流管理专业毕业生存在的问题

刚毕业的物流管理专业的毕业生存在专业理论知识不扎实，实践动手能力较弱，吃苦耐劳精神不强，创新能力不足，对职业期望值较高等缺点。这些缺点有学生自身的原因，也有学校教育的原因。

1. 学校的原因

（1）从高校培养的角度看，高校存在师资力量薄弱、重理论轻实践等问题。高校物流专业教师多是从经济学相关专业转型到物流管理专业的，“半路出家”导致教师本身的知识储备不是很丰富，绝大部分教师缺乏物流实践经验和实际物流管理能力。因此他们在培养学生时多是理论讲授，缺乏物流规划与管理的实际案例，物流实践操作培训更是少之又少。同时，高校培养没有重视物流实习实践教学基地的建立和合作，仅靠学生毕业前一个月的短期专业实习实践很难让学生系统掌握物流管理规律和工作经验。

（2）此外，学校的职业生涯规划指导也有待加强。职业生涯规划指导仅对学生就业求职、应试技巧等方面重点指导，忽视了对学生职业认知、职业能力、职业道德和职业理想等内涵的教育引导。这使得很多学生毕业后职业目标不明确，存在着只重薪酬、盲目择业的心态，对职业前景迷茫。

2. 学生自身原因

（1）学生就业期待与自身能力的矛盾。我国物流企业最缺乏懂得物流实际操作的人员，了解物流行业现状及业内基本情况，有物流行业工作经验的高级专业人员。而多数高校培养的物流专业的学生缺乏在企业的实践技能，有些毕业生渴望涉足很多领域，学习很多知识，但博而不专，虽然表面看起来什么都懂，其实内部很虚弱，每一项能力都没有很强的竞争力，外强中干，结果一事无成。使得物流专业的学生在就业时面临种种困难。

（2）双向选择就业模式下学生的职业责任奉献意识减弱。随着社会发展进步，大学生个人价值观受到社会环境的影响，他们将个人发展、薪酬作为择业的主要目标，就业时有“一步到位”的思想，带有明显的功利性色彩。而进入物流企业工作往往是从基层干起，做一些类似底层的苦力工作，这让缺乏职业责任感和奉献意识的大学生没有办法接受。

二、构建物流管理专业学生职业价值观教育的体系

要让物流管理专业毕业生专业对口就业，笔者认为最主要的是要加强学生的职业价值观教育，使其加深对物流管理职业认知，培养其社会责任感，促使其做好职业生涯规划，为物流产业发展贡献力量。东北师范大学薛利锋认为，大学生职业价值观教育应“着力构建‘知’‘情’‘意’‘行’为主线的内容体系。”笔者认为这一体系也适用于物流管理专业学生的价值观教育上。

（一）以“知”为基础，开展物流管理职业认知和职业技能教育

认知影响行为。对物流职业价值的认识、理解和评价，以及在此基础上形成的物流管理职业能力，是对物流管理专业大学生职业价值观教育的基础。只有对物流行业的发展情况、物流行业的发展规律有充分认知，才能使毕业生做出职业选择的决定。同时，学校应根据现代物流产业发展的需求开展对应的物流职业技能教育，使毕业生能够适应产业发展的需要，工作后能较快适应岗位要求。

（二）以“情”为动因，开展社会责任感教育

加强学生社会责任感的培养，对其形成积极的职业价值观具有激励和调节的作用。培育和践行社会主义核心价值观，让大学生自觉把自身成才和祖国的繁荣昌盛联系在一起，热爱自己的职业，为实现“中国梦”发挥个人价值。使学生养成“祖国繁荣我有责，产业发展我贡献”的社会责任感。

（三）以“意”为重点，开展职业理想与职业道德教育

“意”是大学生践行职业行为所做的自觉努力。学校应进行学生职业理想和职业道德培养，鼓励学生确立职业奋斗目标，更新就业观念，培养事业心，在职业选择上正确处理个人地位、待遇与乐于奉献的关系，形成良好的物流职业道德意识和物流职业行为规范。

（四）以“行”为关键，开展职业规划与职业体验教育

职业价值意识最终通过职业实践体验行为成为稳定的价值观念。因此，学校应建立物流实习见习基地，使学生通过实际职业岗位的锻炼实践，巩固职业认知，培养职业情感，做好符合职业发展需要和个人发展的职业生涯规划，形成稳定的职业价值观念。

三、加强物流管理专业学生职业价值观教育的对策探索

随着国家“一带一路”战略的提出与实施，我国物流产业将飞速发展。

如何进行物流管理专业学生培养改革以适应地方经济需求一直是广西师范学院物流管理专业教师努力探索的方向。广西师范学院物流管理专业已招生培养超过10年，2013年获教育部地方高校"本科教学工程"第一批本科专业综合改革试点立项。近年来，广西师范学院在物流管理专业人才培养、产业对接、就业促进等方面做了积极探索，也积累了一定的实践经验。在加强学生职业价值观教育方面，笔者认为应从专业教育、实践巩固、分类指导、价值实现等方面加强教育与引导。

（一）加强理论，增强自信

理论知识是实践的基础，学生必须掌握扎实广泛的理论知识。在培养模式、讲授内容、师资队伍等方面均要进行改革，形成合力。

1. 依托专业建设平台，构建四位一体应用型人才培养模式

多年来，广西师范学院物流管理专业坚持走特色专业建设道路，2011年获得了广西高校特色专业及课程一体化建设项目区级建设平台，2013年获得教育部地方高校"本科教学工程"第一批本科专业综合改革试点立项；国家级的广西师范学院——钦州港口集团物流管理实践教育基地等建设项目。精心构建了以理论教学、案例教学、模拟实验、专业实习相结合的"理论教学—案例教学—模拟实验—专业实习实训"四位一体应用型人才培养模式，并取得了良好的人才培养成效。

2. 成立教学指导委员会，培育特色课程群

根据《国家中长期教育改革和发展规划纲要（2012—2020）》和《广西壮族自治区人民政府关于深化高等教育综合改革的意见》（桂政发〔2015〕6号）等文件精神，广西师范学院与广西发改委、广西工信委、广西物流与采购联合会、田阳商业局、南宁职业技术学院、南宁市第一职业技术学校、南宁市第六职业技术学校、钦州港口集团有限公司、广西万通国际物流有限公司、南宁云鸥物流有限责任公司等建立了物流学科"政产学研"教学指导委员会，构建协同培训人才新模式，在人才培养方案、教学计划制订、教材的编写与选用、实习实训基地的建立等方面协同制订和实施。

此外，广西师范学院依托与广西物流行业龙头企业钦州港口集团有限公司共建国家级的物流实践基地，构建具有广西北部湾经济区区域特色的四层次课程体系和以港口物流系统规划、设计、管理以及物联网环境下现代企业物流信息系统开发两个特色课程群，为加强学生理论知识奠定了良好的基础。

3. 加强师资队伍培养，提高教师教育教学水平

委派青年教师到企业挂职锻炼，不断提高青年教师的教学实践指导能力。通过教师在企业的学习，了解企业需求，积累经验，改进教学思路，促进应用型人才培养。同时，教师到企业也可以促进企业创新工作理念，培养企业文化，提高核心竞争力和经济效益。

通过人才培养模式改革、教学指导委员会合作、培育特色课程群、师资队伍挂职锻炼等方式，促进学生理论知识掌握，增强学生从事物流相关工作的自信心。

（二）因材施教，分类规划

教育要尊重学生的需要，物流管理专业本科毕业生也不一定只有到企业公司就业一种选择。因此，广西师范学院在学生培养过程中，按照学生的未来就业意向对学生进行因材施教，分类培养。对未来就业意向是到企业公司工作的学生加大实习实践力度，促使其充分了解、掌握物流企业发展动态和人才需求；对于未来就业意向是到高职院校从事物流专业教学的学生，重点提高其教师教学技能以及班级管理能力；对于未来就业意向是考研升学的学生，安排指导老师对其加强物流专业理论研究的引导。分类指导既尊重了学生的个人选择，同时也让高校在进行学生培养时更有针对性和实效性。

（三）注重实践，迎合产业

高校应积极在企业建立教学实习基地，拓宽学生实习实训的渠道，并把短期实习变为大学四年分层次多次实习。大一以参观体验为主，大二以广泛了解为主，大三以问题导向为主，大四以全面实践为主，通过递进式实习促使学生培养职业感情，激发职业责任感。广西师范学院积极探索创建实习基地，分别与钦州港口集团有限公司、广西万通国际物流有限公司、广西凭祥物流园、中海物流（深圳）有限公司等 15 家企业，以及南宁市第一职业技术学校、南宁市第六职业技术学校、广西理工职业学校、广西交通职业技术学校建立校外友好合作关系，成立了校外实践教学基地。其中，与钦州港口集团有限公司的共建基地为国家级共建基地，为物流专业学生提供了更多的实践基地和实验平台。增强学生对物流企业的实际运作流程、软件信息系统、公路客运、货运、危险品运输、零担运输、报关货代等实际操作的能力，培养理论与应用相结合的物流人才。

此外，高校还应广泛开展促进学生职业能力培养的校园文化活动，组织各种职业能力竞赛活动，形成为物流人才培养发挥积极作用的第二课堂，促进培养目标的实现。

（四）转变观念，实现价值

通过就业指导、课程讲授、实践体验、企业分享等多种途径，引导学生树立职业自信，明确职业理想，树立正确的职业价值观。加强大学生社会主义核心价值观培育，增强爱岗敬业的责任感和使命感，坚定社会主义信念，树立为中国特色社会主义事业而奋斗的职业理想，引导大学生树立艰苦奋斗、创业开拓的精神，将个人追求与社会需要有机结合起来，最终实现个人价值。

参考文献：

［1］薛利锋．试论大学生职业价值观教育体系的基本结构［J］．思想政治工作研究，2012（12）．

［2］大学生职业价值观教育中的思想政治教育研究——以对云南高校学生职业价值观的调查为例［J］．安徽警官职业学院学报，2015（2）．

［3］任颖洁．“十二五”期间物流专业就业前景预测及对策研究［J］．物流技术，2014（13）．

［4］袁佳雨，沈寒晨，王成．关于物流管理专业就业前景调查与研究［J］．现代物业·现代经济，2015（3）．

计算机本科应用型人才的专业能力培养研究与实践

李文敬　刘之家　闭应洲

摘　要：本文介绍计算机本科专业学生就业和专业能力现状，分析了学生专业能力存在不足和我校计算机本科专业培养的人才类型。提出了计算机本科应用型人才应具备的专业能力以及培养这些专业能力的方法和途径。实践结果表明，计算机本科专业学生的专业能力得到了提高，所运用的培养方法和途径是可行有效的。

关键词：计算机本科；应用型人才；专业能力；培养方法；实践结果

如今的高等教育已经从原来的精英教育转变成大众教育，大部分地方性高等院校都将自己定位在培养合格的本科应用型人才，以适用社会经济发展的需要。但是，计算机科学与技术专业作为多年来的热门专业，在人才的供需上，一方面，公司、企业招不到需要的计算机人才；另一方面，却出现计算机专业的毕业生就业困难的局面。产生相互矛盾的原因在于学校不了解公司、企业相应岗位对计算机人才的专业素质、知识结构、专业能力的要求，对学生的培养脱离实际需要。因此，我们对计算机专业应用型人才的专业能力构建与培养进行研究，具有现实和重要的意义。

一、计算机本科专业学生就业情况分析

根据多年我校计算机本科专业毕业生就业情况统计分析，约10%的学生被聘用于软件开发企业，从事软件系统的设计开发，30%的学生到中学、职业中学或培训机构从事计算机教学工作，25%进入机关、事业、企业单位从事系统

管理和网络管理工作，15%左右的学生到计算机软硬软件销售公司从事营销工作，10%左右的学生从事行业CAD、文字处理、平面图像处理工作，5%左右学生考上研究生，继续深造，5%左右学生从事与本专业无关的行业。从学生的就业情况来看，绝大部分还是从事与自己专业有关的职业，将他们从事的工作归纳分类，对专业方向性要求分布如下：对软件系统设计开发方向要求较高的学生约40%，包括10%到软件公司和30%从事教学与培训工作的学生；对网络管理、行业软件系统的应用方向要求较高的约35%，包括25%左右进入机关、企事业单位的学生和10%左右从事行业软件应用的学生；对计算机组装与网络组网方向要求较高的约15%，主要是进入软硬件销售公司的学生。几年来，虽然我校的计算机本科专业毕业基本能够顺利地就业了，但是，学生寻找工作的过程却包含着多少艰辛和憾惜。专业能力强的学生，不用费多少力气就找到自己满意的工作单位。但是，专业能力差，尤其是操作动手能力差的学生，就业就非常困难，不管是学校推荐还是自己投出去的简历很少得到用人单位的回应，有些学生因此错过了很好的单位。现在的用人单位都非常注重对毕业生专业能力和专业技能的考核，有些单位还要求学生有一定的实践经历。这些都说明，培养好计算机本科专业学生的专业能力和专业技能是多么的重要。

二、计算机本科专业学生专业能力存在的不足

多年来，从学生的毕业实习、毕业设计，就业应聘、用人单位对毕业学生的考核以及反馈的情况来看，学生较好地掌握了专业的基本理论和基础知识，理论基础比较好；具备基本的计算机操作技能、编程方法、网页制作、数据库建立等专业能力，有一些同学还能较熟练地掌握了软件系统的设计与开发，有些掌握了网页制作与网站建设、网络组网等技术。但是，学生的专业能力和技能方面还存在如下几点不足。

（1）计算机基本操作能力还不高，操作技能不够熟练。计算机基本操作主要包括Office办公软件以及常用工具软件的使用、计算机组装与维护、网络布线、局域网服务器的安装与管理、应用软件的使用等。计算机本科专业的学生对办公软件及常用工具软件的使用不够重视，有些学生并不能够熟练地使用，而有些用人单位在聘用计算机管理人才岗位时，却注重考

核办公软件的使用；计算机软硬件销售公司是很多计算机专业毕业生比较向往的地方，它既有较高的待遇，又可以为自己创业打基础。但是，这些公司要求毕业生能够较为熟练地掌握计算机的组装、维护、网络布线以及局域网的组网以及应用软件的销售工作。而我们有些学生在考核时，不能熟练地组装计算机或组网，个别学生网线头都做不好，常用软件系统操作不熟练等。所以，熟练掌握计算机基本操作是计算机本科专业学生的一种基本功，只要具备了计算机基本操作能力，就会在就业市场的激烈竞争中争得一席之地。

（2）算法设计与分析能力较低，对常用的算法掌握不多，对较复杂的算法不能独立解决。算法设计与算法分析是计算机本科专业学生编程的基础，是使用计算机解决实际问题的第一步，只有算法设计与分析正确了，编写出来的程序才会得到正确的结果。但是，从教师的教学以及学生的学习，都没有得到很好的重视。学生在“数据结构”课程中得到了算法设计与分析的学习与训练，但是，教师对该课程的算法实现及应用方面介绍得不够，学生虽然掌握了一些常用的算法，但对较为复杂的算法设计与实现却不能独立解决。在程序设计课程中，教师对算法分析与设计讲解得不够，偏重于程序语言语句的解读，忽视了算法的分析。学生在学习过程中，对算法设计与分析相关课程重视不够，仅满足于教材简单课程的编程实现，而意识不到对解决实际问题中算法设计与分析的重要性，对实际问题的抽象、模型的建立、形式化过程没有得到很好的训练。所以，学生的算法设计与分析能力较低，这也是学生编程能力不高的原因之一。

（3）编程能力偏低，读程与算法的实现能力明显不足。由于学生的算法设计与分析能力普遍不高，编程能力偏低，这是原因之一。此外，学生阅读程序量少，常用算法的描述程序掌握不多，是编程能力低的原因之二。有些学生只能读懂简单的程序，有些简单的程序都读不懂，不懂程序运行的结果，也不懂程序实现的功能。编程与写作一样，阅读量大，写作才会熟能生巧，才可能写出好的文章，程序阅读少了，要编写出好的程序也是不太可能的。编程能力低的原因之三：学生在校期间，编写的程序代码太少，有些编写的代码总数没有超过 5000 行。但是，作为最基本的要求，至少应该达到 20000 行，最好能达到 40000 行以上的程序量[1]。所以，对于简单的顺序代码或包含简单的循环还可以编程实现，但包含双重循环以上或是递归、迭代等较为复杂的程序就感到比较困难，突显编程能力不足。

（4）系统设计与开发能力与社会需求相差较大，不能满足用人单位的要求。软件系统设计与开发相关的课程：数据库原理及应用、高级语言程序设计、面向对象语言程序设计等系统开发工具、软件工程、UML统一建模语言；网站建设相关的课程：计算机网络、网页制作、Windows网站建设与管理、网络编程、网络数据库编程等都开设了，但是，学生的软件系统设计与开发能力却不高，不能满足用人单位的要求。有些学生仅停留在模仿教材的例子上：有些会做系统的前台界面，却没有做好后台数据库部分，有些做了前台的框架，功能子程序却连不上后台的数据库。总体的印象是软件系统综合设计开发能力较低，原因主要包括：各独立课程开设了，但综合这些课程的实验实训课程、案例分析课程没有开设，造成学生只有独立的知识能力，没有综合设计能力；学生只注重单门课程或单个技术的学习，综合运行多项技术解决实际问题的能力不足。

三、计算机本科专业培养的人才类型

《高等学校计算机科学与技术专业发展战略研究报告暨专业规范（试行）》将计算机科学与技术本科专业培养的人才划分为科学型、工程型、应用型三种类型，并分别由四个不同的专业方向来培养：计算机科学专业方向培养科学型人才、计算机工程专业方向和软件工程专业方向培养工程型人才、信息技术专业方向培养应用型人才[2]。但是，我校作为一所地方性本科院校，招生人数、师资以及学校所处区域经济发展和IT行业发展水平较低等实际情况，不可按四个专业方向来设置，培养三种类型的计算机专业人才。我们只能根据学校所处的区域经济发展及各行业对计算机本科人才的需求情况来培养计算机人才，并结合上述学生就业情况统计分析，我们学校计算机本科专业主要培养的计算机人才应该是包括软件工程型人才和应用型人才两种类型，也可以说是培养偏向软件开发的计算机本科应用型人才。所以，我们培养的计算机本科应用型人才并非单纯指由信息技术专业方向培养的应用型人才，还应该包括软件工程专业方向培养的软件工程型人才。为此，我们所指的计算机本科应用型人才，是综合了这两个专业方向的培养目标、人才培养规格以及教学计划设置来进行培养的；我们讨论和研究的计算机本科应用型人才的专业能力也是包括了软件工程型人才和应用型人才应具备的能力。

四、计算机本科应用型人才的专业能力

根据软件工程型与应用型人才培养规格以及信息社会对计算机人才的要求，我们制定的计算机本科应用型人才培养规格，并结合人才培养规格，提出了计算机本科应用型人才应该具备的专业能力。

计算机本科应用型人才的人才培养规格为：①树立科学的世界观、人生观和价值观；具有责任心和社会责任感；具有法律意识，注重职业道德修养；具有诚信意识和团队精神；具有良好的心理和身体素质；②具有良好的文字和口头表达能力、交流与沟通、协调、应变和创新能力；③掌握文献检索、资料查询、运用现代信息技术获取信息的基本方法，具有初步的科学研究能力和实际工作能力；④具有广泛的自然科学知识及比较扎实的数理基础，具备较强的英语实际运用能力；⑤具有较强的编程能力和数据库应用能力；⑥初步具有大中型软件系统的设计和开发能力，以及较强的学习掌握和适应新的软件开发工具的能力；⑦有较强的组网能力、网络编程、设计与开发、维护与管理能力。

上述计算机本科应用型人才培养规格包含了人才的素质要求、知识结构要求和能力要求。其中，规格中的第一、二条是对计算机应用型人才的素质要求；第三、四条是对人才的知识结构要求；第五、六、七条是对人才的能力要求。对这些人才能力要求进行归纳整理，得出计算机本科应用型人才的专业能力包括计算思维能力、基本操作能力、算法分析与编程能力、系统综合开发能力四个方面[3]。

要培养学生具有计算机本科应用型人才的专业能力，我们综合软件工程专业方向和信息技术专业方向的培养目标、人才培养规格、课程结构体系，制订了我校计算机科学与技术专业的人才培养方案、教学计划和课程教学体系，并从多方面提出培养计算机应用型人才的方法和途径，以保证计算机本科专业应用型人才培养目标的实现。

五、计算机应用型人才专业能力的培养与成效

应用型人才专业能力的培养，必须通过专业教学计划的制订，课程教学结构体系、教学内容、理论教学与实践教学的改革以及科学的实施方案才能够实现。为此，我校计算机本科专业应用型人才专业能力的培养，主要通过以下几种方法和途径来开展。

（一）课程体系结构改革

通过对计算机本科专业的课程体系进行改革，使适应计算机应用型人才的培养。计算机本科专业的课程体系原来只设置了两大类课程，一类是公共必修课程，另一类是专业课程；主要培养学生的算法分析与编程能力。但是，随着信息技术和社会经济的高速发展，信息社会对计算机人才的需求发生了新的变化，对计算机本科人才的专业能力要求也不断提高。从原来对算法分析与编程能力的要求发展成对基本操作能力、算法分析与编程能力、系统综合开发能力的要求。所以，我们从培养计算机本科应用型人才的专业能力出发，对计算机本科专业的课程体系结构进行改革，将课程体系设置成五个模块，分别是“公共必修课程”模块、“公共选修课程”模块、“专业必修课程”模块、“专业选修课程”模块和“实验与实践课程”模块。其中，公共必修课程主要为培养学生的世界观、价值观和计算思维等能力服务；公共选修模块课程主要培养学生的人文与艺术、教育与心理学、教学技能等方面的修养与能力，为学生毕业后从事教师工作服务；专业必修课模块主要培养学生的专业基础知识、基本原理、算法分析与编程、系统设计的基本方法和能力；专业选修模块又设置“软件开发与软件外包装方向”“网络技术方向”“多媒体技术方向”“嵌入式系统方向”4 个不同的专业方向，让学生根据自己不同的兴趣爱好和不同就业意向选择不同的方向课程，培养学生基本操作能力、编程能力、系统综合开发能力；实践类模块课程包括课程实验、课程设计、综合设计、系统开发实训、专业实习、毕业设计等课程，主要培养学生办公软件使用、计算机组装与维护、网络布线、组网等基本操作能力，算法设计与编程能力、系统综合开发能力。

除了对课程体系结构进行改革之外，我们还对课程教学体系中，理论课程与实践课程的课时量（学分）进行修改，把理论课程与实践类课程的比从原来的67∶23调整为49∶41，将实践课程的学分提高到与理论课程接近1∶1的程度，并根据学生的实际情况和社会需求，加强了实践类课程的教学与训练，增加了基本操作类课程、案例教学与综合开发实训等课程，使学生能够熟练掌握计算机的专业技能和操作技能，提高学生的实践动手能力和软件系统开发能力。

通过课程及教学内容的改革，培养学生的编程能力和团队合作精神。主干课程除了适当更新教学内容以外，主要在于增加选修课程的数量，并根据目前流行的软件开发工具，从两个系列开设程序设计课程，一个系列是微软平台的开发工具，如C、C++、C#、ASP、.NET等开发语言，一个系列是以Java为基础的跨平台开发工具，如Java、JSP、J2EE等开发语言。改变了以往只注重开设微软平台开发工具的做法，学生通过选修某一系列的课程，以适应软件开发企业不同的需要。在教学内容上，只要求学生学深学透某一门开发语言或扩展同一个系列的升级课程，不要求学生学多而不精，造成时间和精力的浪费。增加了小组开发过程等团队协作课程，提高学生的团队合作精神。

（二）理论教学培养学生计算思维和算法设计分析能力

计算机应用型人才必须具备牢固扎实的专业基础知识和基本理论，掌握好本专业的基础课程和专业主干课程，形成较为完整的专业知识结构体系，构建基本的计算思维和算法分析能力，具备解决实际问题的专业思维、方式、方法和能力。

我们通过开设高等数学、离散数学、线性代数、概率论与数理统计等课程，培养学生的计算思维，使学生具备建立数学模型和解决实际问题所必备的数学知识和抽象逻辑思维能力。通过开设高级语言程序设计、数据结构、面向对象程序设计、算法设计与分析等课程，有针对性地培养学生掌握算法设计与分析的方法，使学生熟练掌握常用算法、掌握算法设计与分析的方法和步骤，并通过教学加大学生的读程和编程量，提高学生的读程和编程能力。通过开设数据库原理及应用、软件工程、信息系统设计与管理、网站设计、网页设计、网络编程、数据库编程、系统案例分析、小组软件工程等课程，加大学生综合系统设计开发，使学生掌握中小型软件系统的架构、算法分析和设计能力，掌握软件系统分析与设计的方式方法，提高学生综合系统编程能力。

（三）实践教学培养学生的专业能力和技能

（1）基本操作能力的培养。从多年计算机本科专业毕业生就业情况来看，计算机毕业生的就业行业面广、要求学生的专业能力层次多样。但是，最基本的就业要求，就是要求学生能够熟练掌握计算机的硬件和软件的基本操作。然而，我们培养的专业学生很多却达不到这样的要求。为此，通过开设计算机基本操作实践课程，培养学生熟练掌握办公软件的使用，使学生能够从事文员及简单的数据处理工作；熟练掌握计算机的组装与维护，使学生能够从事计算机硬件的安装和计算机系统的维护，适应计算机销售公司的需要；熟练掌握网络布线、局域网的组网、网页制作、网站建设与管理，使学生能够从事网络安装、建设与维护工作；熟练掌握某一行业的应用软件，使学生能够从事该行业的应用软件系统的使用、管理以及二次开发工作。如开设的Photoshop、Flash、AutoCAD、用友财务软件等课程，学生通过选修 Flash 课程，熟练掌握 Flash 动画的制作，就可以应聘于游戏制作企业、新闻广告公司、网络管理机构、学校的课件制作中心等单位。我们通过开展科技活动月等活动，开展汉字录入比赛、计算机组装比赛、网络布线与组网比赛，提高学生的计算机硬件和软件基本操作能力。

（2）算法分析与编程能力的培养。通过开设 C 语言程序设计课程实验，使用学生掌握基本的编程基础以及模块化的程序设计理念，学会基本的算法分析与设计；开设数据结构课程实验，使学生掌握解决实际问题中数据结构如何设计与存储，算法如何分析、设计与实现；开设数据原理及应用实验，使学生掌握数据库的建立及编程操作；开设面向对象语言实验，使学生掌握当今面向对象软件系统开发所使用的语言，学会建立面向对象软件系统的前台；开设网络编程和网络数据库编程实验，使学生掌握面向 Internet 的 C/S 模式或 B/S 模式应用软件系统的开发，尤其是使学生学会建立软件系统的前台与后面的连接与访问操作；开设软件工程实验，使学生掌握开发软件系统所需要经历的步骤以及每个阶段所要做的工作。我们还通过开设设计性和综合性的实验，课程设计等实践活动，训练学生的编程，要求学生编程量至少要达到20000行以上，以提高学生的编程能力。还通过组织学生参加系级的、校级的、省级的甚至国家级的程序设计大赛等形式，提高学生的算法分析和编程能力。

（3）系统综合开发能力的培养。开设面向对象课程设计，使学生能够使用面向对象语言设计一个比较完整的软件系统的界面及各模块功能程序；数据库课程设计，使学生能够根据解决问题建立软件系统的后台数据库；软件工程课程设计，使学生根据所建立的软件系统，编写完整的系统开发各阶段的分析与设计文档，并编程测试、运行；系统设计与开发综合实训，以软件系统案例的形式进行实训，使学生能够综合自己所学的语言、数据库等技术开发一个B/S软件系统，或建立一个网站；嵌入式系统课程设计，使学生掌握嵌入式系统的开发。学生通过实习和毕业设计等教学环节，培养学生综合运用专业知识和专业技术的能力，提高学生软件系统综合设计和开发能力。

（4）项目驱动的软件系统开发实践，培养学生的综合开发能力。从2005年开始，我们制订并实施“两个一工程”实施方案，即每个学生在毕业前学会开发“一个”软件系统、学会建立“一个”网站，开始了项目驱动的软件系统开发实践活动。为使活动得到顺利和有效执行，制订了“两个一工程”的管理条例与奖励措施，导师制实施方案、建立学生选导系统，建立学生实习实训基地等，为活动的顺利开展奠定基础。几年来，有2005级、2006级、2007级、2008级、2009级等多个年级共450多名学生、教师80多人次参与该项活动，开发了450多个功能比较完整的简单系统和网站，有一些学生开发的系统或网站还达到了比较高的水平。多年来，该方案得到了顺利和有效的执行，也取得较大的成效，切实提高了学生的综合系统开发能力。

多年来，我们通过对计算机本科专业的教学计划、课程教学体系结构、课程设置、课程教学内容、实践教学、教学方法与手段等多方面的改革，采用多种培养方法和途径，有效地提高了计算思维、计算机基本操作、算法分析与编程、系统综合设计开发等计算机本科应用型人才的专业能力。“两个一工程”活动实践表明，我们培养计算机本科专业应用型人才的专业能力方法和途径是可行而有效的。

六、结语

大多数 IT 企业选拔人才看重的是应聘者的实际操作能力和开拓能力，所需要的是计算机应用型的人才。而我们培养的毕业生中，虽然掌握了比较扎实的基础理论知识和简单的技能操作，但是还无法达到用人单位的要求。我们通过对信息社会对计算机应用型人才的需求以及学生专业能力现状进行分析，提出培养计算机本科应用型人才专业能力的一些方法，也取得了一定的成效。但是，信息技术的迅猛发展以及国家信息化工作的不断深入，需要动态跟踪 IT 企业对计算机应用型人才专业能力的要求，不断地改进和完善培养计算机本科应用型人才专业能力的方法，以适应市场对计算机应用型人才的需要。

参考文献：

［1］王志英，蒋宗礼，杨波，等．计算机科学与技术专业实践教学体系与规范研究［J］．中国大学教学，2009（2）：42－44.

［2］高等学校计算机科学与技术专业教学指导委员会．高等学校计算机科学与技术专业发展战略研究报告暨专业规范（试行）［M］．北京：高等教育出版社，2006：13－25.

［3］王志英．计算机科学与技术专业实践教学体系研究［J］．计算机教育，2008（3）：18－20.

计算机本科应用型人才培养的研究与实践

李文敬　廖伟志　陆建波

摘　要：本文对计算机人才需求和计算机本科应用型人才培养现状进行分析与研究，对改革计算机本科应用型人才的培养提出了一些具体的做法，并经过两年多的实践与探索，取得了一些经验和成效。

关键词：计算机本科；应用型人才；需求分析；培养现状；改革与实践

信息化关系经济、社会、文化、政治和国家安全的全局，已成为未来发展的战略制高点，信息化水平是衡量一个国家和地区的国际竞争力、现代化程度、综合国力和经济成长能力的重要标志。计算机技术、通信技术、网络技术的迅猛发展，为计算机、Internet 网络进入企业、机关、工厂、学校、社区等各个行业提供了技术条件，促进了我国各行业经济和信息化的全面发展，同时也带动了我国 IT 业自身的快速发展。我国加入 WTO 和进一步的对外开放，IT 行业在外资公司进入以及国内公司加紧扩大市场的激烈竞争中，不论是硬件企业还是软件企业都有了长足的进展，企业的规模不断壮大，计算机人才需求增长速度加快。

一、计算机人才的需求

随着我国社会经济的快速发展，在以下几个方面将产生对计算机人才的广泛需求。

（1）计算机的硬件生产、销售、维护与维修。

（2）各行业的快速发展对软件的巨大需求，经济全球化所带来的软件外包，都促进我国软件产业规模不断扩大。

（3）随着我国IT业的迅猛发展，产品的质量控制与质量管理正逐渐成为企业生存与发展的核心。从软件、硬件到系统集成，几乎每个大中型IT企业的产品在发布前都需要大量的质量控制、测试和文档工作，而这些工作必须依靠拥有娴熟技术的专业软件人才——软件测试工程师来完成。

（4）互联网正在改变我们的工作、生活、娱乐和学习方式，正以前所未有的速度渗透到人类生活的每一角落。人们通过互联网可以阅读、交流、购物和娱乐；政府办公提高效率要求电子化，波澜壮阔的中国电子政务潮流为IT业带来新的发展良机；企事业运营需要信息化和电算化，他们充分利用信息网络的优势，以提高核心竟争力，因而带来的电子商务、电子政务、企事业单位等网站的建设与管理，需要大量熟悉网络设计与开发技术的网络人才、网络存储管理人才和网络安全人才。

（5）互联网的娱乐带来了游戏产业的发展，目前游戏设计、开发与编程人才的缺乏，需要大量的网络游戏设计与开发人才。

（6）计算机的研究与教学、培训。这方面人才缺口较大，需求将持续旺盛，据教育部对计算机人才需求的预测，我国每年对计算机人才的需求将以100万左右的速度递增。

二、计算机本科应用型人才培养的现状

在过去几年里，计算机本科专业是社会最热门的专业之一，是不少优秀考生的首选，计算机本科专业的毕业生是“皇帝女儿不愁嫁”。但是，随着多年来高校对计算机专业的扩招与培养，计算机本科专业毕业生的就业已面临困难。虽然，这几年来，高校计算机专业的招生人数在不断减少，而计算机本科毕业生的就业困难并没有得到缓解。造成这一困难的原因，不是因为高校培养的计算机人才太多或质量太差，而是计算机本科人才的培养针对性不强，造成结构不合理，培养的计算机人才不适应社会需要。主要体现在以下几个方面。

一是在计算机本科人才培养过程中，较重理论，轻实践。这可以从高校的计算机科学与技术的教学计划中课程的设置与教学过程中找到相关的依据。专业必修课是本科学生必须修读和掌握的课程，是一个学生学好专业的基础，

也是一个学生从事工作以后进一步提高和发挥自身潜力的根本。我们在培养学生过程中，重视这些基础理论是十分正确的，也是用人单位选择人才的一个基本条件，问题主要出在：①在一些实践性较强的课程中，理论课时占的比重还比较大，老师讲得多，学生练得少，造成学生没有打好基础，影响后续课程的学习；②任课教师重理论的讲解和分析，却较少介绍这些理论和技术在实际中的应用，比较满足于一些验证性实验的指导，对提供给学生进行一些设计性或综合性的实验缺乏足够的热情，培养的学生只能做一些简单的验证性的编程。专业选修课程是学生根据自身的兴趣爱好，结合自己今后事业的发展以及适应社会需要而选择修读的一些专业方向课程，目的是通过修读这些课程达到掌握从事某一职业所需要的专业技术、专业技能和工作方法。但是，我们在设置这些课程和教学过程中，还存在这样几个问题：①理论课时所占比重偏大，学生实践时间偏少；②学生在选读课程时，没有得到专业教师很好的指导，盲目性较大，所选课程不成体系；③课程设置比较充分考虑了培养学生技术的宽度与广度，但对培养学生综合技术的应用和掌握技术的深度存在不足。

二是计算机本科专业扩招后，学生人数不断增加，但高校的师资人数、本科的教学水平却没有得到迅速提高，很难满足计算机本科人才培养的教学和质量的提高。目前，在高校的计算机教师中，都承担着较为繁重的教学任务，高学历、高职称的教师主要承担的是博士、硕士的教学与科研任务，承担本科的教学任务相对少一些。本科教学的主要任务很大一部分由中级职称或助教的年轻教师来完成，他们的教学经验、教学方法、对专业前沿技术的了解没有高学历、高职称的教师们丰富。由于他们教学任务重，用于指导学生学习和实践的时间相对较少，影响教学质量的提高，也影响教师自身教学水平的提高。

三是课程体系设置、教学内容、教材的更新很难达到与日新月异的信息技术同步更新，势必造成学生在学校学习的知识和技能跟不上毕业后的实际应用。专业教学计划是该专业一届四年的教学指导性文件，学校根据这一文件来安排该专业每个学期的课程，它必须是相对固定的。但教学的内容可以由任课教师灵活处理，作适应的删除和补充，使用的教材可以根据学生的实际情况来订购。因此，课程体系的设置、教师在教学过程中对课程内容的把握与理解，任课教师对教材的选用就显得非常重要。

四是缺乏制定教学与实践环节的质量标准或执行的标准不严格，学生动手能力差。一方面，我们一般比较注重专业必修课程的教学大纲与实验大纲的制订，但对专业选修课程教学大纲与实验大纲的制订重视得不够，总的来说，缺乏制订课程教学实践环节的质量标准或执行不够严格；另一方面，计算机专业是一个实践性很强的专业，应该有课程实践教学的质量标准，即学生学习了该课程后要达到什么样的技术水平，学生必须达到这一质量标准才能得到相应的学分。但我们往往都是用理论考试来代替了这个质量标准，这从根本上造成了学生只重理论考试，而忽略对课程实践的质量要求。

五是实践基地少或运转不够正常，学生到社会见习、实训时间少，真正了解公司、企业对技术的需要，了解公司的运作、能够参与软件开发或接受公司软件开发培训的机会就更少。所以，学校所教、学生所学与公司、企业对人才的需求就会有很大的差距。

六是教学过程中，对学生的综合性训练、针对性训练少，到毕业还不具备本科生所必须掌握的技术、方法和技能。有些学生从入学到毕业，连一个简单的软件系统都没有设计过，只能勉强编出几个简单的程序，这样就很难适应社会的要求。

七是用于提高学生实践能力的主要场所——实验室，没有得到充分的利用，开放实验室没有真正落到实处，影响学生实践能力的提高。

八是没有很好地利用第二课堂来提高学生的实践能力、创新能力。

总之，经过多年对计算机科学与技术专业本科学生的教学与管理，我们发现还存在以上几个方面的问题，在计算机本科人才培养过程中需要进行改革和实践的探索。

根据对用人单位的调查与反映，目前计算机本科人才也存在这样几个主要问题：①动手能力差，缺乏独立解决问题的能力；②对工具和方法的应用不熟、经验不足；③缺乏基本的抽象分析问题能力；④缺乏团队精神和交流能力，责任心和纪律性不强；⑤价值取向和对职业生涯的规划不成熟，承受压力的能力不足；⑥外语能力欠缺。

三、计算机本科应用型人才培养的改革与实践

计算机本科应用型人才是相对于计算机研究型人才来说的，它是指学生毕业后从事计算机软硬件产品的工程性开发和实现、企业与政府信息系统的建设、管理、运行、维护的技术工作，以及在计算机与软件企业中从事系统集成或售前售后服务的技术工作。对计算机本科应用型人才的主要要求是技术原理的熟练应用（包括创造性应用）、掌握计算机软硬件系统的工作原理，能够从技术上实施信息化系统的构成和配置，具有较强的职业道德、社会责任感、团队精神等。随着我国信息化建设的深入，社会对计算机本科应用型人才的需求不断增加。从计算机人才需求分析可知，软件设计与开发、网站建设与管理的网络存储和网络安全、软件测试、游戏设计与开发、软件系统的运行与维护、应用软件的销售等人才的需求量占比例较大，我们对 2005 年 12 月至 2006 年 5 月南宁市人才市场网站招聘计算机人才的广告中进行统计，用人单位招聘上述人才占招聘总人数的约 87%。因此，计算机本科应用型人才的培养与公司、企业等用人单位的人才需求是吻合的。

通过对计算机本科应用型人才的需求与培养现状的研究分析，我们从 2005 年开始对我院的计算机科学与技术专业进行了改革，并经过两年多的实践与探索，在提高学生的实践动手能力、独立解决实际问题能力等方面取得了一些经验和成效。主要的做法如下。

（1）将计算机科学与技术专业的师范类扩展到非师范类，实现两个专业方向并举。从 1992 年开始，我院的计算机科学与技术专业主要培养的是从事职业技术学校（职高、中专）、中学的计算机师资，毕业学生主要分配到职业技术学校、中学从事计算机教学工作。但是，随着高校的扩招和毕业生的自由择业，学生可以选择到非教学部门去就业。几年来，我们发现该专业的毕业生大约有 50% 选择了进入电脑公司、软件公司从事软、硬件的开发、销售与维护工作，这样培养出来的毕业生有一半以上的学生从事非师范的工作，基于社会对计算机本科应用型人才的需求以及有相当一部分的学生愿意到公司、企业从事计算机应用型的工作，以从事教学为目的培养出来的计算机本科毕业生，毕业后却不愿意到教学单位从事教学工作，极大地浪费了教学资

源，也浪费了学生宝贵的时间去学习教育类的课程，学后却学非所用。因此，2005 年我院开设了计算机科学与技术非师范类本科专业，实现了师范与非师范同时招生，满足考生不同意愿和要求。这一改革既符合我院“重点发展师范专业，适度发展非师范类专业”的发展思路和定位，也符合我国社会发展和经济建设的需要，适应广西经济发展对计算机本科应用人才的需求。

（2）实行学分制管理，制订符合区域经济发展需要的计算机本科应用型人才培养方案。学分制的实施既是适应现代教育管理的需要，也是培养符合社会经济发展要求的人才的需要。学分制以选课制为基础，保证选修课的应有数量和质量，是学分制的精髓。学分制要求学校和教师能够开设大量的选修课，用以满足不同学生的不同选择，因而灵活性好，有利于学生知识结构趋于多样化，也有利于学科之间的渗透及边缘学科的发展。学分制的实施最终由人才培养方案来体现，我院的计算机科学与技术非师范专业从 2005 年开始招生并实行学分制，我们制订了计算机本科应用型人才培养的新方案，在培养目标、人才培养规格、课程体系设置等方面进行改革。

（3）人才培养目标是国家的教育方针、教育目的的具体体现，是学校办学目标的具体反映，它又是学校构建专业课程体系、制定专业主干课程的教学目标、实践教学环节的教学目标的重要依据。因此，人才培养目标定位是专业人才培养的关键所在，人才培养目标的重新定位与调整，是人才培养模式改革的龙头。为此，我们制订了计算机本科应用型人才的培养目标。根据计算机人才需求、Internet 技术的迅猛发展以及由此产生的各种网络服务，培养目标从原来要求学生掌握计算机硬件和软件基础知识和基本技能，增加了要求学生掌握网络和多媒体的主流技术。相应地，学生的就业面也从原来的软硬件系统的维护、软件设计与开发扩展到网站建设与管理、多媒体处理，包括网络游戏设计与开发等行业。为我们构建该专业的课程体系、制定主干课程的教学目标、实践教学环节的教学目标提供了重要的依据。

（4）专业人才培养规格，是专业培养目标的细化，是对该专业毕业生的培养质量要求的规范，因而是制订专业教学计划和课程教学大纲，组织教学、检查和评估专业教育质量的依据。由于专业人才培养目标做了相应的调整，要求人才培养质量与人才培养目标相符合，我们提出了计算机本科应用型人才的培养规格是：①具有较强的编程能力和数据库应用能力；②初步具有大中型软件系统的设计和开发能力，以及较强的学习掌握和适应新的软件开发工具的能力；③有较强的组网能力、网络编程、设计与开发、维护与管理能力；④具有广泛的自然科学知识及比较扎实的数理基础，具备较强的英语实际运用能力；⑤掌握文献检索、资料查询、运用现代信息技术获取信息的基本方法，具有初步的科学研究能力和实际工作能力；⑥具有较高的思想文化、心理和身体素质，具备较强的适应能力、协调能力、应变能力和创新能力。我们根据人才培养规格，对计算机科学与技术专业的课程体系结构、专业教学计划、课程教学大纲和实验大纲、各教学环节的质量标准进行了重新设置、制订。

（5）课程体系结构、专业教学计划与课程内容的改革适应应用型人才的需求。在课程体系的设计中，我们体现以学生为本，以就业为导向的办学理念，体现当前我国高等教育的改革主流思想，体现在以培养学生的实践能力、创新能力、就业能力和创业能力的“四种能力”的培养上，把课程体系的设置由原来的基础课、专业基础课和专业必修课三个模块改为公共必修课、专业必修课、专业必选课、专业选修课、公共选修课、实习与实训课六个模块；在专业选修课中，设置软件设计方向、数据库方向、网络技术方向、多媒体技术方向、嵌入式系统方向五个方向的课程模块；在课程设计中，我们以培养学生的实践能力、创新能力、就业能力和创业能力为目标，在课程的理论教学与实践性教学的课时分配比例上也做了调整，加大了实践性教学的课时量，适当减少理论课的课时量，以提高学生的实践动手能力，适应社会对计算机本科应用型人才能力的要求；在教材选用上，严格按照学院的要求，选用专业的精品教材、获奖的优秀教材、重点大学出版社出版的教材、专业出版社出版的教材等新版教材，选优率达到95%以上。在主要教学环节包括理论教学、实践教学（实验、实习、社会实践、课程设计、毕业论文等）上，制定出理论教学与实践教学的质量标准，建立自我完善、自我约束的教学质量监控与保障体系，是提高教学质量的重要保证。

（6）重视实践教学，不断提高学生“四种”能力的培养力度，收到较好的成效。我们从2005年开始，在学生中开展“两个一工程”和实行“本科生导师制”的活动。“两个一工程”活动是指每个学生从二年级开始到第七个学期结束前的两年半时间内，要求独立编写一个应用软件系统，独立完成一个网站的建设。为了加强教师对学生应用性和实验性学习的指导，保证“两个一工程”活动的正常开展，我们还制定了“本科生导师制”的办法，并建立了学生选导师系统，学生可以通过网上来选择导师，导师通过网络来指导学生。该项目活动经过两年多的实践，计算机科学与技术专业的学生在网站建设、软件系统开发方面的能力得到了显著的提高，能够独立开发系统、独立解决实际问题的学生逐步增多，取到了较好的效果。

积极引导和开展第二课堂活动，提高学生的综合能力。配合“两个一工程”的开展，我们每年还举办一次“科技活动月”活动。活动月期间，除了开展各类学术报告会外，还举办“网页制作”比赛、“程序设计”比赛、动漫设计比赛等来带动、促进和提高学生的专业技术和专业水平，丰富学生第二课堂的生活，提高学生的综合能力。

加大专业实习实训基地的建立、实行实验室开放制度。学生通过到实习实训基地见习、实习，能够尽早地接触社会，直接了解公司、企业对技术的需要，了解公司的运作、能够直接参与软件开发或接受公司软件开发培训，尽可能地缩小学生所学与公司、企业所要求技术的差距。

四、结语

我们通过对计算机人才需求和培养现状进行分析研究，对我院计算机科学与技术专业的专业方向进行扩展，并对该专业的人才培养方案进行改革。对人才培养目标和人才培养规格进行调整，使该专业的人才培养质量与人才培养目标相符合。重新设置了该专业的课程体系结构，调整课程的理论教学与实践教学课时量的比例，使其更适应社会经济发展对计算机本科应用型人才的要求。通过两年多的实践与探索，在提高学生实践能力和独立解决实际问题能力方面取得了一些经验和成效。

参考文献：

［1］黄国勋，席鸿建，曾冬梅．地方综合大学人才培养模式整体改革研究［M］．南宁：广西民族出版社，2001.

［2］李晓明，陈平，张铭，等．关于计算机人才需求的调研报告［J］．计算机教育，2004（8）．

［3］张光铎．中国高校稳步推进学分制改革的必由之路［EB/OL］．http：//www. kingosoft. com/news/xfzgg. asp.

计算机本科专业学生软件系统设计能力的培养与实践

李文敬　蓝贞雄　元昌安

摘　要：本文分析了计算机本科专业学生的软件系统设计能力现状。提出提高计算机本科专业学生软件系统设计能力的方法与途径。通过实践使学生的软件系统设计能力得到了提高，提出的培养方法和途径可行而有效。

关键词：计算机本科；软件系统；设计能力；培养方法；实践结果

随着中国经济的迅猛发展，经济规模和经济领域不断扩大，信息化程度也在不断提高，政府对信息化建设的重视程度日益增强。目前，除了我国自身的信息化建设需要大量的软件人才以外，还有大量的软件外包在我国进行，现有的软件技术人才远远不能满足软件开发公司的需要。尽管在爆发世界金融危机的2008—2009年，我国企业对软件人才的需求也没有减少，每年需求约60万人。虽然每年有大量的高校计算机本科专业毕业生，但是软件人才仍存在较大缺口。在软件人才供求关系上，出现了公司、企业招不到所需要的软件人才，而计算机本科专业毕业生就业困难的局面。为此，我们对计算机本科专业学生软件系统设计能力的培养方法和途径进行研究，在计算机本科专业中培养一批适应社会需求的软件系统设计人才，具有现实和重要的意义。

一、软件系统设计能力现状与分析

多年来，我们从本校计算机本科专业学生的毕业实习、毕业设计、就业应聘、用人单位的考核及反馈的意见来看，学生较好地掌握了计算机科学与技术专业的基本理论和专业知识，具备了计算机的基本操作、程序设计方法、数据库建立和网站建设等专业能力，有少数学生还具备了较强的软件系统设计能力。

从学生的就业情况统计分析来看，我校计算机科学与技术专业学生约有10%的学生受聘于软件开发企业，从事软件系统的设计与开发工作。也说明我们现在培养的计算机本科专业的学生中，只有10%～15%的学生软件系统设计与开发能力得到软件公司的认可，他们的软件系统设计能力比较强的，能够达到软件公司的要求。但是，大部分学生的软件系统设计能力相对较弱，不能满足社会的要求。我们通过对本校计算机本科专业的课程体系结构、教学过程的各个环节进行研究分析，认为学生的软件设计能力还存在如下几点不足。

（1）算法设计与分析能力不足[1]。算法设计与分析是计算机本科专业学生编程的基础，是人类借助计算机解决实际问题的重要一步。但是，从教师的教学以及学生的学习，都没有得到很好的重视。主要体现在：教师在程序设计课程的讲授时，对算法分析与设计讲解得不够，只偏重于程序语句的解读，忽视算法设计过程的讲解和训练；而学生也只满足于课程简单算法的代码描述，不重视算法的分析与设计过程的练习，结果造成学生仅仅掌握了一些简单问题的编程，而对较复杂的实际问题的程序设计则缺乏独立的解决能力。

（2）学生读程与编程量少，训练不足。目前，学生阅读程序量很少，主动找相关程序来阅读理解的不多，大部分只是为了应对作业去查找一些相关的代码。任课教师对学生有阅读程序的要求，但真正对学生进行训练和严格要求的却不多，结果有部分学生看不懂常用算法的代码或复杂一些的程序。学生在校期间，编写的程序量少，大部分学生只满足于完成老师布置的编程作业，没有再多做练习，有些学生四年时间编写的代码总量都不到5000行。但是，按照最基本的要求，计算机专业学生的编程至少应达到20000～50000行，甚至50000行以上的程序量[2]。因此，学生的软件系统设计能力不足是主要原因之一。

（3）软件综合设计能力不足，接触的案例少。软件系统设计是一个综合设计过程，要求学生掌握软件工程、数据库、面向对象程序设计等多方面技术和具有综合应用能力。但是，学生掌握的是分散的、各自独立的技术，综合多门技术的软件设计能力明显不足，有些会做系统的界面，却不会设计数据库；有些系统界面和数据库都建立了，却相互不能连接；有少数学生直到毕业还设计不出一个能够正常运行的简单系统。原因是重视了各门课程的教学，而忽视了能够提高学生软件综合设计能力的案例分析课程和综合设计实践课程的设置与教学。学生接触的软件系统案例少，没有得到较为完整和系统的训练。

（4）参与软件系统开发的机会少，缺乏应有的锻炼和实践经验。很多学生的软件系统设计水平仅停留在模仿教材的例子上，还谈不上设计出能够解决实际问题的系统。这与学生参与软件公司项目开发或教师项目开发的机会少有很大的关系。目前，学生到软件公司实习时间短，公司不愿意将开发项目这样重要的任务交给实习生来完成，学生没有机会直接参与公司的项目开发，有些能参与，也只能参与其中的一小部分；教师承担的开发项目能够接纳的学生数量有限，不能满足学生的实践需要。因此，学生缺乏软件系统设计的实践经验和应有的锻炼。

二、培养学生软件系统设计能力的方法与途径

（一）读程与编程能力的培养

我们根据学生读程量少，掌握常用算法代码不多的情况，在编程基础课程的教学中，采用“读程目标管理”方法。要求任课教师在一门课程的教学中，必须为学生提供500个以上的程序作为阅读材料，并对学生的读程能力进行训练。要求学生必须阅读并理解500个以上的程序，学生通过阅读掌握一些常用的算法。课程结束时，教师对学生进行单独的读程理解考核，如给出一个程序，要求学生在规定的时间内讲解出程序实现的功能或运行的结果。考核合格，给一定的学分，不合格，可以重考，直至合格为止。对于软件系统设计课程，教师为学生提供1～2个实用系统的原代码，作为案例让学生阅读理解；在此基础上，要求学生阅读不少于5个系统的原代码，以掌握面向对象软件系统的基本架构、功能调用以及常用功能子程序的算法设计与实现。

在扩大程序和系统原代码阅读量的同时，不断提高学生的编程能力。我

们采用“编程目标管理、逐门课程分解”的方法，将编程总量按照开设的语言设计课程的重要程度逐门分解编程量。如假设要求每个学生四年的编程总量为至少要达到 20000 行，最好能达到 50000 行以上。则根据开设的 C、C + +或C#、ASP. NET、SQL Server、案例分析与设计等程序设计系列课程，要求学生每门课程的编程量都在 5000 行以上，最好能达到 10000 行以上。此外，还通过组织学生参加系级的、校级的、省级的甚至国家级的程序设计大赛等形式，促进学生编程能力的提高。

（二）算法分析与设计能力的培养

在开设的专业基础课程中，C 语言程序设计、数据结构等课程对于培养学生的算法设计能力至关重要。我们采用“对算法步骤描述再用标准语言编写代码实现，阅读程序然后归纳出算法的步骤”正反双向训练的方法，以提高学生的算法设计能力。教师在课堂教学中，必须严格按照程序设计的过程和方法进行讲解，对解决的问题首先要做好算法分析与设计，然后再用标准语言进行描述，并在学生的作业或编程练习中严格要求，使学生逐步养成编写代码之前，先做好算法的分析与设计，逐步培养学生解决实际问题的能力和方法。通过读程训练，反向要求学生描述程序实现的步骤，归纳出程序实现的功能。通过这样正反两方面对学生的算法分析与设计进行训练，学生的算法设计能力就会得到切实的提高，从而促进学生编程能力的提高。

（三）软件系统设计能力的培养

软件系统设计是指在面向对象程序设计语言基础上，根据软件工程的设计原则、设计模式以及模块化的设计方法，设计出一个比较完整的软件系统构架、前后台界面、各模块之间的调用关系以及各功能子模块的详细设计。我们通过以下三种途径，提高学生的软件系统设计能力。

（1）采用“案例教学与学生综合设计训练”相结合的方法，给学生开设“案例分析与设计”课程。通过实用的系统案例，对 C/S 和 B/S 系统的总体构架、前台、后台设计、各模块之间的调用、各功能子模块的详细设计进行逐项训练。在此基础上，要求学生参考系统案例进行软件系统的综合设计练习。根据实际的应用，设计出 2 ~3 个软件系统，并编程实现。

（2）采用“导师制和项目驱动”方法，通过软件系统开发实践活动，培养学生的软件综合设计能力。如我们制订了“两个一工程”实施方案，实行本科学生导师制。导师让学生参与自己的项目研究与开发，或给出具有解决实际问题的项目，以项目方式驱动学生进行软件系统的设计并实现。学生在导师的指导下，在毕业实习前，利用课余时间设计出“1个”软件系统和“1个”网站，并以此作为衡量学生能否参与毕业实习的条件，以此促进学生软件系统设计能力的提高。

（3）采用“学生参与教师的项目开发和到软件公司实践”相结合的方法，增加学生的实践经历，提高学生的系统设计实践能力。我们鼓励有项目的老师吸收本科学生参与项目的设计与开发，使学生尽量接触到真正解决实际问题的项目开发过程中。另外，我们还与多个软件开发公司签订“学生实习实训示范基地”协议，建立长期稳定的学生社会实践基地。学生到软件公司实践基地分两次进行，第一次由公司进行项目设计与开发过程的培训，第二次是实习，学生根据公司的安排，参与到项目设计开发的各个开发小组，参与具体的项目开发工作。我们通过这样的方法和途径，不断提高学生参与软件系统开发的机会，使学生获得更多的锻炼和实践经验，提高学生的软件系统设计能力。

三、实践与效果

为了提高计算机本科专业学生的软件系统设计能力，从2006年开始，我们在计算机科学与技术专业的多个年级按照上述方法和途径开展教学活动，对学生的读程、编程以及综合设计能力进行训练，取得了较好的成效，学生的读程和编程能力得到了进一步的提高。在提高学生的软件系统设计能力的实践活动中，我们从如下三个方面开展实践活动。第一，在学生中开展“两个一工程”活动，实行本科学生导师制。2006级、2007级、2008级的计算机本科专业学生共计210多人、教师80多人次参与“两个一工程”的活动，设计与开发出300多个初级的软件系统或网站。其中，有些学生设计开发的系统或网站具有较高的实用价值和实用性。第二，派出8批次共160多名学生到实习实训示范基地进行实训和实习，直接参与了软件开发公司的软件项目设计与开发。第三，组织部分学生参加省级、国家级的计算机应用比赛、程序设计比赛、网页设计等比赛，其中，8 人次获得国家级的奖项，16 人次获得省级奖项。

通过几年的实践，学生的软件系统设计能力普遍提高，学生的毕业设计完成得比以前更好、更完善，设计的系统功能更强、界面更漂亮、更实用。学生的就业率在不断提高，能够应聘到软件开发公司工作的学生也在不断增多。我们提出提高学生的软件系统设计能力的方法与途径，通过多年的实施与实践，取得了较为理想的效果。

四、结语

我们对本校计算机科学与技术本科专业学生的软件系统设计能力进行研究与分析，根据学生存在软件系统设计能力不足的问题，提出了提高学生软件系统设计能力的一些方法与途径，并在教学中实施和落实，取得了较好的效果。我们将对它们作进一步的完善和凝练，向更多的专业推广。

参考文献：

［1］李文敬，刘之家，闭应洲．计算机本科应用型人才专业能力培养［J］．计算机教育，2011（10）：103－107.

［2］王志英，蒋宗礼，杨波，等．计算机科学与技术专业实践教学体系与规范研究［J］．中国大学教学，2009（2）：42－44.

计算机程序设计课程实验教学质量标准的研究

李文敔　廖伟志　闭应洲

摘　要：本文介绍计算机程序设计课程实验教学在提高学生编程、系统开发能力中的作用、特点以及现状。对构成学生编程和软件系统开发能力的要素进行研究，提出了计算机程序设计课程实验教学的量化质量标准，并对质量标准所包含的指标进行了必要和可行性分析。初步试验表明，实施该质量标准收到了一定的成效。

关键词：程序设计课程；实验教学；质量标准；编程能力

目前，在高校的计算机本科专业中，程序设计课程都制订有较为完整的课程教学大纲和实验大纲，任课教师以此作为课堂教学和实验教学的指导。任课教师按照程序设计课程教学大纲的要求进行教学与考核，基本达到了考核学生所掌握的程序设计基础理论和基本编程能力，基本符合理论考核的质量标准要求。但是，按照实验大纲进行教学和实验，学生的实际编程能力和动手能力却没有得到很大的提高，学生的软件系统开发能力与社会的要求相差较远。为此，我们对现有的实验教学质量标准和实验教学大纲进行研究分析，发现目前的实验教学质量标准大都是学校层面制定的，用于对实验教学进行宏观指导和管理的文件，而课程实验教学的质量标准却不多见。目前，普遍的做法是以实验教学大纲代替实验教学质量标准来实施，但实验大纲仅起到实验指导以及提出简单的、模糊的实验要求的作用，没有明确的、具体的、量化的指标。因此，我们从提高学生编程能力和动手能力出发，对计算机程序设计课程的实验教学质量标准进行研究，用明确的、量化的、具体的指标对学生的实验提出具体的目标要求，构建程序设计课程实验教学的质量标准。有了实验教学质量标准，使学生明确实验时要完成的任务，教师在实验教学过程中所承担的具体责任，学校教学管理部门的质量监控更加具体、规范和科学，对提高学生编程能力和动手能力起到保障和促进作用。

一、计算机程序设计课程实验教学的作用

计算机程序设计课程实验教学的作用主要体现在以下几个方面。

（1）通过验证性实验，上机输入程序代码、运行、调试和修改等操作，达到掌握各种语句、语句结构、语法和规则；逐步掌握各种出错提示的含义和修改程序的办法；加深对程序语句的理解，熟悉简单程序的设计方法，提高学生的读程能力。验证性实验仅能体现出学生对本课程各种语句的基本掌握和对简单程序的理解。

（2）通过设计性实验，使学生掌握利用计算机来求解一个具体问题的步骤，它可以体现一个学生编程能力与水平的高低。设计性实验的步骤包括：第一步，分析问题；第二步，建立数学模型，学生充分运用所学的数学、物理等知识来建立数学模型；第三步，学生运用计算机中的算法策略对数学模型进行分解，得出求解问题的步骤，即算法；第四步，学生按照算法，运用程序设计语言编写源程序；第五步，上机调试，得出结果。通过设计性实验，使学生掌握解决问题的步骤和方法，培养学生分析和解决某一个具体问题的能力，培养学生的创新精神和严谨的科学态度。

（3）综合性实验一般是指软件系统的设计与开发，要求学生综合运用所学知识、数据库、本语言工具来解决一个实际的综合性问题，它能够体现一个学生的软件系统设计与开发的能力与水平。软件系统开发包括系统的需求分析、系统的总体框架设计、系统的模块设计、系统的详细设计（功能设计）、系统的调试等几个阶段[1]。通过需求分析，可以确定系统必须具备的操作功能以及数据的存储功能，从而确定系统的总体框架，系统界面所包含的模块数和后台数据库；系统的模块设计是对每一个模块进行子模块的设计和功能模块的设计；系统的详细设计即对每一个功能子程序进行编程实现；系统调试就是对系统的各功能进行调试验证。综合性实验是多门计算机课程（语言工具、数据库、软件工程等）的综合运用，也是软件系统所属应用领域多种知识的综合运用，更是程序设计课程自身基本知识、各种语句、基本结

构、设计方法、设计技巧等编程技术的综合运用。通过综合性实验进一步培养学生分析和解决问题的综合能力、创新精神，是提高学生动手能力和软件系统开发能力的有效方法。

（4）通过实验使学生掌握算法的实现过程，程序的运行、调试和修改过程，掌握系统开发的基本方法、基本操作和基本技能，获得独立编程和开发系统、书写实验报告的能力，增强学生的感性认识，加深学生对专业理论的理解。

二、计算机程序设计课程实验教学的特点

实验教学是教学过程的一个重要的环节，它从实践的角度来验证专业理论的正确性，增强学生的感性认识，加深学生对专业理论的理解；通过实验使学生掌握实验的基本原理、基本方法、基本操作和基本技能，获得独立测量、观察、处理实验数据、分析实验结果、书写实验报告等能力。通过设计性和综合性实验，提高学生分析问题、解决问题的能力，培养学生的创新精神和严谨的科学态度。计算机程序设计课程的实验教学和其他理工科课程的实验教学一样，但是，它有其自身的特点，主要表现在：①实验设备准备比较简单或可以省略。程序设计课程的实验教学使用的实验设备是计算机，所使用的系统软件安装一次后，可以长期保存并重复使用，准备阶段或可以省略。②学生实验的大部分工作可以在进入实验室之前完成，进入实验室只进行编辑与程序的调试运行。在进入实验室之前，学生预先可以进行程序的分析、程序的设计、程序代码的编程等工作。实验时，学生直接进行源程序的输入、编辑运行和调试，若得不到结果，请求指导教师进行指导。③计算机强大的存储功能与快捷方便的网络，实验可以分阶段完成。如果一个程序较大，一时完不成，可以将其保存起来，待有时间再接着编写和运行调试。④实验可以随时随地进行。现在计算机的普及率相当高、网络快捷方便，学生可以随时随地完成实验室中没有完成的程序或设计与编写新的程序。⑤实验的对象具有重用性。程序设计过程中，具有相同功能或相近功能的算法，其代码可以重用，大大提高学生的编程速度和编程技巧。⑥实验结果可复制性和不易监控性。由于程序的可复制性和实验过程的不易监控性，使得教师

对学生所编写的程序的原创性和真实性难以判断。基于以上特点，程序设计课程的实验教学具有很大的灵活性和学生独立完成实验难于判断性，从客观上要求我们必须建立程序设计课程的实验教学质量标准，用以衡量学生必需具备的编程能力和基本要求。

三、实验课程形式与实验类型

目前，高校实验教学有课程内实验教学和独立开设的实验课程两种形式。其中，独立开设的实验课程为单独设置的实验性课程，其教学活动以独立的课程形式组织，单独计算学分，单独考核与登记学习成绩。课程内实验教学通常是一门课程中的实验教学内容，与理论教学一起构成一门课程，其成绩归入课程成绩。计算机程序设计课程的实验教学人都属于课程内实验教学形式。课程由理论教学和实验教学两部分组成，教学课时的分配大约为 3∶1，课程的成绩和学分的也基本由 3∶1 比例构成。

实验类型分为验证性实验、设计性实验和综合性实验。验证性实验是指学生在一个设计完整的实验框架重新验证是否达到原理所描述的结果，学生通过观察和操作，巩固和加强有关知识内容、培养实验操作能力的重复性实验。程序设计课程的验证性实验一般是指由教材或实验指导书提供的完整程序，学生通过编译系统编辑代码并运行得到正确的结果。其目的是验证原理的正确性或程序设计正确性。学生通过实验巩固和加强对所学语句、语法、简单算法设计的理解。设计性实验是指给定实验目的要求和实验条件，由学生自行设计实验方案、选择或制作仪器并加以实现的实验。开设设计性实验的目的在于激发学生学习的主动性和创新意识，培养学生独立思考、综合运用知识、提出问题和解决复杂问题的能力。程序设计课程的设计性实验要求学生掌握被解决问题的分析、算法设计、算法实现、调试运行等编程的每一个步骤，提高学生的程序设计能力。综合性实验是指在学生具有一定基础知识和基本操作技能的基础上，运用某一门课程或多门课程的综合知识对学生实验技能和实验方法进行综合训练的一种复合性实验。开设综合性实验的目的是对学生的实验技能进行综合训练，培养学生的综合分析能力、实验动手能力、数据处理以及查阅资料的能力。程序设计课程的综合性实验就是要求学生掌握软件系统开发的方法、步骤，提高学生软件系统开发能力。

四、计算机程序设计实验教学的现状

实验教学在培养学生实践能力和创新精神中正起着越来越重要的作用，特别是随着本科院校第二轮教学工作水平评估工作的完成，各院校的专业建设、课程建设都取得了明显的成效，每个专业都制订了完善的人才培养方案，每门课程也制订了完整的教学大纲和实验教学大纲等相关的材料，制订了规范、科学的质量监控措施，这些都很好地促进了高校教学质量的提高。在计算机程序设计课程的实验教学大纲中，增加了设计性实验和综合性实验的个数，对提高学生的编程能力有了很大的促进作用。但是，大部分程序设计课程都缺少实验教学的质量标准，实验教学环节对提高学生的编程能力和软件系统开发能力还存在诸多不足，主要体现在以下几个方面。

（1）学校一般都制定了实验教学质量标准，这个质量标准是学校从宏观层面对各类课程的实验教学准备、教学过程、教学效果等提出的目标管理，比如教学文件是否齐备、实验课表是否齐全、教师备课是否认真、实验准备是否规范等，它不是具体课程的质量标准。从目前的调查情况来看，大部分的程序设计课程都没有实验教学质量标准。但是，对于程序设计课程的实验教学来说，有明确的、具体的、量化的质量标准尤为重要。

（2）用实验教学大纲替代实验教学质量标准，学生的实验效果没有衡量的尺度，没能真正体现出学生的编程能力。实验大纲主要包括课程名称、实验目标与要求、实验教材、考核方式、实验项目内容等，从其所包含的项目看，不包含明确的、具体的、量化的指标。但是，往往却以实验大纲作为质量标准来看待，实验教学只要按照实验大纲完成实验，学生写完实验报告就算完成实验教学，学生的编程能力无法衡量。

（3）实验教学大纲中增加了设计性和综合性的实验数量，对于提高学生的编程能力有了一定的促进作用。但是，没有具体的、量化的指标来规范设计性和综合性的实验项目，任课教师执行起来随意性大，学生实验完成的任务偏少，学生编程的效果、编程能力的提高都没有评判的标准。

（4）教师对学生实验教学成绩的评定，大都以学生撰写的实验报告为依据，这样的成绩评定比较单一，不能真正体现出学生的编程能力。应该制定出实验教学质量标准，从多方面考核学生的实验效果与编程能力。

（5）没有课程的实验教学质量标准，学生不明确需要完成实验数量，教师也无法知道学生要做实验多少才会达到要求，学校教学管理部门对教师实验教学的教学质量监控也无法落到实处。

（6）学生在实验过程中，做的大都是验证性的实验，对于设计性和综合性的实验完成达不到目标要求，这里虽有教师要求不严的原因，也有学生畏难的成分。但主要还是任务、目标不明确所致。

（7）学生预习与准备不足，实验前不做算法设计和编程，而是到实验时才对题目进行分析、算法设计、输入与编辑源代码，运行调试，往往一次实验课只能完成1～2个简单的程序设计或调试，浪费宝贵的实验时间，实验效率低。

五、实验教学质量标准的研究

计算机程序设计课程是应用性很强的课程，这些课程的教学质量和教学效果主要体现在学生的实际编程能力和软件系统开发能力上。而学生编程能力的培养除了要求学生掌握扎实的基本语句、语法、规则外，还要通过实验教学来培养学生的编程能力和软件系统开发能力。所以，程序设计课程的实验教学显得尤为重要，而要使实验教学取得良好的效果，必须制定科学、规范的质量标准，用以检验和考核学生的实验效果，确保学生编程能力和软件系统开发能力的提高。为此，我们主要从构成学生的编程能力和软件系统开发能力的各要素出发，对程序设计课程的实验教学过程所必须达到的质量标准进行研究，作为制定计算机程序设计课程实验教学质量标准的依据和指导。

（一）构成学生编程能力的要素

构成学生编程能力的要素有很多种，概括起来主要有以下几种。

1. 读程能力

程序由语句、语法、规则构成，就像一篇文章由文字、词组按照一定的语法组成语句，若干语句按照描述的内容组成文章。要读懂一篇文章，首先要认识字，懂得每个语句的意思，才能读懂文章的内容。读程序也有同样的道理，要读懂一个程序，必须弄懂程序设计语言的每一个关键字、语句的结构、语句的语法规则、语句的作用。但是，读程序与读文章还有本质的区别，程序是一个算法的标准语言描述，算法复杂，则相应的程序代码就复杂，阅读起来就较困难。但在很多实际问题中，要实现的功能却相同或相近，它们的程序代码也相同或相近。所以，要培养学生的读程能力，必须要求学生多读程序，从读懂简单的程序开始，到读懂较为复杂的程序，达到阅读较为复杂的程序时，能很快知道程序所实现的功能以及还原出程序所实现的算法。

2. 算法设计能力

算法设计是指设计求解某一特定问题的一系列步骤，这些步骤可以通过计算机的基本操作来实现[2]。算法设计能力是学生编程能力高低的主要标志，是提高学生编程能力的关键，是构成学生编程能力的关键因素。所以，要培养学生良好的算法设计思想，对算法设计过程严格训练，使学生对算法设计的步骤（问题分析；数学建模；数据结构设计；算法设计；算法表示等）能够形成良好的算法设计的习惯，并按照这些步骤和思路进行设计。此外，还要培养学生掌握算法设计的方法和一些基本的策略。

3. 编写代码能力

编写代码就是算法实现。如果算法设计过程完成得比较好，具有良好的算法表示方式，则将其用程序设计语言来描述会变得相对容易。编写代码的能力主体现在对算法表示方式的理解以及程序设计语言各语句的实际应用。编写代码的能力可以通过对基本结构的算法描述和各种不同的算法描述进行编码来培养。

4. 程序调试与改错能力

程序的调试能力包括掌握常用的调试方法，能读懂程序出错提示以及修改出错的程序，能较快地发现出错的原因和做出正确的修改[3]。

（二）实验教学质量标准包含的指标

从构成学生编程能力的各要素来看，它们有些可以通过理论教学来培养，但有些必须在实验教学过程中培养。因此，我们认为，在制定实验教学质量标准时，应该包括以下指标。

（1）掌握程序设计语言编译系统的安装。达标要求：独立成功安装一次以上。

（2）掌握编译系统各菜单的命令及常用命令按钮，并熟练使用它们进行相关的操作。达标要求：用具体的程序来检验每一个命令的实际操作，弄清每一个操作所产生的结果，在实验3~5次后进行考核。

（3）掌握编译系统出错提示的具体内容、出错标志及位置、修改的方法。达标要求：教师通过举例，将编译程序时经常出现的出错提示进行示范；学生编译程序时随机出现的一条或多条出错提示，能够指出它的内容、程序出错的位置以及改错的办法。

（4）掌握源程序的编辑、编译、运行、调试及改错、源文件及相关文件的存盘和调用。达标要求：源文件及其相关文件的创建、编辑，正确存盘和正确调用；编译、运行、调试过程、生成可执行文件正确。

（5）实验大纲中规定的每一个编程实验项目，学生要完成的验证性实验个数不少于5个，要求学生在编辑完成后，先进行阅读程序，于运行后得到一个结果，然后再通过运行程序、调试程序得到正确的结果，最后比较这两个结果的一致性。达标要求：教师现场出2~3个程序，让学生编辑后，先由学生读程，给出一个结果，然后再通过运行程序，比较读程得到的结果与计算机运行结果，通过这样的实验来提高学生的读程能力。

（6）实验大纲中规定的每一个编程实验项目，学生要完成的设计性实验不少于10个。达标要求：每一个实验项目完成后，任课教师现场考核学生设计性实验2~3个，学生现场进行设计、编程、运行调试，得出正确的结果。

（7）与数据库连接实验操作。要求学生掌握该语言源程序1~2种连接数据库的方法。达标要求：学生现场用该语言编写代码连接数据库或手动连接数据库，运行程序调用数据库，并对其进行相关操作。

（8）程序设计课程，要设置1~2个综合实验项目。其中，一个实验项目由任课教师预设题目，要求包含整个课程的相关编程内容，如菜单、工具栏、状态栏、功能命令等模块及功能程序，使学生得到综合的训练和应用；另一个实验项目可以由学生自己选题，实现学生自己感兴趣的领域。

（三）实验教学质量标准的分析与试验

我们提出的质量标准中，第（1）~（4）项指标主要是考核学生对实验环境、程序调试运行的能力。在多年的教学实践中，我们发现这些指标也是构成学生编程能力的不可缺少的要素。一般编程能力强的学生，他们都能熟练使用编译系统的各种命令、命令按钮、各种出错提示以及调试程序的各种方法；反之，编程能力低的学生，这些方面的操作不够熟练，有些菜单中的命令甚至没有使用过，对出错提示不知何意，程序出错了，不能独立修改或排除。所以，设立实验环境和程序调试的质量标准是必须和可行的。第（5）~（8）项指标主要考核学生的读程能力、编程能力、数据库操作能力、综合编程能力。目前，实验教学大纲中，虽然包含了实验项目、实验目的和实验内容，但是，大部分都写得简单，要求和目的不够明确，没有量化的标准。我们设立的指标就是根据不同的实验项目、实验方法，对它们进行量化和强度的拓展，给学生和任课教师有一个明确的要求。使学生明确自己要完成的任务，教师在实验教学过程中必须承担的具体责任，学校教学管理部门可以根据这些具体的指标对实验教学过程进行质量监控。这些指标的设立，可以避免目前由于缺乏具体的质量标准，任课教师在实验教学过程中要求学生完成的任务随意性大，学生读程、编程普遍偏少，编程能力普通不高的情况。

目前，我们正在“高级语言程序设计”课程的实验教学中实施这一质量标准，实验的效果较为明显。在经过试验总结和不断完善后，将在计算机程序设计课程中逐步地实施这一具有量化指标的质量标准。

六、结语

实验教学环节是培养应用型人才的重要一环，根据社会对人才的需求以及编程能力的要素，确定实验教学质量标准，用量化的形式来强化实验教学目标。实验教学质量标准的建立，将给程序设计课程构建起理论质量标准和实验质量标准，改变目前理论强、实践动手能力弱的局面，变成两手都要硬，切实提高学生的编程能力和软件系统开发能力。

参考文献：

［1］何钦铭，姚青．软件工程人才培养的实践与思考［J］．计算机教育，2004（10）．

［2］吕国英．算法设计与分析［M］．北京：清华大学出版社，2006.

［3］周荣辉，郝晓枫，赵宏宇．学生程序设计能力培养的思考［J］．吉林大学学报（信息科学版），2005（23）．

计算机专业实践基地建设与专业应用能力的培养研究

李文敬　廖伟志　刘之家

摘　要：介绍国内IT企业对计算机应用型人才的不同需要以及软件企业岗位设置与人员配置情况；分析本校计算机专业实践基地建设与学生专业应用能力现状。提出“教研结合，分类培养；胜任一岗，一专多能”的实践基地建设思路，建立与完善了软件开发、通信与网络技术、软硬件销售等多种类型的计算机专业实践基地。并通过实践基地的建设，提高了学生的项目管理、需求分析、数据库设计、软件设计、软件测试、网络技术、硬件安装测试与销售等专业应用能力，更好地实现了本专业分类培养应用型人才的培养目标。

关键词：计算机专业；实践基地；建设思路；应用能力；培养提高

计算机科学与技术是一个实践性很强的工科专业；实践教学是专业人才培养方案和教学计划的重要组成部分，是对学生进行专业能力培养和专业技能训练的重要环节。而实践基地是进行实践教学，培养和提高学生专业能力和专业技能的重要场所，是学校培养应用型人才和企业培育满足自身所需人才的共赢平台。目前，我国经济的快速发展、各行业信息化不断深入，对计算机专业人才的需求不断增加。但是，近几年来，高校培养的计算机本科毕业生却就业困难，而用人单位却招聘不到适用的计算机人才。原因在于学校不了解公司、企业相应岗位对计算机人才的专业能力、专业素质的要求，脱离实际需要培养人才；在人才培养过程中，重理论、轻实践。对实践教学环节，尤其是对与用人单位紧密相关的实践基地的建设数量不足或重视不够，内涵建设不到位。因此，加强计算机专业实践基地的建设与完善，培养和提高学生的专业应用能力，分类培养符合社会需要的计算机本科应用型人才，具有十分重要的意义。

一、IT 企业的人才需求与软件企业岗位设置情况

随着我国经济的高速发展和信息化在各个行业的不断深入，计算机科学与技术专业的人才就业面越来越宽、越来越广，这为高校培养计算机本科专业人才提供了一个宽广的就业市场。但是，要培养适应 IT 企业需要的计算机专业人才，分析国内 IT 企业对计算机专业人才的不同需求和岗位人才配置情况显得尤为重要。

（一）IT 企业的人才需求

IT 企业是指从事软件开发、通信与网络技术、硬件开发、销售、技术支持、系统集成与制造等行业。其中，软件开发、通信与网络技术、软硬件销售三类企业对计算机专业人才的需求约占 IT 企业总数的 70%[1]。所以，IT 企业对计算机本科应用型人才的需求主要是软件开发、软件测试、硬件开发、硬件销售与技术服务等方面的人才。

（二）软件企业的岗位设置

我校处于一个 IT 硬件制造业欠发达的地区，但却有相当数量的中小型软件企业，它们随着北部湾经济区的发展，都有比较快速发展壮大的潜力和前景。对这些软件企业的岗位设置和人才需求情况进行分析，对我们分类培养计算机本科应用型人才和实践基地的内涵建设具有重要的意义。

软件企业的岗位设置包括项目经理、系统构架师、需求分析师、软件设计师、软件工程师、测试工程师、实施工程师、产品经理等十多个岗位。但是，从人员配置与人才需求来看，软件工程师占企业总人数的 60% 左右，测试工程师约占企业总人数的 30%[1]。因此，软件企业需求的计算机专业人才主要是软件开发人才和软件测试人才两大类。此外，需求分析师、实施工程师、美术工程师、产品经理等岗位需要的人才比例虽然较少，但是也比较适合有这方面经验的毕业生。

二、专业实践基地建设与专业应用能力现状

（一）实践基地建设现状

多年来，我们根据学校的定位和专业人才培养目标，开展了计算机本科应用型人才的教育培养，取得了一定的成效。初步建立了多个软件开发实践基地、网络工程实践基地、软硬件销售实践基地、中职学校教育实习基地等专业实践基地，在一定程度上解决了该专业学生的实践教学问题。在网络工程实践基地、计算机硬件销售实践基地、中职学校教育实习实践基地的建立与实施中，学生的网络布线与局域网的组建能力、计算机硬件安装维护与销售能力、计算机教育教学能力得到了一定的提高。但是，软件开发实践基地的建设却没有达到最终的目标。虽然少数学生能够参与软件企业的项目开发工作，具备了胜任某些岗位的能力。但大部分学生只能初步接触软件企业的一些具体工作和岗位，没有真正参与项目的开发，软件开发能力和应用能力没能达到应有的水平。专业实践基地的建设存在如下不足。

（1）实践基地数量较少，不能完全满足学生实践的需要。目前，我们在中小型 IT 企业建立了 4 ~5 个较为稳定的实践基地，能够接收 60 多名学生的实习实践。但是，对于年招生在 100 人左右的专业来说显然是不够的。

（2）实践教学目标不够明确，实践基地缺乏内涵建设，影响人才培养目标的实现。到实践基地实习实践，过度强调对学生的编程训练，没能根据学生的能力、兴趣爱好，以及就业意向为学生设计实习实践内容及岗位的选择等。学校与实践基地之间沟通不够，缺乏对学生的实习实践岗位、内容、形式、质量等内涵方面的建设，影响了分类培养的专业人才培养目标。

（3）学校安排的实习时间明显不足，学生在实践基地锻炼的时间不够，实践基地不敢把重要的岗位或工作安排给学生，学生实践效果有限。由于学生在实践基地的实习实践时间较短，实习单位没有把重要的任务安排给学生，怕工作还没有完成，学生就回学校，影响实习单位的工作进程。所以，实践基地只安排学生在多个岗位轮回实习，对岗位工作有一些了解，但没有深入，实习实践效果有限。

（二）专业应用能力存在的不足

由于实践基地建设存在诸多不足，实践环节的教学质量没有得到保证，影响了学生专业应用能力和专业技能的培养，具体表现在以下四个方面[2]。

（1）计算机基本操作能力不高，操作技能不够熟练。如硬件的安装与维护、网络布线、局域网的组建与管理等实际操作能力不能适应硬件销售企业和网络服务公司的要求。

（2）对常用算法掌握不够，不能灵活地应用到实际的编程中。学生虽然掌握了一些常用的算法，但缺乏在实践基地里的锻炼，真正应用到解决实际问题的机会比较少，导致算法设计与应用能力不足，达不到软件开发的能力要求。

（3）编程能力不足，系统开发能力不强。学生除了阅读程序量少、编写代码量不足之外，还在于对所学的工具语言没有能够应用到具体的编程实践中去，缺乏在实践基地这样的实践平台进行程序开发锻炼，学生的编程能力没有得到真正的提高。

（4）软件测试能力普遍较低，缺乏专门的训练。原因主要是人才培养目标设计有缺陷，教学计划在课程设置、师资配置、实践环节等对软件测试重视不够，没有专门开设测试训练课程；学生到实践基地实习过多强调编程训练，忽视了软件测试能力的训练和培养。

三、实践基地的建设思路与落实

（一）实践基地的地位与作用

实践基地与实验室、图书馆被称为高校的三大支柱之一。其地位和作用是：实践基地是高校实施实践教学的重要依托，是提高学生专业能力和专业素质、保证教学质量和落实专业人才培养目标的重要场所，是高校培养应用型人才和企业培育满足自身所需人才的共赢平台[3]。

（二）实践基地的建设思路

根据IT企业与软件企业的人才需求情况，本校实践基地建设和学生专业应用能力存在的不足，更好地落实分类培养的人才培养目标，我们提出了“教研结合，分类培养；胜任一岗，一专多能”的实践基地建设思路，逐步建立软件开发、通信与网络技术、软硬件销售三类计算机专业实践基地，以适应我校培养计算机本科应用型人才的实践需要。其中，“教研结合”是指建立的实践基地从两个层面进行，一方面给学生提供实习实践平台，另一方面教师与软件企业之间开展研发合作，在学校与企业之间形成利益共赢，有利于实践基地的稳定发展。“分类培养”是根据学生的兴趣爱好、就业意向、能力强弱、性别差异等多种因素综合考虑，通过实践基地的岗位设置和人才配置对学生进行分类培养。具体操作是与企业沟通制定学生实习实践的目标、内容、岗位、质量监控、时间等，为每一个学生制订一个具体的实习实践计划。“胜任一岗，一专多能”是指学生按照学校分类培养的目标，在实践基地主要在某一个具体的岗位进行实习，做到基本能够胜任该岗位所具有的专业能力和素质；并通过短期的岗位轮换，了解其他岗位所需要的专业能力与素质，日后通过学习和训练，能很快适应这些岗位的要求，做到一专多能。

（三）实践基地的建设完善与落实

近年来，依据“教研结合，分类培养；胜任一岗，一专多能”的实践基地建设思路，我们加快了实践基地的建设与完善。对于新建的实践基地，一方面，坚持与合作单位充分沟通，充分发挥本专业师资在科研方面的优势，找到合作研发的结合点，在教师层面与实践基地的领导和开发人员建立稳定的工作关系。通过合作申报研发项目，共同开发，对合作成果申报评奖；学校为实践基地培训或提高技术人员的学历学位，或邀请实践基地有经验的高级技术人员到学校给学生上课等建立互利共赢、稳定的合作关系；另一方面，把合作单位建设成长期稳定的学生实践基地，并把实践基地建设成分类培养应用型人才的重要依托和场所。与实践基地签订人才培养协议，按照分类培养的目标，切实地把学生落实到企业的具体岗位进行实习实训，并在一个岗位上做到基本能够胜任该岗位的工作为止。如在软件企业的实践基地，把学生按照一定的比例分别分配到软件工程师岗、软件测试工程师岗和其他岗位进行实习实训，主要培养学生的软件开发能力、软件测试能力。目前，我们在3家中型的软件企业、2家硬件企业新建了5个教研结合的实践基地。它们分别从事电力软件系统集成与开发、物流软件系统设计与开发、智能手机软件集成与开发、安防产品生产与销售、计算机配件生产与销售。对于原来已经建立的实践基地，我们在加强与它们进行科研合作的同时，进一步完善学生的实习实训计划。按照“分类培养、胜任一岗、一专多能”的思路，依据企业岗位与人才配置的比例，把学生落实到企业的具体岗位进行实习实训，尤其是软件工程师和软件测试工程师的两个岗位实习，不断完善原有实践基地的内涵建设。

四、实践基地建设成效

（一）提高了学生的专业应用能力

近年来，我们通过修改专业人才培养方案，增加学生在实践基地的实习实训时间，实习期从原来的1个月增加到现在的5～6个月。在这个基础上，加强实践基地的建设与完善，切实提高了毕业生的计算机安装维护与销售能力，网络布线与组网能力，编程和软件开发能力，软件测试能力以及团队合作等能力。尤其是学生的编程与系统开发能力、软件测试能力得到了较快的提高，逐步使毕业生能较好地适应本地区IT企业的人才需求。有些学生因为在实践基地的突出表现，编程或测试能力较强而直接被实习单位聘用；尤其是有些女生，虽然编程能力不强，但是她们在软件测试、需要分析、美术设计等岗位上却表现出细心、善于与人沟通的优点，能够胜任这些岗位的工作，也被实习单位聘用。因此，几年来，本专业学生的专业应用能力不断提高，就业和创业能力不断增强，被软件企业聘用的人数不断增多。

（二）专业人才培养目标的落实

本校计算机科学与技术专业的人才培养目标是分类培养计算机本科应用型人才。该培养目标的落实除了通过设置不同方向的专业课程、理论和实验教学之外，重要的是还要通过学生在实践基地的实习实训来落实。近年来，我们通过实践基地的建设与完善，为学生提供了需求分析师、软件工程师、测试工程师、产品经理、硬件安装与销售工程师、网络工程师等多种岗位的实习，切实提高了学生的专业应用能力和专业素养，使毕业生能够适应 IT 企业的人才需求，从实践教学环节中更好地落实了本专业的人才培养目标。

五、结语

对于培养应用型本科专业人才的高校来说，教学质量的高低，不仅取决于专业师资力量与水平、实验设备以及图书资料的多少等因素，还取决于专业实践基地建设数量的多少、质量的优劣。因此，我们对计算机实践基地的建设与专业应用能力的培养研究，为提高学生的专业应用能力和专业素养做了一些工作。但是，提高教学质量是高校教学工作中一个永恒的主题，如何通过实践基地进一步提高学生的专业能力和教学质量是我们下一步的研究工作。

参考文献：

［1］陈振，杨成群，龙仙爱，等．对国内软件企业岗位设置与软件企业对软件人才要求的调查［J］．企业家天地（理论版），2008（4）：65－66.

［2］李文敬，刘之家，闭应洲．计算机本科应用型人才专业能力培养［J］．计算机教育，2011（10）：103－107.

［3］尤克，陈恒荣，王绍光．应用型大学实践教学基地建设探索［J］．中国大学教学，2006（4）：49－50.

提高 IT 类本科专业人才培养质量的研究与实践

李文敬　廖伟志　闭应洲

摘　要：本文首先分析《国家中长期教育改革和发展规划纲要（2010—2020 年）》关于提高人才培养质量的目标要求以及我校 IT 类本科专业人才培养质量的现状，其次从人才培养模式、教学体系结构、师资队伍建设、教学方法与手段、教学管理五个方面对提高 IT 类本科专业人才培养质量进行研究和探讨，最后给出提高 IT 类本科专业人才培养质量的实践与展望。

关键词：教育改革和发展规划纲要；IT 类本科专业；人才培养；培养质量；实践方法

世界多极化、经济全球化的深入发展，科技进步日新月异，人才竞争日趋激烈，我国经济发展方式的加快转变，凸显了提高国民素质、培养创新人才的重要性和紧迫性[1]。虽然我国的高等教育已从精英教育转变成大众教育，为国家经济建设培养大量高素质人才成为可能，但是，高等学校招生数量的增加，给高校人才培养质量带来了巨大的挑战。目前，社会需要的创新型、实用型、复合型人才紧缺，而高校培养的毕业生适应社会和就业创业能力却不强，不能满足社会经济发展对高素质人才的需求。为此，《国家中长期教育改革和发展规划纲要（2010—2020 年）》第七章第十九条指出："牢固确立人才培养在高校工作中的中心地位，着力培养信念执着、品德优良、知识丰富、本领过硬的高素质专门人才和拔尖创新人才。"[1]提高人才培养质量已成为国家乃至全社会的共识，并给高校提出了中长期改革和发展的目标。我们结合本校 IT 类本科专业人才培养现状，根据《国家中长期教育改革和发展规划纲要（2010—2020 年）》提出的人才培养质量的改革和发展目标，对提高我校 IT 类本科专业人才培养质量进行研究和探讨，具有非常重要的意义。

一、提高 IT 类本科专业人才培养质量的目标

（一）国家对高校人才培养质量的目标要求

《国家中长期教育改革和发展规划纲要（2010—2020 年）》第七章第十九条提出了高校提高人才培养质量的目标是：“着力培养信念执着、品德优良、知识丰富、本领过硬的高素质专门人才和拔尖创新人才。”这一目标体现了国家对高校人才培养质量采取的三个“坚持”的战略主题，即坚持德育为先，坚持能力为重，坚持全面发展。具体的培养目标可分为“培养高素质专门人才和拔尖创新人才”两类，这两类人才对德育和全面发展的培养和要求是一致的，也就是要培养和引导学生形成正确的世界观、人生观、价值观，具有对中国共产党领导、社会主义制度坚定的信念和信心，具有团结互助、诚实守信、遵纪守法、艰苦奋斗的优良品质；培养德智体等方面全面发展的社会主义事业的建设者和现代公民。同时，对高素质专门人才和拔尖创新人才，都要求具备丰富的知识和过硬的本领。但是，这两类人才要求具备的能力是有差异的。高素质专门人才侧重于对应用能力的要求，要求掌握专业知识及专业技术在某一领域或行业的应用，具有学习能力、实践能力，并有学会生存生活的能力、学会做人做事的能力；拔尖创新人才则侧重于对创新能力的要求，要求具有较强的学习能力、创新能力，具备在某一领域前沿起到骨干或带头作用的能力和潜力。

（二）IT 类本科专业人才培养质量的目标

通过上述国家对高校人才培养质量的目标要求进行分析，明确了高校需要培养两类不同的人才，一类是高素质的专门人才，另一类是拔尖创新人才。那么，我校的 IT 类本科专业是培养高素质专门人才还是培养拔尖创新人才，对全国几百所高校的定位和培养目标进行考察后就清楚了。在全国的高校中，有些高校定位为研究型大学，主要培养创新型人才；有些高校定位为教学型大学，主要培养应用型人才；有些高校定位为研究教学型大学，既培养创新型人才也培养应用型人才。我校是一所地方性师范院校，学校的定位是教学

型大学，培养目标是应用型高级专门人才。为此，我校的IT类本科专业的人才培养质量的目标是："着力培养信念执着、品德优良、知识丰富、本领过硬的高素质专门人才"，具体是要培养德智体等方面全面发展，知识丰富、具有较强学习能力、实践动手能力，有一定创新能力，并有学会生存生活的能力、学会做人做事的能力的专门人才。

二、IT类本科专业人才培养现状

目前，我校开设的IT类专业包括计算机科学与技术、软件工程、通信工程、信息管理与信息系统、地理信息系统、电子信息工程、信息与计算科学等本科专业，有些专业是师范类专业，有些是非师范类专业，授予工学或管理学学位。多年来，这些IT类专业都制订有完整的人才培养方案，并能得到较好地执行。因为是高新技术专业，所以，毕业生就业也较其他专业有优势，有些专业如计算机科学与技术，过去也曾经有过供不应求的局面，为学校培养应用型人才做出了贡献。但是，随着高校不断的扩招和社会需要的变化，人才的供求关系发生了根本性的变化，社会对IT类人才的需求越来越高，既要求学生具有较强的综合设计开发能力，又要具有一定的工作经历，用人单位对毕业生的要求几乎达到了学校与公司的"无缝"链接。尽管国家的信息化和经济发展对IT类本科专业人才的需求不断增加，但IT类本科专业毕业生的就业却面临着困难。出现这样两种相互矛盾的情况，不是因为高校培养的人才太多或质量太差，而是高校没有真正了解公司、企业等用人单位对IT类人才的知识结构、专业能力、专业素质的要求，对人才的培养针对性不强，造成结构不合理，培养的IT类本科人才不适应社会需要。当前我们培养的IT类本科专业人才质量还没有达到《国家中长期教育改革和发展规划纲要（2010—2020年）》提出的目标要求，也没有达到符合我校定位的IT类人才培养质量"着力培养信念执着、品德优良、知识丰富、本领过硬的高素质专门人才"的目标的要求。目前IT类本科人才培养存在如下不足。

（1）IT类本科专业人才培养模式不适应培养本领过硬的高素质应用型专门人才。当前IT类专业大都还采用较为传统的"3.5+0.5"的培养模式，即3年半的理论学习、半年的毕业实习与毕业论文（设计）。这样的培养模式对于应用性很强的IT类专业，强调培养学生的实践动手能力来说，实践的机会相对太少了。因此，目前我们培养的IT类本科学生的实践动手能力都较低，没有掌握相应的专业技能，还不具备过硬的本领。

（2）IT类本科专业的教学体系结构还不够合理，仍然存在重理论、轻实践的问题。当前，在IT类本科专业的教学计划中，理论课时所占比重偏大，实践类课时偏少，如计算机科学与技术专业教学计划中，总学分为170学分，其中，通识课程为61学分，占35%；专业理论课程为67学分，占39.4%；实践课程为42学分，占24.7%，实践课程学分比例偏低。若按照专业课程109学分来分析，实践课程的42学分中，实验课程为23学分，实习与毕业设计为19学分，分别占专业课程总学分的21.1%和17.4%。实验课程刚达到专业规范要求的最低限，不能满足培养应用型人才的要求。实践课程结构不合理，实践教学内容和方法滞后。在实践课程中，所开设的课程实验、课程设计和综合设计的课时量不足，影响学生综合开发能力的形成与提高、影响学生毕业实习和毕业设计等社会及综合实践的效果；实验课程以验证型实验为主，设计型和综合型的实验很少，学生缺少基本能力和系统综合设计开发能力的训练。

（3）IT类本科专业扩招后，学生人数不断增加，但是师资人数和质量却没有得到迅速的提高，不能满足课堂教学和实践教学的需要。目前，有些IT类专业是新开设的，专业教师较少，高学历、高职称的教师更少，要培养本领过硬的高素质人才存在一定的困难。尽管有些IT类专业已经开办多年，但是，高学历、高职称的教师还是不能满足要求，尤其是具有公司工作经历的"双师型"教师缺乏，学生进行综合性的设计与开发缺少老师的指导。本科教学的主要任务很大一部分由中级职称或助教的年轻教师来完成，他们的教学经验、教学方法、对专业前沿技术的了解没有高学历、高职称的教师丰富。由于他们教学任务重，用于指导学生学习和实践的时间相对较少，影响教学质量的提高。

（4）课程设置、教学内容、教材的更新滞后，所教学的内容不能适应社会的实际需要。专业教学计划是该专业一届四年的教学指导性文件，学校根据这一文件来安排该专业每个学期的课程，它必须是相对固定的。但教学的内容可以由任课教师灵活处理，做适应的删除和补充，使用的教材可以根据社会的实际需要进行订购。因此，课程的设置、教师在教学过程中对课程内容的把握与理解，教材的选用上存在不切实际的地方[2]。

（5）教师所采用的一些传统的教学方法与手段不适应于IT类专业的教学，教学效果不佳。在一些实践性较强的课程中，教师还是讲得多，学生练得少，没有从根本上创造更多的时间和机会给学生进行实践；任课教师重理论的讲解和分析，却较少介绍这些理论和技术在实际中的应用，比较满足于一些验证性实验的指导，对设计性或综合性的实验缺乏足够的热情，培养的学生只能做一些简单的验证性的实验。教学过程中，教师投入到指导学生进行实验和实践的时间太少，对学生的综合性训练、针对性训练少，培养的学生实践动手能力较低，很难适应社会的要求[3]。

（6）教学管理滞后，缺乏制定教学与实践环节的质量标准，或执行标准不够严格，影响了学生动手能力的培养。IT类本科专业是实践性很强的专业，应该有课程实践教学的质量标准，即学生学习了该课程后要达到什么样的技术水平，学生必须达到这一质量标准才能得到相应的学分，但我们往往都是用理论考试来代替这一质量标准，这从根本上造成了学生只重理论考试，而忽略对课程实践的质量要求，忽视了对学生实践动手能力的培养。

三、提高IT类本科专业人才培养质量的研究

要实现“着力培养信念执着、品德优良、知识丰富、本领过硬的高素质专门人才”的人才培养质量目标，主要从人才培养模式、教学体系结构、师资队伍建设、教学方法与手段、教学管理五个方面对提高IT类本科专业人才培养质量进行研究和探讨。

（一）改革人才培养模式

人才培养模式是指在一定的现代教育理论、教育思想指导下，按照特定的培养目标和人才规格，以相对稳定的教学内容和课程体系、管理制度和评估方式，实施人才教育的过程的总和。所以，IT类本科专业要实现国家中长期人才培养质量目标，必须改革人才培养模式，重新制订人才培养目标和人才培养规格，构建新的教学体系结构，制定相应的教学管理制度和教学质量

评估体系。IT 类本科专业强调实践动手能力，传统的“3.5 +0.5”的培养模式不能适应社会对 IT 类本科人才的需要。要提高 IT 类本科专业学生的实践动手能力，培养适销对路的人才，比较适合的培养模式当采用“3 +1”模式，即 3 年在校学习，1 年到公司实习锻炼，实行学校与公司的联合培养。

（二）改革教学体系结构

教学体系结构的改革是人才培养目标与人才培养规格改革成功的保证，要实现 IT 类本科专业人才培养质量目标，必须进行教学体系结构的改革。教学体系结构的改革包括理论教学体系结构和实践教学体系结构的改革。在理论教学体系结构的设计中，要从“着力培养信念执着、品德优良、知识丰富、本领过硬的高素质专门人才”出发，体现以学生为本，以就业为导向的办学理念，以培养学生的实践能力、就业能力和一定的创新能力为目标，把课程体系的设置由原来的基础课、专业基础课和专业必修课三个模块改为公共必修课、专业必修课、专业必选课、专业选修课、公共选修课、实习与实训课六个模块；在专业选修课中还要设置多个方向课程模块。通过公共必修课程、公共选修课程培养信念执着、品德优良、知识丰富的人才。在实践教学体系结构的设计中，从“基本操作”“硬件应用”“算法分析与程序设计”“系统综合开发”四种能力培养出发对 IT 类本科专业实践体系结构进行重新构建[4]，并增加课程设计、系统综合开发实训、课外实践、软件外包装训练等环节。以培养具有较强学习能力、实践动手能力，有一定创新能力，并有学会生存生活的能力、学会做人做事的能力的高素质专门人才。调整理论课程与实践类课程比例。将专业理论课程与实践课程的学分从原来的 67∶23 调整为 49∶41，将实践课程的学分提高到与理论课程接近 1∶1 的程度。

（三）加强师资队伍建设

我校 IT 类的专业教师队伍整体还不够强，还需要引进高学历、高职称的师资。但是，主要还是用好现有的师资，通过在职培养、读博、进修等方式，提高教师的学历和职称的水平。另外，加强对年轻教师的培训，有计划地派出青年教师参加一些“工程师认证”培训或到公司进修学习，逐步培养“双师型”的教师。也可以聘请一些有公司工作经历的、综合设计与开发能力强的工程技术人员来学校上课或指导学生实践。

（四）改进教学方法与教学手段

在调整理论课程与实践类课程比例之后，理论课程的讲授应该精简教学内容，做到讲课精练，主要在于解决重点和难点。实践类课程要更新教学内容和教学方法，实验课程原来只有验证性的实验，只要求学生对理论课程中的原理、语句、语法、算法等进行简单的验证，已经不能适应人才培养的要求。必须在原有验证性实验基础上，增加设计性和综合性的实验项目。并在此基础上，增加课程设计，要求学生完成一个课程作品；增加系统综合开发实训，以便学生能够综合多项技术来完成一个系统的设计与开发；增加课外实践课程，要求学生完成 1 ~ 2 个作品，对学生的综合开发能力进行训练。任课教师必须改进实验和实践指导方法，改革实验与实践课程的考核方式。学校还要加大投入，支持教师投入更多的时间指导学生实践。

（五）加强教学管理与改革

教学管理改革包括对学分制、实践教学环节以及考核方式的改革。

多年的学分制管理也需要进一步的改革。目前，大部分学生利用 3 年时间就可以修完基本的学分，第 4 年毕业实习和毕业设计的相关学分可以让学生到公司实习实践取得，改革毕业设计只能在校内完成的传统做法，允许学生在公司参加研制或开发的项目，作为学生的毕业设计。

对实践教学体系的各环节考核与评价进行改革，制定各个环节的质量标准和毕业实习准入制度。建立课程实验教学环节的质量标准。原来课程实验教学环节的成绩大都以学生的实验报告来评定，从多年的实践情况来看，这样评定出的成绩有很大偏差。由于课程实验中大部分都是验证性实验，学生比较容易完成，按照实验报告来评定成绩，不能评价其真正的操作能力。所以，必须制定实验课程、课程设计、综合设计课程量化的质量标准，并以量化的质量标准对学生进行考核评价。建立实习准入制与毕业设计质量标准，对学生实习之前所掌握的技术和能力进行考核评价，达到要求的准予实习，达不到要求的延缓实习。

改革考核方式。理论性较强的课程继续采用传统的闭卷笔试考核以外，对于实践性较强的课程，应该采取笔试加实践动手能力测试相结合的考核方式；或者采取学生制作作品或设计系统，教师组织考核小组评价作品或系统的考核方式进行，改革目前一些仍然以理论考试代替实践动手考试的做法。

四、提高 IT 类本科专业人才培养质量的实践

几年来，我们对如何培养计算机科学与技术、信息管理与信息系统等 IT 类本科专业应用型专门人才的专业能力做了诸多尝试，取得了一定的效果，提高了学生的实践动手能力。以下是我们提高这几个 IT 类专业人才培养质量的具体实践。

（1）改革和完善专业培养目标和人才培养规格。明确计算机本科专业的培养目标是培养计算机本科应用型高级专门人才。根据社会需要和应用型人才的能力要求，提出计算机本科应用型人才的专业能力包括：计算思维能力、基本操作能力、算法分析与编程能力、系统综合开发能力四方面能力。据此修改完善计算机本科专业的人才培养方案。

（2）对计算机本科专业的教学体系结构进行改革，将课程体系设置成“公共必修课程”模块、“公共选修课程”模块、“专业必修课程”模块、“专业选修课程”模块和“实验与实践课程”五个模块。其中，专业必修课模块主要培养学生的专业基础知识、基本原理、算法分析与编程、系统设计的基本方法和能力；专业选修模块又设置“软件开发与软件外包装方向”“网络技术方向”“多媒体技术方向”“嵌入式系统方向”4 个不同的专业方向，培养学生基本操作能力、编程能力、系统综合开发能力。实践类模块课程包括课程实验、课程设计、综合设计、系统开发实训、专业实习、毕业设计等课程，主要培养学生办公软件使用、计算机组装与维护、网络布线、组网等基本操作能力，算法设计与编程能力、系统综合开发能力。

（3）加强学生基本操作能力的培养。开设计算机基本操作实践课程，培养学生熟练掌握办公软件的使用，熟练掌握计算机的组装与维护，熟练掌握网络布线、局域网的组网、网页制作、网站建设与管理，熟练掌握某一行业的应用软件。通过开展科技活动月等活动，开展汉字录入比赛、计算机组装比赛、网络布线与组网比赛，提高学生的计算机硬件和软件基本操作能力。

（4）加强编程能力与系统综合开发能力的培养。通过增设设计性和综合性实验、课程设计等实践课程，培养学生的编程能力。对学生的编程进行量化，要求学生在校期间的编程总量至少要达到30000行以上，以提高学生的编程能力。通过组织学生参加系级、校级、省级甚至国家级的程序设计大赛，提高学生的算法分析和编程能力。采用项目驱动培养学生的综合开发能力。多年来，我们在计算机、信息管理与信息系统等专业实施开发“一个”软件系统、建立“一个”网站的“两个一工程”，开始了项目驱动的软件系统开发实践活动。共有450多名学生和80多名教师参与该项活动，开发了450多个功能比较完整的简单系统和网站，有一些学生开发的系统或网站还达到了比较高的水平。通过该项活动，切实提高了学生的综合系统开发能力。

五、结语

社会需要的创新型、实用型、复合型人才紧缺，而高校培养的毕业学生不能满足社会经济快速发展对高素质人才的需求。为此，《国家中长期教育改革和发展规划纲要（2010—2020年）》提出了“着力培养信念执着、品德优良、知识丰富、本领过硬的高素质专门人才和拔尖创新人才”的人才培养质量目标。我们通过学习与研究，提出了本校中长期（2010—2020年）IT类本科专业人才培养质量的目标，并从人才培养模式、教学体系结构等多方面给出提高IT类本科专业人才培养质量的方法与途径。但是，要实现IT类本科专业中长期人才培养质量的目标，需要学校的支持和师生的不断努力，并以《国家中长期教育改革和发展规划纲要（2010—2020年）》为蓝本，不断完善各IT类本科专业的人才培养方案，推进和完善各项配套改革措施。相信通过今后多年的努力，我校IT类本科专业人才培养质量将会达到《国家中长期教育改革和发展规划纲要（2010—2020年）》的目标，有些IT类本科专业将会办成独具特色，在国内区内有一定影响的本科专业。

参考文献：

[1] 国家中长期教育改革和发展规划纲要（2010—2020年）[EB/OL].

http：//www. gov. cn/jrzg/2010 - 07/29/content_ 1667143. htm，2010 - 07 - 29/2010 - 12 - 25.

［2］李文敬，廖伟志，陆建波．计算机本科应用性人才培养的研究与实践［J］．广西师院学报（哲学社会科学版），2007，28（专刊）：156 - 160.

［3］李文敬，廖伟志，李广原，等．提高学生计算机软件系统开发能力的实验方法［J］．广西科学院学报，2008，24（4）：374 - 379.

［4］王志英．计算机科学与技术专业实践教学体系研究［J］．计算机教育，2008（3）：18 - 20.

高校信管专业实验室建设问题探讨

黄海清

摘　要：高校实验室在培养学生理论联系实际能力和创新能力方面发挥着非常重要的作用。本文分析了高校信息管理与信息系统专业（以下简称信管专业）实验室建设中存在的主要问题，并提出了相应的对策，为信管专业实验室建设的改革和发展提供一些思路。

关键词：信管专业；实验室建设；问题探讨

一、引言

信息管理与信息系统专业是由教育部1998年颁布的《普通高等学校本科专业目录》中的科技信息、经济信息管理、信息学、管理信息系统和林业信息管理5个背景专业整合而成的一个新专业[1]。

随着信息经济的蓬勃发展，社会对该专业的人才需求不断增加，企业非常重视毕业生处理实际问题的能力。实践与实习环节是培养解决问题能力最有效的手段[2]。因此，高校在对该专业人才的培养过程中，实践教学凸显其重要性。实验室是大学创新体系的重要组成部分，是进行教学实践、科学研究和社会服务的重要基地，特别是在培养学生理论联系实际能力和创新能力方面发挥着非常重要的作用[3]。有必要厘清目前信管实验室建设存在的主要问题，探讨信管专业实验室建设的发展对策，更好地为进一步扩展学生的实践知识和技能、培养学生综合分析问题、解决问题的能力和启发学生的创新意识提供条件。

二、高校信管本科专业实验室建设中存在的主要问题

尽管各个学校的情况差异很大，实验室建设存在的问题也不尽一致，但目前许多高校的信管实验室建设都存在一些相似的问题。

（一）实验室建设缺乏整体规划

实验室建设缺乏整体规划是个普遍的问题。主要原因是由于受到经费限制导致软硬件的采购、实验空间地点难以做到通盘考虑。对于已有的实验资源，往往由于行政隶属关系而难以整合，造成重复建设或者资源闲置。很多学校重硬件投入而轻软件建设，软件不及时升级，造成实验室运作效率不高，甚至不能正常运行。

ERP 综合实验室是信管专业的主要实验室，其软件版本更新换代比较快，在建设实验室初期就需要考虑一定时期内软硬件的更新与升级问题。而许多高校在建设实验室时，仅考虑一次性的投入预算，造成后续的系统维护和升级经费缺乏。这些都是需要通过加强整体规划、优化实验室建设才能解决的问题。

（二）实验环境问题

实验环境包括硬环境和软环境。硬环境方面指的是实验硬件环境和软件环境。由于实验室条件限制，通常信管专业实验室和计算机类专业实验室共用计算机等硬件资源，有的信管实验室还作为公共机房提供多种专业上机实验。这样就造成了实验环境非常复杂，实验计算机上除了安装信管专业实验系统外，还安装了多种专业实验系统，经常会造成系统冲突，影响正常使用。软环境方面指的是实验室的管理问题。由于实验室管理不够科学，限制了实验室的开放，势必也影响了资源共享和设备利用率的提高。

（三）实验师资队伍问题

实验师资队伍的问题主要是师资结构不合理，师资不稳定，实验指导老师的知识结构达不到要求等。信息管理是一个交叉学科，要求实验师资必须

是既掌握管理科学，又掌握信息技术的复合型人才，有一定的企业工作或实践经历，了解企业的实际运作过程。而很多专业教师由于专业、知识等方面的限制，只能在自己所学专业内进行实验指导，对综合性实验的教学指导不到位，不能适应新时期实验教学管理要求。

（四）实验教学存在的问题

首先，现有的信管专业教学中理论与实践的结合还存在很多薄弱的地方。尽管该专业的一些课程都具备相关的教学实践，但是这些教学实践往往是“各自为政”，即只是简单地完成本课程的实验教学任务。大部分实验课时较短，实验很多是单一性、演示性、验证性的实验，在实践教学的整体综合优化方面有很大缺陷，实验缺乏连贯性、系统性、综合性。设计性实验和综合性实验往往课时少，很难达到所要求的效果。其次，由于不同院校的培养侧重点不同，理论与实验教学往往偏重于某一方面，造成培养的学生综合能力不强。最后，实验教学与科研活动未能有效地结合起来。科研活动没有很好地融入实验教学当中，转化为实验教学项目的科研项目很少，学生不能更多地参与科研项目研究。

三、信管专业实验室建设发展的几点思考

（一）整体规划，优化实验室建设

实验室建设整体规划作为高校实验室建设的总体设计和方案，规划前必须根据学科的发展、专业人才培养目标和教学、科研的需要，对实验室的功能、目标、性质、规模、承担的教学科研任务和预期效益等进行分析和定位。实验室的建设规划需要按照相关程序，通过专家严格的论证，以保证项目的可行性、先进性、适用性、经济性。在此基础上，对实验室建设的现状进行详细分析，找出目前实验室建设的缺陷。然后结合实验室建设现状，根据人才培养的要求，结合学科、专业建设特点及实验室建设整体规划，提出实验室建设的具体项目，确定项目负责人及相关成员、实现目标、完成时间、验收方式等具体内容。

（二）建设开放的实验环境

针对实验环境的问题，可以通过以下几方面来解决。首先是加强实验室投入，确保硬件、设备、实验空间等满足要求。对于硬件条件不足难以改善的，则可以通过改善实验软环境来解决或缓解硬环境带来的问题。改善实验软环境，主要是通过创新的实验管理来实现。具体做法是完善实验室管理规章制度，采用开放服务的实验室管理模式，创建虚拟开放实验室等。采取开放实验室管理模式，建立与健全教学实验室的开放机制，教学实验室实现全天候开放，部分实验室实现时间、空间、实验项目等全方位开放，提高实验室的利用率与效益。通过开放由学生自主选择实验时间，从时间上弥补实验设备数量的不足，挖掘潜力，增加实验室设备的利用率；通过实验室的开放更重要的是可以有效开展综合性、设计性和创新性的实验项目，有效地培养学生实际动手能力和创新精神[4]。创建虚拟开放实验室。完成虚拟实验室功能的核心是虚拟仪器，它是一种以通用计算机作为系统控制器、由软件来实现人机交互和大部分仪器功能的计算机仪器系统[5]。通过虚拟实验室，充分利用现代化实验教学手段，改变传统的实验教学模式，使实验打破课堂的限制，摆脱设备仪器、场所和时间的束缚，解决硬件设备短缺、实验课时和实验场地不够等问题。

（三）建设高素质的实验教学队伍

实验教学队伍的素质是培养高素质创新人才的关键，通过各种渠道加强对实验教学队伍的建设。领导者是实验教学队伍建设的关键，首先要物色一个具有较高实验素质和组织管理能力的实验室主任；适当引入人才，并加强现有专职教师的专业培养，采取进修、读研等方式培养在职教师，有计划、有目的地更新实验人员的知识，全面提高实验教学队伍的整体素质。教师必须注重自身知识结构的调整，主动加强专业理论学习。通过与企业合作的形式，安排教师参与更多的企业实际运营管理实践活动，使教师能够从专业的角度分析和解决企业存在的实际问题，成为具有综合能力的高级专业人才，以适应新时期实验教学管理要求。

（四）优化实验教学体系，建立实验教学与科研活动互动机制

为解决信管专业在综合实验环节上的问题，可以针对具体课程，改革传统的实验教学模式，建立一套科学的实验体系。例如在ERP综合实验教学上，形成强化专业基础知识、掌握流程和二次开发的三阶段实验教学体系。这个体系主要包括3个阶段：第一阶段是利用管理信息系统知识分析ERP的体系结构阶段，这一阶段主要是强化专业基础知识；第二阶段是ERP流程掌握阶段，包括模拟企业数据阶段和模拟企业场景阶段；第三阶段是ERP软件二次开发阶段，培养信管专业学生开发能力和积累开发实践经验。3个阶段紧密联系，保证实验的连贯性、系统性、综合性，实现实践教学的整体综合优化。另外，针对学生的计算机编程能力培养，可以采取导师制的办法，在导师指导下，学生在校期间独立完成一个信息系统和一个网站的建设，以此提高学生的编程综合能力。同时应建立实验教学与科研活动互动机制，鼓励教师将科研成果及时引入到实验教学中，开发新的实验项目，形成实验教学的特色，激发学生的实验兴趣，提高实验教学质量。

四、结语

信息管理与信息系统专业的实践性较强，要求建设能够满足教学要求的信息管理与信息系统实验室和配套的实验管理模式，建立科学的实验教学体系。本文通过厘清信管专业实验室建设和运行中存在的主要问题，提出一些对策和思路，为信管专业实验室建设的改革和发展提供参考。

参考文献：

［1］中华人民共和国教育部高等教育司．普通高等学校本科专业目录和专业介绍（1998）［M］．北京：高等教育出版社，1998.

［2］中国高等院校信息系统学科课程体系课题组．中国高等院校信息系统学科课程体系（2005）［M］．北京：清华大学出版社，2005.

［3］宋晓平，贾申利，杨帅．实验室建设与管理模式的创新［J］．实验

室研究与探索，2009（3）：254－256.

［4］宋大雷，彭利军，王明泉，等．教学开放实验室建设的探索与实践［J］．实验室研究与探索，2011（3）：338－341.

［5］周明秋．远程网络虚拟实验室支持技术的分析与比较［J］．计算机时代，2004（8）．

依托教师科研培养计算机专业创新型应用人才的新模式

李文敬　廖伟志　元昌安

摘　要：针对地方高师院校计算机专业学生应用技能和创新能力不足的问题，提出依托教师科研项目与成果培养计算机创新应用型人才的实践教学模式。首先分析地方高师院校计算机专业学生应用技能和创新能力的现状，提出计算机专业创新应用型人才应具备的能力和技能。然后根据教师科研项目与成果，构建科研成果促进课堂教学、科研成果转化成课程实验，创建创新工作室，建立项目案例实训基地，教师科研促进学科竞赛等多层次的实践教学模式。通过多年的研究实践，培养了一批计算机创新应用型人才，取得了显著的成效。

关键词：教师科研；计算机专业；创新型应用人才；实践教学模式

应用型人才是地方高师院校的人才培养目标，然而，在激烈的市场竞争环境下，创新、开发型的IT公司、企业对计算机人才的需求不断提高，既要求毕业生具有扎实的基础理论和较强的实践能力，也要具有一定创新能力的应用型人才。目前，单纯以培养技能型应用人才已经不能适应社会经济发展的需要。因此，我们依托教师科研项目与成果，在计算机专业中培养具有创新能力的应用型专门技术人才，具有非常重要的现实意义。

一、地方高师院校计算机专业创新型应用人才

为使地方高师院校计算机专业能够培养适应区域经济发展需要的创新型应用人才，我们对目前计算机专业的培养人才现状以及创新型应用人才应具

备的专业技能和创新能力进行分析研究。

（一）专业技能与创新能力现状

多年来，从学生的毕业实习、毕业设计、就业应聘、用人单位对毕业生的考核以及反馈情况来看，学生较好地掌握了专业的基本理论和基础知识，具备了一定的计算机操作技能，掌握了初步的编程、网页制作、数据库建立等方法，具有一定的专业技能和专业能力[1]。但是，学生的专业技能和综合能力还存在诸多不足，创新能力缺乏。①计算机操作技能不够熟练，专业技能有待提高；②程序设计能力不强，实现算法的能力偏低；③软件系统设计与开发等综合能力较低，与社会需求差距大；④综合运用专业技术解决实际问题能力不足，缺乏创新能力。

（二）学生应具备的专业技能和创新能力

根据不同的培养目标和人才培养规格，应用型人才包括技能应用型人才和创新型应用人才。技能应用型人才是以操作技能和岗位技能训练为核心、掌握一定的专业理论、具备熟练的操作技能的专业技术人才。创新型应用人才除具备技能应用型人才的能力外，还必须具有技术创新、技术二次开发、综合专业技术解决实际问题的能力，具有适应多种岗位的综合素质以及职业判断能力[2]。因此，计算机专业创新型应用人才应具备熟练的计算机硬件和软件操作技能，同时具备计算思维能力、算法分析与编程能力、系统综合开发能力、团队协作与人际交往四种能力。

二、教师科研促进创新型应用人才的培养

几年来，我校计算机专业教师主持国家及省部级科研项目 30 多项，横向项目 10 多项，获得省科技进步奖 7 项，省级教学成果奖 10 多项，各类教学成果 20 多项，发表论文 300 多篇，形成了一个实力较强的科研与教学团队，为培养创新型应用人才创造了良好的环境和平台，并从以下五个方面开展计算机专业创新型应用人才的培养。

（一）科研成果引入课堂教学

科研是高校教学活力的源泉，是培养创新型应用人才的根本保证。以科研促教学是提高高校教学质量的重要途径，是教师提高教学深度和广度的前提条件。教师通过科研可以了解和掌握学科前沿，不断更新自身的知识结构、完善教师的知识体系。学生通过教师科研成果的介绍和讲解，感悟到学海无涯，创新无限。仅有书本知识是不够的，还要不断学习和掌握学科前沿，才能不断创新、进步。为此，我们发挥教授、博士的科研优势，鼓励他们将自己的科研成果引入课堂。通过启发式或探究式的教学方法，将科研成果与教学内容有机地结合起来，在讲解课本基本概念和基本原理基础上，引入研究成果，丰富了课堂教学内容，提高教学的深度，通过成果的应用，拓展教学的广度。例如，在“数据结构”课程中，没有给出图像算法设计的内容，平时学生对图像处理接触也较少。教师结合讲解哈夫曼编码的数据压缩功能，介绍各种数据压缩算法和系统，并将“分形压缩算法”的研究成果引入课堂教学，使学生了解到除了欧氏几何学之外，还有一门分形几何学。分形几何学有很广泛的应用，在计算机学科中可以用来解决图像压缩问题，且压缩率比较高。但是，目前它还不实用，有很多问题需要去研究和解决。从而引起学生的好奇心，激发他们的学习兴趣和热情，以此培养学生的创新意识和创新欲望。

（二）科研成果融入实验内容

我院充分利用教师科研，实行“教、学、研”相结合，鼓励教师把科研成果和教改成果融入实验教学中。

教师结合相应的专业课程，从教师的纵向和横向科研课题中选择适合本科学生进行创新实验的项目，按照设计性实验和综合性实验的要求，将研究成果融入到课程实验中。把教师课题中模块设计、算法设计与分析、数据库设计与分析、代码实现等分解成实验项目，总结出实验目的、系统功能、指标要求、实验设备、算法步骤或流程、数据库设计、系统设计与分析、实验结果、代码清单等实验流程和要求，增加设计性、综合性等创新实验项目20项，并将教师与实验有关的教改成果，如实验内容、实验方案、实验方法与手段等应用到相关课程的实验。创建操作训练、编程训练、设计训练、综合训练的“四步训练，五种能力”实验教学模式；应用任务驱动、案例分析、开放式、探究式实验教学方法，对实验采用灵活多变、有针对性的训练，促进学生熟练掌握基本操作技能和专业技术。培养学生创新素质，增强科研意识，教学科研密切结合，将前沿科学、新技术及时传授给学生。启迪学生创新思维，拓展想象空间，提高学生设计性与综合性实验的效果。

（三）创建创新工作室培养学生的创新能力

根据我院科研项目、校企合作项目的研究方向、研究内容，创建了“智能计算与信息处理”“软件开发”两个创新工作室。创新工作室的宗旨是依托教师的科研项目和教师研究团队进行创新与开发，同时吸收专业能力较强的硕士生、本科生协助研究与开发，达到创新与开发，并培养出一批创新型应用本科人才的目的。

创新工作室负责人主要由年轻的教授、博士承担，负责制订创新工作方案，包括创新任务、创新目标、创新项目指导教师、前期培训、时间安排、创新成果验收、评价总结等，并组织实施。创新工作室的本科学生可以是由专业教师推荐的优秀学生，也可以是有兴趣自愿报名参加，还可以是计算机协会、网络协会等学生社团推荐的。具体办法：接受大学生参与项目研究报名—对报名学生进行考核—指派团队老师对学生进行研究前的培训—指导老师给学生分配研究或开发任务—学生研究或开发—提交研究或开发成果—成果验收与评价。

几年来，创新工作室以教师为主导，以项目为驱动，主要研究与开发项目包括：基于 GEP 的关键技术研究、基于多核机群的 Petri 网并行算法研究、演化算法在物流企业智能信息处理系统中的应用研究、智能物流网站的设计与开发等。一方面，学生在这些项目的研究与开发中，负责算法设计与实现、算法的运行与验证；系统网站的架构与模块设计、功能的详细设计与编程实现、系统与网站的运行与测试、撰写文档等工作。另一方面，通过创新工作室指导教师的培养和指导，学生结合教师的研究方向申报了省级和校级的“大学生创新创业”研究项目，每年都有 5 ~ 8 个项目获得立项资助，使学生成为了真正的项目主持人，达到了创新工作室培养创新人才的目的。因此，创新工作室的创建，使得一批学生比较完整地参与了项目研究与开发的全过程，亲自参与和主持了创新研究与开发设计，学会了从事研究工作的基本方法和创新思维。使学生在掌握专业技术的同时，了解了专业的前沿发展动态。学生的专业能力、专业技能、独立工作与合作能力、专业素质、敬业精神等方面都得到了锻炼和提高。不仅拓宽了学生的知识广度，也加深了学生的知识深度，不仅提高了学生的理论水平，也提高了学生解决实际问题的能力。使学生具备了一定的创新能力，具有了较强的专业应用能力，增强了学生的自信心和创新动力。

（四）科研项目案例实训基地培养学生的专业应用能力

我院教师承担了多个横向开发项目，为机关、企事业单位设计开发了多个软件系统或网站，取得了较好的经济效益和社会效益。为了培养计算机专业本科学生的创新应用能力，建立了一个“科研项目案例”实训基地，供计算机专业高年级学生进行综合项目开发训练。该基地的案例由科研项目主持人去除知识产权、简化处理和增加二次开发接口后，将项目开发的各个阶段文档、代码等提交给实训基地。实训基地组织计算机专业学生将每一个科研项目案例的开发全过程及各个阶段制作成动画演示系统，供教师在实训前给学生进行培训，学生也可以自己一边演示一边实训。案例系统或网站还提供二次开发的接口，供参加实训的专业学生进行二次开发、运行与测试。

“科研项目案例”实训基地通过案例的开发过程演示，采用开放式、解剖式的直观教学方法向学生展示软件系统开发过程的市场调查分析、需求分析、可行性分析、总体框架设计、模块设计、功能设计、代码设计等各个阶段需要解决的问题以及需要使用的开发工具、数据库等专业技术和专业工具，加深学生对软件工程、数据库原理、面向对象程序设计语言等课程的理解及综合运用，将理论知识转化为感性认识，对软件系统开发有了比较完整的认识[3]。通过具体的实用案例系统或网站，学生学习各功能菜单的代码，掌握要实现某一功能模块的关键算法及代码实现。通过建立具体的数据库，让学生学会如何建立数据表、建立数据表之间的关联，构建实用的数据库。通过功能模块与数据库之间的连接调用，使用学生掌握系统中前台与后台数据的连接方法。同时，学生通过提供的二次开发接口，在原系统或网站基础上，自己动手添加功能模块并编写代码实现。在实训基地，学生可以通过二次开发进行功能模块训练，通过项目驱动开展系统开发实训。学生组成项目小组，共同完成系统的开发，最终达到培养学生的综合设计与开发能力，培养学生的专业能力和专业技能，培养学生的创新意识和创新能力，培养学生的协调与团队合作精神。

（五）教师科研促进学科竞赛，培养创新人才

学科竞赛是在课堂教学基础上，以竞赛的方法，激发学生理论联系实际和独立发现问题、解决问题，培养学生专业素养和创新能力的重要途径。通过竞赛，培养一批学习能力强、学习潜力大、学习效果明显的学生骨干。几年来，我们通过教师科研促进学生的学科竞赛，培养创新人才。

（1）以教师科研项目依托，通过创新工作室组织参赛学生进行集中培训，依靠项目组的集体智慧，基于课题研究成果开展针对性的训练。

（2）以“科研项目案例”实训基地作为训练基地，结合参赛科目、内容，选择相应的科研项目成果案例进行针对性的训练。

（3）在导师的指导下，以“大学生创新创业”立项项目和研究成果为基础，经过凝练和提升，推动学生个人或小组参赛。几年来，我们组织学生参加了包括全国大学生软件大赛、计算机网络大赛、广西计算机应用大赛等学科竞赛，并取得了优异的成绩。逐步形成了以教师科研促进学科竞赛的实践模式：以教师科研项目组建参赛小组—创新工作室分小组集中训练—校级选拔赛—选拔出参加全国或省级比赛选手—创新工作室重点训练—指导教师带队参加比赛—召开总结会—奖励获奖选手。通过依托教师科研，促进学科竞赛，培养学生的创新能力。做到以创新促进竞赛，以竞赛提升创新，不断提高计算机专业学生的专业能力、专业技能、创新精神和团队协作精神。

三、实践与成效

我校计算机专业依托计算机教师科研和教学团队的科研教研优势，促进创新型应用人才的培养。将教师的科研项目、科研成果融入课堂教学和实验教学，通过创新工作室、“科研项目案例”实训基地、学科竞赛等形式，以任

务驱动式、案例分析、开放式、探究式等教学方法推动计算机专业创新型应用人才的培养。经过几年的实践，我校计算机专业学生共获得了10多项区级或校级“大学生创新创业”研究项目的立项资助；在参加全国大学生软件大赛、计算机网络大赛、多媒体教学软件大赛、广西计算机应用大赛等比赛中，共获得10多个国家级奖项、20多个省级奖项。我校计算机专业依托教师科研，促进专业创新应用型人才的培养取得了比较显著的成效。

四、结语

我院构建依托教师科研项目和研究成果，融入课堂教学和实验教学，通过创新工作室、“科研项目案例”实训基地、学科竞赛等形式推动计算机专业创新应用型人才的培养模式，取得了一定的成效。但是，其培养目标、人才规格、项目与课程内容结合、科研成果转化、学生创新创业项目转化等内涵建设还有很多需要完善和改进的地方，这是我们下一步的研究与实践工作。

参考文献：

［1］李文敬，刘之家，闭应洲．计算机本科应用型人才专业能力培养［J］．计算机教育，2011（10）：103－107.

［2］侯守明，侯占伟，徐文鹏．计算机专业创新型应用人才培养模式研究［J］．计算机教育，2009（18）：22－25.

［3］李文敬，蓝贞雄，元昌安．计算机本科专业学生软件系统设计能力的培养与实践［J］．广西师范院学报，2012，29（1）．

第三部分

教学改革专项课题申报书

物流管理专业智能物流信息系统特色方向的构建与实践研究

李文敬

一、立项依据

（一）理论依据与意义

在物流的发展历程中，物流信息系统发挥着不可替代的作用。伴随着物流信息系统的发展，物流的运作也更加智能化、全球化，并在未来的社会中继续发挥不可替代的作用。而通过计算机技术、网络技术、电子数据交换技术、条码技术、全球卫星定位系统、地理信息系统等信息、技术实现的智能物流管理信息系统，使得物流管理的自动化、高效化、及时性得以实现。现代物流只有在信息系统的支持下，才能实现物流网络四通八达，规模效益日益显现，社会物流成本不断下降。现代物流管理人才离不开对物流信息系统的理解和操作技能的掌握。为此，我们对物流管理专业开设智能物流管理信息系统特色方向的可行性进行研究与分析，对构建该特色方向的师资队伍、课程设置、理论与实践教学模式、教学方法与手段、评价标准等开展研究与实践，对培养现代物流管理人才具有重要的现实意义。

（二）国内外研究现状分析

现代物流是信息技术应用非常普遍和成熟的领域，西方发达国家的物流企业俨然已经成为了信息密集型企业。目前在国内，各种物流信息应用技术已经广泛应用于物流活动的各个环节，对企业的物流活动产生了深远的影响。

1. 物流自动化设备技术的应用

物流自动化设备技术的集成和应用的热门环节是配送中心，其特点是每天需要拣选的物品品种多、批次多、数量大。因此在国内超市、医药、邮包等行业的配送中心部分地引进了物流自动化拣选设备。分拣设备在国内大型配送中心有所使用。但这类设备及相应的配套软件基本上是由国外进口的，也有进口国外机械设备，国内配置软件的。立体仓库和与之配合的巷道堆垛机在国内发展迅速，在机械制造、汽车、纺织、铁路、卷烟等行业都有应用。例如昆船集团生产的巷道堆垛机在红河卷烟厂等多家企业应用了多年。近年来，国产堆垛机在其行走速度、噪声、定位精度等技术指标上有了很大的改进，运行也比较稳定。但是与国外著名厂家相比，在堆垛机的一些精细指标如最低货位极限高度、高速（80m/s 以上）运行时的噪声，电机减速性能等方面还存在不小差距。

2. 物流设备跟踪和控制技术的应用

目前，物流设备跟踪主要是指对物流的运输载体及物流活动中涉及的物品所在地进行跟踪。物流设备跟踪的手段有很多种，可以用传统的通信手段如电话等进行被动跟踪，可以用 RFID（射频识别）手段进行阶段性的跟踪，但目前国内使用最多的还是利用 GPS 技术、北斗卫星技术跟踪。GPS 技术或北斗卫星技术跟踪利用 GPS、北斗卫星技术物流监控管理系统，它们主要跟踪货运车辆与货物的运输情况，使货主及车主随时了解车辆与货物的位置与状态，保障整个物流过程的有效监控与快速运转。物流 GPS、北斗卫星技术监控管理系统的构成主要包括运输工具上的 GPS、北斗卫星定位设备、跟踪服务平台（含地理信息系统和相应的软件）、信息通信机制和其他设备（如货物上的电子标签或条码、报警装置等）。在国内，部分物流企业为了提高企业的管理水平和提升对客户的服务能力也应用这项技术，例如 2015 年年底，沈阳等地方政府要求下属交通部门对营运客车安装 GPS 设备工作进行部署，从而加强了对营运客车的监管。

3. 物流动态信息采集技术的应用

企业竞争的全球化发展、产品生命周期的缩短和用户交货期的缩短等都对物流服务的可得性与可控性提出了更高的要求，实时物流理念也由此诞生。如何保证对物流过程的完全掌控，物流动态信息采集应用技术是必需的要素。动态的货物或移动载体本身具有很多有用的信息，例如货物的名称、数量、重量、质量、出产地，或者移动载体（如车辆、轮船等）的名称、牌号、位置、状态等一系列信息。这些信息可能在物流中反复使用，因此，正确、快速读取动态货物或载体的信息并加以利用可以明显地提高物流的效率。在目前流行的物流动态信息采集技术应用中，一维、二维条码技术应用范围最广，其次还有磁条（卡）、语音识别、便携式数据终端、射频识别（RFID）等技术。

综上所述，智能物流信息系统在物流活动中起着神经系统的作用，物流活动中没有信息的支撑，就如同没有物流系统。为此，智能物流信息系统在物流管理专业人才培养中起到极其重要的作用。在物流管理专业中开设智能物流信息系统特色方向，对于人才培养、服务地方经济都具有十分重要的意义。

二、项目内容摘要

（一）主要内容

本课题拟从培养智能物流信息系统人才，服务广西地方经济作为出发点，在师资队伍建设、课程设置、教学内容、实践平台建设、教学方法与手段、人才评价标准等进行改革，在物流管理专业中进行人才分类培养，构建专业特色方向。具体改革内容如下。

1. 多维实践平台硬件的建设

构建物流数字模拟实验室、物流实训与模拟仿真、模拟与实战创业等多维实践平台与建设。新建第三方物流实训与模拟仿真平台，增加实验室的开放性。注册小微物流公司，建立智能物流信息系统研发实验室。

2. 师资队伍的建设

对智能物流信息系统的师资队伍学历、职称、年龄、专业能力结构进行深入研究与分析，构建能够满足本特色方向的人才培养的师资队伍。

3. 特色方向课程设置与教学内容的建设

课程设置与教学内容建设是培养本特色人才的基础，开设多少课程、开设什么课程，这些课程之间的关联和支撑作用，对建立完善的模块课程体系和运行机制有重要作用。

4. 建立新的人才评价标准

在物流管理专业人才分类培养的基础上，研究新的人才评价标准和本特色方向人才的能力结构。

（二）改革目标

针对目前社会对物流管理专业人才的不同需求，培养智能物流信息系统人才是提升物流人才质量的重要手段。具体改革目标如下。

1. 培养熟练使用各类物流信息系统的人才

培养能够熟练使用各类物流信息系统的人才，以适应物流企业对物流管理人才的需求。

2. 逐步培养智能物流信息系统研发型人才

开设计算机、物联网等相应的课程模块，逐步培养智能物流信息系统研发型人才。

3. 提升服务地方经济能力，促进学生的就业与创业

与企业、行业协会、政府机关开展合作，面向社会提供物流服务。组织研发队伍，开发智能物流信息系统，为企业和社会经济服务，并促进学生的就业与创业。

（三）创新之处

本项目的创新之处体现在以下两个方面。

（1）通过构建特色专业方向，培养物流管理专业的特色人才。

（2）通过培养特色人才，提升人才培养质量。

（四）拟解决的关键问题

（1）物流信息系统所依赖的硬件与软件平台。

（2）特色模块方向的教师、课程结构、教学内容等有机融合。

三、项目实施方案及实施计划

（一）实施方案及实施方法

（1）加强校内实验室的建设和管理，开拓实训与模拟仿真平台的建设。

实验室建设与产业的发展能够互动，增加实验室的开放性和实验教学中的学生的自主性，提高实验室教师的专业水平。

（2）设计完善运作机制，建立研发工作室，吸纳学生参加。

（3）组建智能物流信息系统的教师团队、课程与教学内容的研究。

（二）年度工作计划

本项目从 2015 年 1 月开始实施，到 2015 年年底结束。

整个项目实施分为以下几个阶段。

2015 年 1 月—2015 年 6 月，调查研究，加强实验室、物流实训与模拟仿真实训室的建设，组建师资团队。

2015 年 7 月—2015 年 12 月，完成特色方向人才培养模式、教学体系结构之间的关系、机理的研究，并完善物流管理专业的人才培养方案的制订。发表研究论文 1 篇，进行项目的验收、总结、推广。

物流管理专业本科生创业人才培养模式与培养方案研究

汪德荣

一、立项依据

长期以来，我国大学人才培养的目标简单划分为研究型人才和应用型人才，而教育观念上则认为大学生毕业面临的选择是就业、考研、出国，没有将创业教育提高到与一般教育同等重要的地位，因而培养出来的学生具备创业精神和创业能力的凤毛麟角。整个社会和家庭也缺乏对孩子创新精神与创业意识的培养教育。而传统管理教育侧重于给学生传授一般大企业管理工作所需要的知识和技能，通常围绕管理职能展开，强调在一个稳定的环境中如何进行最优决策。尽管也有创新及不稳定环境等类的教育穿插其中，但并未将这些创业教育中的重要内容当作一般管理的背景来进行教育。由于缺乏创业教育的功能，这种教育在一定程度上扼杀了学生的创业精神。因此，强化创业教育，将创业教育提高到与传统就业型教育和学术型教育并重的地位，对于拓宽学生就业面、增强学生就业技能、提高就业率等都具有非常重要的意义。

党的十八大报告明确提出，要“促进以创业带动就业”的扩大就业发展战略。知识经济时代的教育不仅是一个学生就业培训的教育，而应是创造、创业能力的教育。大学应该成为创造创业型人才成长的摇篮，教学生学会创业。这也就是说，在播种文明种子的过程中，教学活动要特别注重具有广泛迁移价值的学习方法和态度，并使这种学习方法和态度内化为学生结束课程学习后继续求知以适应瞬息万变之未来的基本能力。这时关键应抓教育机制的转轨以及校企结合，培养与企业发展相适应的实用型人才，实现高校人才培养模式和课程教学方法的大变革（莫光政，2008）。因此，在新时期对学生进行系统的创业教育，这对任何企业（不管是大企业还是小企业，公共企业还是私营企业，营利组织还是非营利组织，地方企业还是跨国公司）都是至关重要的。

过去，人们一直以为创业精神与生俱来，而创业能力则来自于实践。随着对创业是行为而非特征的认识深入，人们发现，创业及其相关内容是可以被教的（Kuratko，2003；Fiet，2000），创业教育项目能改变受教育者的创业意向（Peterman，Kennedy，2003）。按照 Lundström 和 Stevenson（2001）的观点，创业动机、创业机会和创业技能三个方面共同决定了人们的创业精神，而这三个方面都是可以通过教育来提高的。发达国家非常重视创业教育。早在 1919 年，美国的青年商业社便对高中生实施商业实践教育。1947 年，哈佛大学商学院开设美国大学第一门创业教育课程。20 世纪 80 年代，以比尔·盖茨为代表的创业者掀起一场“创业革命”，美国高校的创业教育迅速发展，并将创业教育纳入从小学到研究生的正规教育。根据麻省理工学院 1999 年的统计，1990 年以来该院师生平均每年创办 150 家新公司，仅 1994 年这些公司就提供了 110 万个就业岗位，销售额达 2320 亿元。硅谷 60% ~70% 的企业是斯坦福大学的学生和教师创办的。英、法、日等国的创业教育均已推广到初中。20 世纪 70 年代，全世界只有 16 所大学进行创业领域的教学活动。到 90 年代，全球共有 1050 个学校开设创业课程（Solomon，Weaver，Fernald，1994）。如今，全世界从事创业教育的大学超过 1600 所，开设课程超过 2200 门（Hisrich，2005）。

20 世纪 80 年代末，世界经济合作和发展组织的专家柯林·博尔提出未来人应获得三本教育护照：第一本是学术性（基础文化知识）的；第二本是职业性的；第三本是证明个人事业心和开拓技能的。柯林·博尔等人是这样来描述这种有事业心和开拓技能的人的，“对于变化持积极的、灵活的和适应的态度，视变化为正常、为机会，而不视其为问题。一个如此对待变化的、具有事业心和开拓技能的人，具有一种来自自信的安全感，处理危险、冒险、难题和未知，从容自如。这样的人具有提出新的创造性思想、发展这些思想，并坚定不移地使之付诸实施的能力；这样的人有能力并勇于负责，善于交流、谈判、施加影响、组织和规划。他是积极而不是消极的，有信心而不是朝三暮四的，有主见而不是总依赖着他人”。

创业教育的理念在我国始于1989年。当年，面向21世纪教育研讨会在北京召开，会上正式提出“第三本教育护照”的概念，即“创业教育”的概念，要求把事业心和开拓技能教育提到目前学术性和职业性教育同等重要的地位。创业教育的内涵是培养事业心和开拓技能的“工作岗位的创造者”，而非传统的“求职者”概念。“创业教育”就是培养具有开创性的人才的个人教育，联合国教科文组织研讨21世纪国际教育发展趋势时提出，“除了要求受雇者在事业上有所成就外，用人机构或个人正越来越重视受雇者的首创精神、冒险精神、创业能力、独立工作能力以及技术、社交和管理技能，它为学生灵活、持续、终身的学习打下基础。”创业是素质教育、创新教育的深化。创业以创新和创造为基础，将知识转化为产品，是一种更加综合、更具有社会性的复杂活动。在高校里开展创业教育，就是要使学生树立创业意识、创业精神，掌握创业的本领、方法，培养学生克服困难、承担风险的心理、意志和实干精神，使学生能够适应各种社会环境，成为一个智者、强者而不是弱者，毕业后能够大胆地走向社会，自我创业。

2002年4月，教育部高教司在北京召开了普通高校创业教育试点工作座谈会后，中国高校才逐渐开始创新创业教育的探索（王辉，2005）。目前我国大学主要进行了以下几种创业教育实践：第一，举办创业计划大赛；第二，成立创业学院；第三，设立创业基金会；第四，开设相关课程；第五，建立创业实践基地或实验基地；第六，举办各种形式的创业报告会。创业教育强调对大学生实际能力的培养，使大学生形成自我就业意识，并在毕业时具有发展的眼光、创业的胆识、开放的观念、较强的组织与交往能力和社会责任感（刘动菊，2007）。这一切就需要大学既要从教学层面上渗透对学生创新观念和创造性思维能力的培养，又要在校园中建构和营造创业文化氛围，在精神和舆论上将创业教育提升到为社会创造财富、为社会分忧、对社会做贡献的高度，崇尚创业、鼓励创业，让创业成功者成为新时代大学生心中的榜样和英雄。

然而，我国高校在推行创业教育中至少面临以下四个方面的问题：一是创业教育观念落后，对大学生创业教育的重要性和必要性认识不足。一些学校通过举办大学生创业讲座来培养和激发学生的创业精神，但只有少数高校把大学生创业教育纳入到系统的学习和课程体系中；二是缺乏相应的师资力量。在国外，讲授创业教育课程的教师大多都有创业或投资的经历，熟悉企业的运营。但在中国，即便在已开设创业教育课程的少数高校中，授课教师也多是学术专家出身，缺乏创业经历和实践能力；三是没有形成权威的教材体系。国外已经开发出一些很受学生欢迎的教材，形成了比较成熟的教学手段和教学评估标准，但这些在我国几乎还是空白。已经开设大学生创业教育课程的一些高校在选择教材方面也存在很大的局限性；四是创业活动流于形式。比如，一些高校虽然举办了各种形式的大学生创业计划大赛，但多数大学生只是为比赛而比赛，而不会真正将创业计划付诸实施。学校方面也缺乏相应的培育大学生创业的具体措施。由此可见，我国高校的创业教育还处于起步阶段，没有形成系统、完善的创业教育理论与培养体系，迫切需要在实践中不断完善和深化。创业教育任重而道远。

二、项目内容摘要

（一）具体改革内容、改革目标和拟解决的关键问题

本创业人才培养模式改革的总体思路是：根据我国“创新型国家”发展战略的客观要求，以科学发展观为引领，以强化创业教育为目标，以改革创新为动力，以师资队伍建设为重要抓手，加强创业教育的理论研究和教材建设，进一步完善现有的课程体系、教学模式、教学内容和教学方法，积极探索符合我校（主要是物流管理专业）学生的创业人才培养模式，为社会培养和输送更多具有现代意识和时代精神的创新型、创造型、创业型人才。

在此基础上，以创业教育改革为切入点和突破口，全面推进我校的教育教学改革，进一步提升我校的教学水平和人才培养质量。

1. 具体改革内容

面向物流管理专业的学生，科学设计创业人才培养方案，进行创业意识、创业知识、创业技能，尤其是创业精神的系统教育，进一步激发学生的创业热情，转变学生的就业观念，开发学生的创业潜能，增强学生捕获机会、把

握机会、利用机会、创造机会的能力，为社会培养更多具有现代意识和时代精神的创新型、创造型、创业型人才。

2. 改革目标

以创业班、创业教育课程、创业模拟训练、创业活动实训等多种形式，对物流管理专业学生进行创业意识、创业知识、创业技能，尤其是创业精神的培养，进一步激发学生的创业热情，转变学生的就业观念，开发学生的创业潜能，增强学生捕获机会、把握机会、利用机会、创造机会的能力，全面提升我校物流管理的人才培养质量，为社会培养和输送更多、更好的具有创业精神和创业能力的创业人才。

3. 拟解决的关键问题

（1）通过创业理论、创业案例分析课程和企业家讲座等方式，强化学生的冒险意识，激发学生的创业动机，提高学生的创业精神，培养学生的创业心理品质（包括独立性、敢为性、坚忍性、克制性、适应性、使用性六种因素）。教育学生带着爱和信仰去创业，将创业看作最能吸引人的力量，是人的自身价值和社会价值的体现。让学生在实践中体验到创业的艰辛和欢乐，总结成功的经验和失败的教训，磨炼意志毅力，培养开拓精神，积累经营管理的经验。

（2）通过创业相关课程的教育和创业计划书的撰写，提高学生对创业基本知识的了解和认识。

（3）通过创业实训课程和创业情景模拟训练，结合理论学习，提高学生创业的各种技能，如机会识别、融资、商务谈判、激励、团队管理等技能，培养方法能力、社会能力、经营管理能力和综合性能力。

（二）实施方案、实施方法

①明确培养目标；②探索培养模式；③完善课程体系；④丰富教学内容；⑤改善教学方法；⑥拓展实训基地；⑦加强队伍建设；⑧推行新的考核制度。

三、项目实施方案及实施计划

2015 年 1—3 月：建立适合创业人才培养的课程体系。该课程体系体现以通识课为专业教学基础，再增设与创业密切相关的核心课程，如“创业学”、“小企业管理”、“新企业创立”、“技术创新管理”、“企业成长管理”、“创造学”等。通过课程体系的完善和实施，使学生能够把专业知识和创业知识有机结合，综合素质和创业技能普遍提高。同时，开始联系新的实训基地，引进、培养教师队伍。

2015 年 4—11 月：丰富教学内容，改善教学方法。在强化通识课为基础的专业教育基础上，增加创业教育相关课程的比重，拓宽学生知识面。融知识传授、能力培养、素质提高为一体，使学生全面、协调发展。而在教学方法上，改变传统“填鸭式”教学方法，采取更加具有创造性，能激发学生潜能和求知欲望的教学方式。

2015 年 12 月：探索和推行创业教育考试评价制度，建立以考核能力为核心的教学考核内容体系。总结研究成果，结题。

物流管理专业教学方法与教学手段改革研究

刘新全

一、立项依据

（一）项目现实问题和意义

近年来，随着社会对物流人才需求的不断增加，设置物流专业的高校数量也快速发展起来，根据全国高校物流管理与工程类专业建设及学科战略发展调研报告，全国本科院校开设物流管理专业的数量由2008年的238所提高到2013年的393所，是物流管理与工程目录下开设数量最多的专业。在这样的背景下，如何在大同中寻找不同、在专业培养和专业教学中凸显特色，成为本科院校物流专业教学改革与发展中面临的一个非常现实的问题，也是检验培养毕业生能否迅速适应社会和岗位的一个重要依据。改进物流管理专业教学方法和教学手段，可以达到提高教学水平的目的，对完善物流教学体系，促进物流本科教学的发展具有一定现实意义，对促进物流管理专业应用型创新人才培养具有重大的意义，对促进我国物流产业乃至国民经济的发展具有重大影响。

（二）国内外研究现状分析

当前学者在高校物流管理教学方面进行了探讨和研究，提出了一些适合物流管理教学的方法。情景模拟法，最早由美国心理学家茨霍恩提出，该方法作为一种有效的行为测试手段，以被试者可能担任的职务为依据，编制一套与该职务实际相似的测试项目，之后把被试者安排在模拟的、逼真的工作环境中，要求被试者处理可能出现的各种问题，并采取多种方法来测评其心理素质、潜在能力的一系列方法，相关学者将该方法应用到了物流管理教学中，结果证明有助于调动学生的学习积极性与自主性，有助于提升学生的社会能力、行为能力以及专业能力（许敏，2012）。案例教学法是以某企业或部门的实际运营情况作为案例，结合理论知识，引导学生通过对案例所提供的材料和问题进行分析研究，提出见解，做出判断和解决问题、理论联系实际、启发式的教学方法，对于物流管理专业课程来说，通过具体案例的阅读分析，把抽象的原理、概念等具体化，学生从被动地听变为积极地思考，可以培养学生运用物流理论知识解决实际问题的能力；另外，还可以让学生对物流知识不再有距离感、抽象感，从而增加学生的感性认识（崔媛，2010；Inna Popil，2011）。现代物流教学除了使用 PPT 教学之外，其他信息技术也被引入到教学过程中来，提升了教学方法的灵活性，应用视频资料为学生解说某些物流专业知识在实际中的应用及国外先进技术，无疑更加直观地展现教学内容，使学生了解科学前沿及实际应用状况；可以建立网上论坛作为讨论和交流的平台，从而可以方便老师与学生的交流，学生可以方便地获知课程的详细要求和信息，并向教师提出问题（卜雷，2011）。实践教学是培养学生动手能力和分析问题能力的重要环节，由于物流管理专业课程本身就具有很强的实践性，学生完成基础理论知识的学习后，能否胜任物流管理岗位的实际工作，已成为检验教学工作成效的重要标准。因此，在物流管理专业教学过程中，鼓励学生走进企业实习，鼓励企业管理经验丰富的人员与学生互动、交流，为学生讲解物流实践知识，建立校企互动机制（汪旭晖，2008）。项目教学在当前物流教学过程中也逐渐引起重视，该方法是由师生通过共同实施一个完整的项目而进行教学的方法，是当今国际教育界十分流行的一种教学方法，由学校和企业共同组成项目小组，深入企业实际，学生在解决企业存在的问题的同时，学习和应用知识，在实践的第一线提升学生的综合能力，开拓“理论—实践—理论”的新模式，步骤包括：明确项目任务、制订项目计划、实施项目计划、检查评估、归档和应用（杨静，2010）。

综上可以看出，当前对物流管理教学方法与教学手段改革方面已经进行了一定的研究，相关学者也从不同的方面对不同的方法进行了研究，分析了相关方法在实际教学过程中的效果。通过分析发现，现有的方法在一定程度上对改进物流专业教学效果起到了作用，但是未能充分调动学生之间通过合作完成专业学习的能力（José－Reyes Ruiz－Gallardo，2011），教与学缺一不可，教师在教学中使用再好的方法如果缺少学生积极主动的学习，也很难达到效果，因此应该重视学生团队合作学习方法的应用。

二、项目内容摘要

1. 研究的主要内容

（1）通过调查研究、收集资料，对比中外本科院校在物流管理教学方法方面存在的差异。

（2）分析当前物流管理教学过程中急需解决的问题，建立基于问题的研究框架。

（3）在分析研究问题的基础上，提出切实可行、符合现代物流管理教学的方法，并提出通过研究要达到的目标。

（4）分析当前教学过程中应用较多的教学方法和手段如何与学生团队学习结合在一起，使教学效果得到提升，并分析项目在实际教学过程中应用的效果。

2. 改革目标

（1）通过教学方法和教学手段的改革，优化物流管理专业教与学关系，提升物流管理教学水平。

（2）建立完善的课堂教学措施，为物流专业教学创建良好的环境和氛围，引导和激励学生提高课堂效率，调动专业学习积极性。

3. 创新之处

无缝衔接的学习方法、教学方法和教学手段是保证物流专业教学质量的基础，采用科学的学习方法、教学方法及较完备的教学手段，可以达到提高物流专业人才培养质量的教学效果；本项目通过探索学生自主团队学习与教师教学方法和手段相结合的教学方法，以期达到充分调动物流专业学生学习的积极性，培养具有综合能力的专业人才。

三、项目实施方案及实施计划

1. 实施方案

本项目将深度分析物流管理专业教学过程中真正需要的教学方法和手段，

在构建研究框架的基础之上，按照改革的基本要求以及当前物流专业教学过程中存在的问题，借鉴国内外成功的教学方法，探索基于学生团队学习与当前教学方法和教学手段相结合的方法，实现教、学、做一体化的教学模式。

2. 具体实施计划

（1）2015 年 1—5 月：调研、分析当前物流管理专业教学过程中存在的问题。

（2）2015 年 6—10 月：建立研究框架，分析当前国内外成功的教学方法。

（3）2015 年 11 月—2016 年 12 月：撰写论文，实践探索，理论分析，总结归纳结论，结题。

3. 预期成果

撰写与物流管理专业教学方法与教学手段改革研究相关的学术论文 2 篇。

物流管理专业学生职业价值观教育研究

——以广西师范学院为例

谢　珊

一、立项依据

1. 项目基于的现实问题

自中国加入世界贸易组织后，随着国民经济的快速发展，对社会物流需求显著增加，推动物流产业保持持续、稳定、快速发展。许多地方政府正在积极筹划发展现代物流产业，把物流作为经济发展的支柱产业和新的经济增长点。我国的现代物流已经进入快速增长、全面发展的新时期。中国物流与采购联合会常务副会长丁俊发预计，中国物流需求高速增长期将持续 10 ~ 15 年，特别是在"十一五"期间，随着国民经济的稳定快速发展和进出口贸易的进一步扩大，物流需求的规模还将继续扩大。目前，物流专业人才已被列为我国 12 类紧缺人才之一。据智联招聘最新发布的网上人才招聘的数据显示，2010 年我国本科以上物流人才的需求量约为 30 万 ~ 40 万人，而目前各类大专院校物流专业年培养规模在 5000 人左右，物流规划咨询、物流外向型国际、物流科研这三种人才在业内最为缺乏。党的十八大以后，中国物流行业的发展趋势主要为：物流行业将告别传统的经营模式向现代化、信息化发展；物流企业竞争力整体提高，物流业生存环境得到改善。

宏观上，国家重视物流业，物流业发展前景较好，但现实中，物流业生存环境较艰难，物流企业特别是小型物流企业总体竞争力不强，导致物流管理专业毕业生毕业后真正从事物流行业的人数比例并不高。如何帮助物流管理专业学生正确认识物流行业，根据物流行业发展趋势，针对自身特点，找准就业方向，早做就业规划和准备，是亟须解决的问题。

2. 项目的意义和价值

本研究的意义和价值主要表现在以下几个方面。

一是我国实行改革开放和社会主义市场经济体制，由此带来了经济、政治、精神文化和社会生活方式的深刻变化，深刻地影响着人们的道德观和价值观，同时也深刻地影响着新时期高校大学生的职业价值观，使得对物流管理专业学生进行价值观教育成为必要。

二是就业是民生之本，关系到千家万户。做好大学毕业生就业工作，是教育为社会主义现代化建设服务、建设人力资源强国的迫切需要，是努力解决人民群众最关心、最直接、最现实利益问题的迫切需要，也是缓解社会就业矛盾和构建社会主义和谐社会的需要。

三是高校学习时期既是一个人由学生生涯向职业生涯过渡的准备阶段，也是职业观念全面形成的关键阶段。因此，对高校大力开展和加强学生的职业价值观教育，具有更为现实的重要意义。

四是充分发挥高校在引导学生职业价值观教育中的正确导向作用，从而提高毕业生的就业率和就业满意度，也是提高高等教育质量、保持高等教育又好又快发展的迫切需要。

五是可以增强学生学习的主动性。当今世界范围内的经济竞争、综合国力的竞争，实质上是科学技术的竞争和民族素质的竞争，根本上是人才的竞争，重视人的发展，提高人的素质已成为世界教育改革的主流。在高校中实施有效的职业价值观教育，不仅可以为学生的学习提供理论支持和前景诱导，而且可以激发他们的学习动力，促进他们形成合理的知识、智能结构，并最终保证他们得以全面发展。

六是高校重视和加强对学生职业价值观教育的引导，可以使“教育扩展，知识失业”的局面得到改善。社会处在大调整期，相对较多的职业变迁会引发高失业率，这使得能够提供给知识劳动者的合适就业机会也会减少，由此产生相对严重的知识性失业，即受过高等教育的人才失业问题。

七是加强学生职业价值观教育有利于进一步拓展和丰富高校德育的内容。职业价值观教育作为价值观教育的重要组成部分，旨在引导学生在选择职业时，必须注意把自身的实际情况与所处时代的社会政治、经济、文化发展水平结合起来，认同并接受社会主导的职业价值观。这与思想教育中的价值观教育的要求是一致的。

3. 国内外研究现状述评

西方国家开始职业价值观的研究已有70多年，西方理论界对职业价值观的研究，是随着职业指导运动和职业心理学的发展而兴起并不断深入的。70多年来，他们提出了不少有关职业价值观的理论，编制了许多测量职业兴趣、职业能力和职业价值观的量表。同时也进行了大量的大学生职业价值观的变迁比较研究。概括起来，目前西方理论界有关职业价值观的研究主要存在以下几种理论观点：一是职业价值观内部结构理论。该理论主要是围绕职业价值观的内部因素结构所进行的探讨，它在一定程度上确立了职业价值观内部结构的科学体系。其中著名学者Super于1957年提出了15项职业价值观的内容。二是Holland的职业选择理论。1959年美国咨询心理学家Holland首次从个体特质维度提出了“职业选择理论”，该理论就职业选择提出了六条构想。为后来人们研究个性对职业选择的影响和职业分类等打下了坚实的理论基础。三是金兹伯格的“职业发展论”和“人与职业的匹配论”。金兹伯格认为职业价值属于人格的范畴，在职业选择中起决定作用，不同的人格特点与不同的职业类型相互匹配。四是职业价值观的变迁理论。针对不同时期职业价值观所呈现出的不同特点，人们提出了职业价值观变迁理论，该理论认为，一定的职业价值观与一定的历史特点总是相互关联的。一批学者就此展开了一系列的调查研究，从他们的研究成果可以发现：大学生的职业价值观，由于受现实的社会存在和历史事件的影响，由于时代的不同，或多或少都要发生变迁，变化的总趋势是青年大学生越来越重视自我实现、个性自由发展、经济利益等目标。

与国外相比，我国对职业价值观的研究起步较晚，大致始于20世纪70年代末、80年代初，进入90年代以来，大学生职业价值观的研究在国内成为热门，尤其成为经济学、心理学、教育学、社会学等学科关注的重要问题。发展至今，已形成了不少有理论价值和实践指导意义的学术成果。研究的成绩和特点概括起来有以下几点。

一是对转型期大学生职业价值观的变化特点、影响因素及发展趋势进行了大量的实际调查和理论分析。纵观20世纪八九十年代以来的研究，国内的专家和学者抓住了中国经济体制改革和大学生就业制度改革所带来的职业价值观转变的必然趋势，对大学生职业价值观的变化进行了大量的实际调查和研究，如郑伦仁（1997）对全国范围内包括广东、浙江、山东、北京、山西、新疆、河南、重庆等地 14 所大学的大学生择业观调查；中国青少年研究中心（2002）对全国 36 所高校的大学生职业价值取向调查；胡艳玲（2006）对河南师范大学、信阳师范学院、洛阳师范学院、商丘师范学院、周口师范学院的大学生的问卷，对大学毕业生职业价值观进行了调查研究等。通过大量的实地调查，基本上掌握了中国当代大学生职业价值观现状以及变化的原因和特点。并从多个学科角度对当代大学生的职业价值评价、职业选择标准、择业行为倾向等方面进行理论分析。

二是研究对象群体不断细化深入，时代性增强，理论研究取得一定突破。我国学者和专家对大学生的研究还具体到了不同的亚群体，如李志（1997）开展了独生子女与非独生子女大学生职业价值观的比较研究，揭示发现当代独生子女大学生趋势的职业价值观特点；曹瑞等人（2005）对高师大学生职业价值观的比较研究，揭示高师大学生从事职业价值观变化的影响因素；洪芳、吴谅谅（2007）通过对在校大学生和已工作大学生的职业价值观的比较研究，得出当今大学生职业价值观包含物质、声望、关系、发展、培养、安全 6 个因素。“物质”和“安全”是在校大学生首要的择业因素，“安全”和“培养”是已工作大学生首要的择业因素等。

有关大学生职业价值观研究的论著主要有：王路江、马俊杰、王志诚、唐钧合著的《测量愿望——大学生职业选择实证研究》，该书对全国五类高校中已签约的本科毕业生的职业选择做了系统的分析，从而使大学生职业价值观的研究理论更加丰富，更加系统；王沛主编的《大学生职业决策与职业生涯规划》则从大学生职业价值观问卷的编制、职业价值观的结构等方面进行梳理和研究，对理论研究者的应用及大学毕业生自身的指导都起到了积极的意义。詹万生、刘庆龙著《时代的脉搏——当代大学生价值观演变轨迹》专辟两章就大学生职业价值观的演变轨迹和大学生职业价值观的正确导向进行阐述。至此，大学生职业价值观的研究上升到新的高度，并且更加贴近学生主体，更加贴近高校实际，更加贴近当今现实，更加具有科学性和可操作性。

通过对大学生职业价值观的研究可以发现，有关大学生职业价值观的零散研究已有不少，并且形成了一定的理论体系，与此同时，也还存在不少问题。

（1）理论研究有待加强。我国现阶段对大学生职业价值观的研究，还主要停留在对大学生职业价值观的调查和描述，以及一般层次上的原因分析与探讨，重点又是对大学生职业价值评价、职业选择标准和择业行为倾向及其变迁的调查和描述。而对这些现象背后的本质问题，缺乏理论的追问和探究。

（2）研究的角度还比较单一、片面。我国学者对大学生职业价值观的研究，总体看来研究越来越受到关注和重视，研究对象越来越细化，研究内容越来越丰富，研究成果越来越广泛。但是研究还远未达到深层次的境界，内容重复，独创性的研究不够，研究的角度有待于深化和拓展。

（3）针对某一专业特别是物流管理专业学生的职业价值观教育研究较少。

二、项目内容摘要

1. 研究目标

目前我国高校毕业生就业问题严峻、劳动力市场结构性矛盾突出。高校毕业生就业直接关系到广大人民群众的根本利益，关系到改革发展的稳定大局，也关系到高等教育的持续健康发展。同时，大学生毕业后不能实现就业，就不能实现教育资源的回报。这不仅与我国当前教育资源紧缺，各行各业急需人才的现状极不适应，而且构成了社会的许多不稳定因素，各单位人才紧缺又严重制约社会经济的整体发展速度，最终不利于和谐社会的建设。因此，高校对大学生职业价值观教育这一课题非常重要。高校不能对大学生的职业教育仅限于在就业政策宣传、就业技巧指导和就业信息传递等方面，而是一开始就要帮助学生树立正确的职业价值观和制订职业规划。指导学生通过审慎的选择走上一条既符合社会发展需要，又适合自己专业发展的成功之路。本选题旨在通过研究高校对物流管理专业学生职业价值观引导的必要性和重要性、物流管理专业学生职业价值观教育中存在的问题及成因分析，以及提出对策三个方面的研究来阐述这一课题的重要性，并希望在理论和实践上都能对问题的研究和解决发挥一定的积极意义。通过物流管理专业学生职业价值观教育探索和实践，切实提高毕业生毕业就业专业对口率，为物流业发展服务。

2. 研究内容

（1）探讨物流管理专业学生职业价值观教育的必要性和重要性意义。通过对国内外文献资料的整理，对近年来我校物流管理专业毕业生就业类型的统计分析，对物流管理专业学生就业期望和职业生涯规划的摸底，得出必要性和意义。

（2）研究物流管理专业学生职业价值观教育中存在的问题及成因分析。

（3）提出物流管理专业学生职业价值观教育中的对策。

3. 拟解决的问题

影响物流管理专业学生职业价值观教育的关键因素及提升物流管理专业学生职业价值观教育效果的可行性方法和对策。

三、项目实施方案及实施计划

1. 采取的研究方法

本文从马克思主义关于人的全面发展的观点出发，综合应用心理学、教育学、社会学和德育的理论方法，采用文献阅读、访谈法、理论分析和专家咨询的研究方法对本论题进行了深入研究。

（1）文献阅读方法。本课题广泛收集的文献资料包括查阅 CNEJ 中国期刊全文数据库、EBSCOhost 平台数据库的中外文期刊，中国优秀博硕士论文数据库中相关的优秀论文；搜索国内外专家与学者的文章和专著；搜索教育和高等教育方面的法律、规范、文件；报刊、杂志的相关评论等，广泛占有研究资料，把握研究的整体状况，分析研究前沿问题和热点问题，结合本校的实践经验和研究积累，确定研究任务和研究范围。搜查当前国内先进的高校关于物流管理专业学生职业价值教育相关的教育思想和教育理论。

（2）访谈法。通过访谈，既可以对学校就业指导人员进行咨询，又可以对物流管理专业学生进行提问，围绕物流管理专业学生职业价值观教育的话题展开，从而获得该方面的翔实状况。访谈提纲的编制：在对相关文献资料进行分析研究的基础上确定访谈变量，并设计出访谈提纲，然后对一部分高校职业指导工作人员和物流管理专业学生进行试谈。试谈时做详尽的记录，以便发现设计问题的不足；试谈结束后，对提纲所存在的问题进行调整和修改，最后形成正式的访谈提纲。

（3）调查法。本课题主要通过调查法来了解和把握物流管理专业学生职业价值教育现状，收集整理物流管理专业学生对职业价值教育的需求、意见和建议，发现物流管理专业学生职业价值教育的问题，探索物流管理专业学生职业价值教育的方法和途径。

（4）理论分析法。结合理论，对事物或课题做出自己的判断，得出自己的新的理论和观点。笔者在大量阅读相关专著与文献的基础上，对转型期高校在物流管理专业学生职业价值观教育研究的相关理论有了一定深度的了解，再加上实地考察和访谈得出的结论，通过自己的分析和判断，形成了自己的研究思路和观点。

2. 可行性分析

近几年来，课题负责人一直从事大学生就业工作，积累了一定的就业工作经验，取得了近年来本校学生的就业信息数据，能够根据就业信息数据分析物流管理专业学生就业情况，探索物流管理专业学生职业价值教育的有效途径和方法。

3. 研究进展

（1）2014 年 11 月—2015 年 1 月：完成前期准备工作，拟定调研提纲。

（2）2015 年 1—6 月：完成物流管理专业学生职业价值教育研究调研、访谈。

（3）2015 年 7—8 月：完成数据分析。

（4）2015 年 9—12 月：完成调研报告。

（5）2016 年 1 月：准备课题结题事项。

4. 预期成果

形成一篇关于广西师范学院物流管理专业学生职业价值观教育研究的调研报告。

教材《物流信息系统分析与设计》的编撰

黎　英

一、立项依据

目前已有不少信息系统分析与设计方面的教材，其中包括特别为物流领域设计的物流信息系统分析与设计方面的教材，这些教程大多数偏重结构化分析方法，少数是面向对象分析方法。这些教材一般来说内容都比较全面，理论性很强而实践性较弱。有些教材提供丰富的实例，但是不同的理论知识点采用的实例都不是来源于同一个信息系统，实例比较分散，不利于从整体上理解系统开发。这些教材都不提供信息系统的程序源码。学习这些教材需要更深厚的计算机专业知识及软件开发的基础知识，需要更多的学时来完成教学，而物流专业的学生计算机专业知识不够雄厚，软件开发的基础知识也不够扎实，并且物流专业没有为信息开发准备充足的学时，因此目前这些系统分析与设计的教材更适用于软件工程专业或信息管理与信息系统专业，而不适用物流专业。因此目前需要一本适合于物流专业的信息系统分析与设计的教材。

目前阐述信息系统开发的教材可分为两类，一类是管理信息系统方面的教材，另一类是信息系统分析与设计方面的教材。管理信息系统方面的教材是信息管理与信息系统专业的教材，内容非常丰富，涵盖了从信息的概念到系统开发的理论知识和方法，以及所涉及的计算机技术，并对当前的各种信息系统进行阐述，这类教材更像是一种对信息系统开发方面的概述教材。这类教材的优点是内容丰富全面，涉及信息系统开发的方方面面，能够扩大读者的知识面；缺点是理论性太强而实用性较弱，理论和实践比较脱节，学习了这类教材后很难真正掌握信息系统分析与设计的精髓，很难进行实际的信息系统开发。信息系统分析与设计方面的教材主要也是为信息管理与信息系统专业设计，在内容上较之管理信息系统方面的教材显得更加精练，针对性更强，侧重于对结构化开发方法和面向对象开发方法的介绍。这类教材的优点是内容比较精练，针对性比较强；缺点是缺乏完整案例贯穿系统开发过程中的系统分析、设计及实施步骤，并且不提供案例的程序代码。某些结构化分析方法教材提供较大系统的分析与设计案例，但面向对象分析方法教材没有提供较大系统的分析与设计案例。

目前涉及物流信息系统开发的教材可分为三类，第一类是物流管理信息系统，第二类是物流信息系统应用；第三类是物流信息系统的分析与设计。物流管理信息系统方面的教材基于管理信息系统方面的教材，只是更突出物流信息及其特定的处理过程，也是一种概述类的书籍，其优缺点类似管理信息系统方面的教材。物流信息系统应用的教材着重详细阐述物流系统中的各种物流信息的具体内容，重点介绍了物流订单、运输、仓储、结算等各项业务的处理流程，并介绍实际应用中的各种物流信息系统。这类教材也包含一些信息系统开发的理论，但不是教材的重点。该类教材对于了解物流信息及物流处理过程非常有帮助，但对于如何开发物流信息系统则没有多大帮助。物流信息系统的分析与设计方面的教材还比较少，目前有一本这方面的教材，该书内容比较杂，囊括信息系统开发涉及的各种技术及信息开发方法，并且偏重理论，系统分析方法主要介绍结构化方法，没有一个较大系统贯穿整本教材，实用性较差。

目前流行的信息系统开发工具主要是面向对象的开发工具，例如 Java、C#、Power Builder 等。结构化开发方法不适用于现今流行的面向对象编程。而目前涉及一般管理信息系统开发或物流信息系统开发的大部分教材侧重点在于介绍结构化开发方法，详细介绍面向对象开发方法的教材较少，它们的缺点是理论性比较强而实用性比较弱，并且缺乏一个贯穿教材各章节的相同案例。对于物流信息系统开发来说，目前的一般管理信息系统教材及信息系统分析与设计教材的缺点是缺乏对物流信息及系统功能的描述。因此，上述介绍的两类涉及管理信息系统开发的教材及三类涉及物流信息系统开发方面的教材对于指导物流信息系统开发实际都不是很合适。对于物流专业来说，需要一本描述物流基本信息及信息系统功能，阐述面向对象开发方法基本思想及如何使用面向对象开发方法进行物流信息系统开发，并且能够提供较大系统实例贯穿信息系统分析、设计及实现各步骤的物流信息系统开发教材。

物流专业的学生需要接受信息系统开发方法的训练并能够利用所学理论开发物流信息系统的某些子系统。物流专业由于专业限制，所开设的计算机相关课程比较少，因为该专业的学生掌握的计算机相关知识比计算机专业的学生相对少很多，甚至比信管专业的学生所掌握的计算机相关知识还要少。对计算机课程学时较少并且计算机基础比较薄弱的物流专业学生来说，他们需要更直接、更精练、更简洁的信息系统开发理论指导系统开发，并且需要一个完整的物流信息系统开发案例的分析、设计与实现来更快学习物流信息系统开发。目前面向对象的开发工具可视化程度较高，学习比较容易上手，因此物流专业的学生需要掌握面向对象的开发工具。综上所述，编写一本具有核心信息系统开发理论及面向对象开发方法的，具有使用面向对象开发方法进行物流信息系统分析、设计并使用面向对象编程语言实现的完整的物流信息系统开发案例的教材具有比较重要的意义。本项目通过提炼当前的面向对象开发方法及理论，浓缩 UML 统一建模语言的工具论述，提供一个功能比较丰富的物流信息系统分析与设计及实施的案例，并把该案例贯穿系统规划、分析、设计及实施各步骤，能够形成一本适合物流专业的物流信息系统分析与设计的实用教材。

二、项目内容摘要

1. 主要内容

本教材采用理论和实例相结合的方法进行编写，首先介绍物流信息系统，其次介绍信息系统开发的主要方法，最后介绍面向对象开发方法所用的工具——统一建模语言 UML。在具备物流信息系统业务知识和系统开发方法的理论基础上，再根据信息系统开发的步骤详细阐述面向对象的系统分析、系统设计及系统实施各步骤中所使用的方法及工具。最后以一个比较完整的物流信息系统的开发为面向对象开发的案例作为对前述理论的实践。教材内容由六部分组成，分别是：物流信息系统概述、信息系统开发概述、信息系统规划、统一建模语言 UML 简介、系统开发过程（包括系统分析、系统设计、系统实施）、物流信息系统开发实例。在系统开发过程的分析、设计和实施中贯穿 UML 的内容，不同的阶段使用 UML 中的不同工具，并且在阐述工具的使用时采用同一个物流信息系统中的不同例子作为工具使用的实例，采用理论阐述及案例分析的方法把理论和实践结合起来。

2. 目标

编写一部适合物流专业学生学习物流信息系统开发的教材，教材的内容凝练、精简，所有内容均和物流信息系统开发这个主题高度直接相关；用同一个案例贯穿整本教材，教材的不同内容使用案例的不同部分，使得通过学习该教材就能基本掌握物流信息系统的分析、设计及实现；并提供案例代码及说明。

3. 创新之处

（1）把面向对象的系统开发方法引入到物流信息系统开发中。

（2）使用同一个案例贯穿教材的所有内容。

（3）提供案例代码。

4. 拟解决的关键问题

（1）如何对信息系统开发理论进行精简。

（2）如何对 UML 的工具阐述进行精简。

三、项目实施方案及实施计划

项目的实施是教材内容编写及物流信息系统案例的开发同时进行，由参与教材编撰项目的教师编写教材内容，由学生在教师的指导下参与开发物流信息系统案例。本项目从 2015 年 1 月开始实施，到 2015 年年底结束。计划分为四个步骤。

（1）2015 年 1—2 月，规划教材内容，根据内容合理划分章节，分配各章节给合适的教师进行编撰，同时进行物流信息系统案例的系统分析。

（2）2015 年 3—8 月，教师撰写分配到的章节，同时进行物流信息系统案例的系统设计并编写程序代码。

（3）2015 年 9—10 月，审核各章节内容，合格之后合并各章内容，并把物流信息系统案例整合进来，完成教材初稿，联系出版商。

（4）2015 年 11—12 月，对初稿进行修改，完成终稿，交由出版商出版。

广西中职学校经济管理类师资培养模式研究与实践

贺世红

一、本课题国内外及区内外研究现状述评、选题意义和研究价值

（一）研究现状述评

1. 国外研究和实践现状

国外对职业教育师资培养的研究主要有：一是联合国教科文组织（UNESCO）和国际劳工组织（ILO）通过对教师地位的研究，于1966年通过了《关于教师地位的建议》；二是经济合作与发展组织（OECD）于1988年发表了有关“教师在职与专业发展”的专门报告；三是2001年OECD与UNESCO对教师的专业技能、教学法的实际技能、技术的理解、组织能力和协作以及开放性等方面进行了研究。对职业教育师资培养的实践，一是德国充分利用企业和学校两种不同的教育资源和教学环境，采取课堂教学和实践锻炼有机结合的方式，采用“双元制”来培养职教师资队伍；二是英国把职前培养、入职辅导和职后培训三段融合，将大学、职业学校和企业共同培养职业师资队伍；三是建立了将职业技术师范院校、综合大学及专业院校和教师的在职培训于一体的师资培养体系。

2. 国内研究和实践现状

我国对职业教育师资培养的研究主要有：一是介绍国外职教师资培训的经验。如高松的《中德职业教育师资培养与培训的比较》（2009）；二是对职业教育师资培养的研究。首先从具体职教教师教育形式入手，研究职

业教育教师培养模式。如陈志亮的《高层次复合型职教师资培养模式探索》（2014）和罗平的《职教师资培养模式的思考》（2015）。还有基于职教师资内涵来研究职业教育教师培养模式。如伊继东等的《以师范院校为依托的双学位职教师资培养模式探索》（2012）和徐挺的《基于“任务导向型”的高职院校师资培养模式探究》（2014）；三是基于具体问题导向的职教师资培训研究。①针对具体区域或具体学校师资培训存在的问题的研究，如侯洪雷的《甘肃省中等职业学校教师培训研究——以 A 学校为例》（2009）；②针对师资培训的具体问题的研究，如刘华威的《中等职业学校教师技术能力培训存在的问题分析与建议》（2007）。对职业教育师资培养的实践主要有：一是选拔高职院校中优秀的专科毕业生到职业技术学院或师范大学进行 2 年的教育专业系统训练的“3 + 2”模式的实践；二是校企联合培养模式的实践；三是针对具体企业需求采用的订单式培养模式的实践。

3. 国内外研究和实践简评

以上研究和实践，对职业教育师资培养的认识和培养体系、模式以及现实中许多问题的解决都取得了很好的指导意义和效果，值得我们继续继承和发扬。但对像经济管理类这样特定专业的研究不多，对像广西这样的我国西部地区等具有区域性特色的研究不多。

（二）选题意义和研究价值

百年大计，教育为本，而教育师资队伍素质的提升又是重中之重。目前广西经济管理类中职师资的来源主要有三：一是各学校由于办学需要，从其他专业转行而来；二是从本专业毕业的教师；三是来自本行业的教师。这三类师资来源各有优势，但也各有不足，所以，专业教师行业实践能力缺乏，师资力量薄弱是广西经济管理类中职师资急需解决的问题。本课题《广西中职学校经济管理类师资培养模式研究与实践》将广西高校、中职和企业（广西师范学院、南宁市第一职业学校和钦州港口集团）有机结合，紧密联系市场，充分发挥师范院校培养师资的实力，探索培养适合中职学校师资的培养模式和实践具有重大的研究意义和价值。

二、本课题的研究目标、研究内容、主要观点和创新之处

（一）研究目标

本课题研究的目标是以市场为导向，充分运用教育学、管理学等相关理论，深入分析广西中职师资所需要的综合素质与能力，创新性地构建广西中职学校经济管理类师资培养模式，并将培养模式运用到中职师资培养的实践之中，努力全面提升广西中职学校经济管理类师资的素质与能力。

（二）研究内容

1. 广西中职学校经济管理类师资现状分析

以南宁市第一职业学校为依托，选取南宁、桂林、柳州、北海、玉林等地市为代表，深入调研广西中职学校经济管理类师资来源、结构等情况，全面掌握广西中职学校经济管理类师资基本情况，经过科学分析，查找出广西中职学校经济管理类师资理论薄弱的具体问题。

2. 广西中职学校经济管理类师资培养现状分析

根据调研所掌握的具体情况，以市场为导向，以广西中职学校经济管理类师资培养模式、培养方法和培养条件等为切入点，全面了解和掌握当前广西中职学校经济管理类师资培养现状及培养存在的问题。

3. 广西中职学校经济管理类师资培养模式构建

针对广西中职学校经济管理类师资培养所存在的问题，有机结合南宁市第一职业学校和钦州港口集团，以高校、职校和企业为主体，构建涵盖广西中职学校经济管理类师资所需具备的基本素质、基本技能等内容和多种培养途径（学校培养、进修等）为一体的培养模式。

4. 广西中职学校经济管理类师资培养模式实践

本课题选取南宁市第一职业学校作为培养实践基地，将培养模式运用到培养实践之中，检验其培养效果，为以后的推广作坚实的实践依据。

（三）主要观点

（1）目前广西经济管理类师资培养在培养数量和培养质量上还远远不能

满足广西的需求，专业教师行业实践能力缺乏，师资力量薄弱是广西经济管理类中职师资急需解决的问题。

（2）构建以高校、职校和企业为主体，涵盖基本素质、基本技能等内容和多种培养途径为一体的培养模式，是解决广西经济管理类师资培养问题行之有效的方法。

（3）培养模式的有效性需要以中职学校作为模式实践基地来进行验证。

（四）本课题的创新之处

（1）在以往的研究中，针对我国西部和经济管理类师资培养的研究很少，本课题选用广西和经济管理类师资培养，具有鲜明的区域特色和行业特色。

（2）本课题把高校、职校和企业有机结合，将经济管理类师资各项能力融为一体的培养模式是在以往职业教育师资培养模式基础上的创新。该研究还将培养模式的检验落到实处，在以往的研究中是很难做到的。

三、本课题的研究思路、研究方法、技术路线和实施步骤

1. 研究思路

通过对广西中职学校经济管理类师资培养资料的全面收集和整理，采用实地调研和问卷调查等方法，较全面地掌握广西中职学校经济管理类师资培养现状及存在的问题，并针对问题进行分析，找出相关原因；在分析广西中职学校经济管理类师资培养现状、问题及原因的基础上，以市场为导向，结合高校、职校和企业，融合职业教育师资培养的多种途径构建广西中职学校经济管理类师资培养模式；选取南宁市第一职业学校作为实践基地，对培养模式进行检验并修正。

2. 研究方法

（1）文献研究。通过大量的查阅并梳理国内外相关文献，结合广西实际情况，改进和完善中职学校经济管理类师资培养理论模型，演绎推理并完善研究思路，把握课题研究要点。

（2）实地调查和问卷调查。为了全面了解广西中职学校经济管理类师资培养情况，到南宁、桂林、柳州、北海、玉林等地进行实地调查和问卷调查。

（3）定性与定量分析相结合。在文献收集和科学整理的基础上，对广西中职学校经济管理类师资培养的总体情况进行定性、定量分析分析。

（4）多学科综合分析法。综合运用教育学、管理学、统计学和社会学等多学科研究方法对广西中职学校经济管理类师资的培养进行研究。

3. 技术路线

本项目采用“提出问题—分析问题—解决问题”的逻辑思路来对本课题进行研究（见下图）。

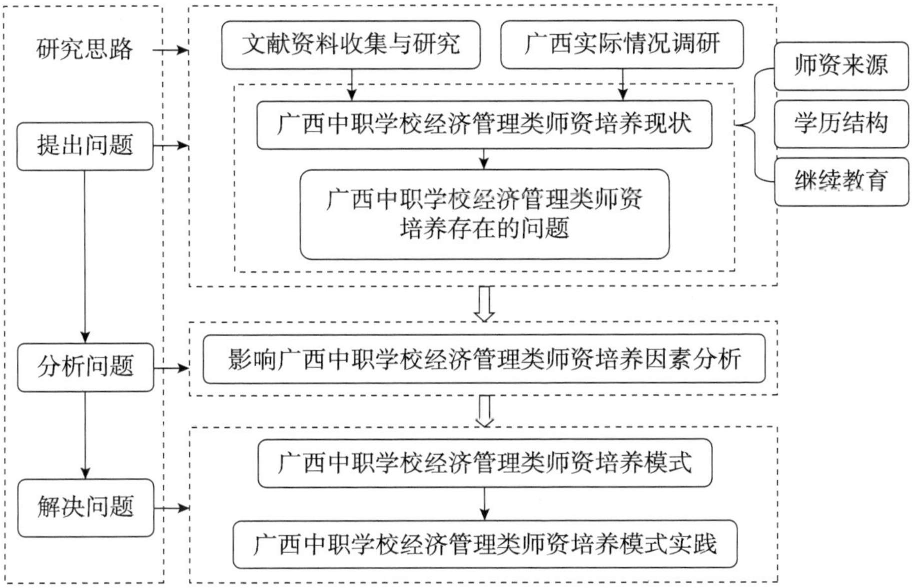

本项目研究技术路线图

4. 实施步骤

第一步：2014 年 11—12 月。收集相关研究材料，到南宁、桂林、柳州、北海、玉林等地进行调研，掌握广西中职学校经济管理类师资培养现状。

第二步：2015 年 1—3 月。科学处理资料和数据，形成对广西中职学校经济管理类师资培养现状的调研报告。

第三步：2015 年 4—12 月。针对广西中职学校经济管理类师资培养的问题，构建广西中职学校经济管理类师资培养模式。

第四步：2016 年 1—12 月。与南宁市第一职业学校联合，将广西中职学校经济管理类师资培养模式付诸实践。发表论文 1 篇，结题。

物流管理专业ERP课程翻转课堂教学模式的研究与实践

陈　婷

一、立项依据

（一）项目基于的理论依据或现实问题

系统化是现代物流管理的重要模式。ERP是企业资源计划系统，它建立在信息技术的基础上，利用现代企业的先进管理思想，全面集成了企业的所有资源信息，并为企业提供决策、计划、控制与经营业绩评估的全方位系统化的管理平台。它不仅仅是一个软件工具，而且涵盖了企业经营管理的方方面面。企业的所有资源简要地说包括三大流：物流、资金流、信息流，ERP也就是对这三种资源进行全面集成管理的管理信息系统。

近年来，ERP在中国获得了迅速的发展，据e－works调查，2007年中国制造业ERP市场总额达到39.04亿元人民币，复合增长率为14.55%，考虑人民币增值因素，2007年中国ERP市场在全球的市场份额中占1.72%，比2006年的1.47%有了较大增长。众多的企业通过实施ERP收到了良好的成效，提高了管理水平，改善了业务流程，增强了企业竞争力。随着ERP在国内企业的广泛普及和应用，ERP人才已经成为制约企业管理系统开发、管理与应用的主要瓶颈。

高校物流管理专业面向企业、政府部门及科研机构，培养具备物流管理知识，熟知采购、生产、运输、仓储、包装、加工等各个环节，善于运用现代化信息手段的高级专门管理人才。本专业要求培养的本科生通过学习运筹学、物流管理学和交通运输学的理论知识，接受现代物流管理的基本训练，掌握具备企业采购、生产、运输、仓储、包装、加工等方面的基本能力。许多高校为满足企业 ERP 人才需求，在物流管理专业的教学中都开设了 ERP 相关课程，建立 ERP 实验室。但受到教学经验以及教学资源等的限制，ERP 教学质量参差不齐，学生的能力、水平与企业实际需求间存在一定差距。因此，本课题对物流专业的 ERP 课程翻转课堂教学模式的研究与实践，运用新的教学方法与手段，提升 ERP 教学质量，培养企业需要的现代化的物流管理人才，以适应信息化发展对 ERP 应用型、创新型人才的需求，对高校来说十分迫切和必要，具有重要的现实意义。

（二）项目的意义

本课题是对物流管理专业 ERP 课程翻转课堂的教学模式进行研究与实践，意义如下。

1. 以培养创新型人才为目标的课程改革的需要

需要创新型人才，传统教学模式会使学习者缺少创新精神和发现问题、解决问题的能力。2010 年教育部发布了《教育部关于大力推进高等学校创新创业教育和大学生自主创业工作的意见》，提出“创新创业教育要面向全体学生，融入人才培养全过程。要在专业教育基础上，以转变教育思想、更新教育观念为先导，以提升学生的社会责任感、创新精神、创业意识和创业能力为核心，以改革人才培养模式和课程体系为重点，大力推进高等学校创新创业教育工作，不断提高人才培养质量。”翻转课堂教学模式是目前受全球教育界关注的新型教学模式。研究在高校教学中能否引入这一教学模式并付诸实践是以培养创新型人才为目标的课程改革的需要。另外，我国《教育信息化十年发展（2011—2020 年）》指出，“教育信息化的发展要以教育理念创新为先导，以优质教育资源和信息化学习环境建设为基础，以学习方式和教育模式创新为核心”。这一政策又为我国进行翻转教学模式探索研究提供了政策支持。

2. 解决传统物流管理专业 ERP 课程教学模块多、总学时有限、实验课时被挤占、教学效果不理想的现实需要

ERP 教学内容一般包括：系统管理与企业应用平台；财务管理；生产管

理；供应链系统初始化；采购管理；销售管理；库存管理；存货核算。但目前各高校的 ERP 课程一般只设置 48 学时或 56 学时，理论、实验各占一半，学时有限，一般做法是实验课被当成理论课上，并且舍弃财务管理模块。另外，以往 ERP 教学是教师在课堂上讲解基础理论，演示各模块的操作，学生课下完成布置的实验作业。但学生的反馈是：在课上看老师演示，只是记住了基本步骤，没有亲自操作，在做作业时条件一旦改变，就会有很多问题不知如何处理。而且教材上举例一般是工业企业，与其他行业的经济业务有很大不同，对其他行业如何处理业务，也是学生迫切想了解的。

3. ERP 课程教学基础理论少，实践性强，实施翻转课堂教学具有可行性

翻转课堂教学模式是将知识的传授放在课下，学生可以观看由授课教师或其他教师讲授这门课程的微视频，并完成相应的测试题。教师根据测试结果，在课上讲解学生存在的问题，进行个性化辅导；并组织学生进行更深层次的教学讨论或实践，完成知识的内化过程。ERP 课程教学的特点是基础理论少且易于理解实践性强，因此录制概念理解和软件操作演示的微视频非常适合，学生观看时很少遇到理解障碍，大部分基本知识点都能课下掌握。这样就可以节省出大部分时间用于学生亲身操作软件进行各项业务处理，从而增强学生操作 ERP 软件处理各项业务的能力。

4. 信息时代互联网和各种电子产品及软件的普及可为实施翻转课堂教学提供技术支持

信息时代互联网的普及，PC（个人电脑）、手机等客户端的大量使用使学生在线观看视频非常简单。另外，各种录屏软件如屏幕录像专家及电子产品（如摄像机）则使教师制作、录制视频非常方便。我校具有 ERP 综合实训室，还有开放性的教学平台可供选择，这些都为本课题教师实施翻转课堂教学提供了方便。

（三）国内外研究现状分析

FCM 是从英语"Flipped Class Model"（或 Invertedclass - room）翻译过来的术语，普遍被国内专家学者译为"翻转课堂""反转课堂"或"颠倒课堂"，或者称为"翻转课堂式教学模式"，简称为 FCM。翻转课堂是翻转了知识传授和知识内化的传统学习过程，把对知识点和概念的学习放在课前课外，把课堂变为解答疑惑、操作实践、汇报讨论的互动和协作场所，通过这种翻转，重新对课堂时间的使用进行规划，让教师在学生最需要指导的阶段一直存在，从而达到更好的教学效果的一种新型教学模式。

21 世纪初 FCM 的概念就被提出，并逐渐成为北美教育领域的热点话题，尤其是在近两年，《华尔街日报》《经济学人》《纽约时报》《华盛顿邮报》等主流媒体都相继对翻转课堂给予热烈的关注和报道，被加拿大的《环球邮报》评为 2011 年影响课堂教学的重大技术变革。翻转课堂的理念已经在北美被越来越多的学校接受，并逐渐引领了一场教育教学改革的新浪潮。

“翻转课堂”起源于美国科罗拉多州落基山的“林地公园”高中。2007 年春，该校化学教师乔纳森·伯尔曼（Jon Bergmann）和亚伦·萨姆斯（Aaron Sams）开始使用录屏软件录制 Power Point 演示文稿的播放和讲课声音，并将视频上传到网络，以此帮助缺席的学生补课。后来，这两位老师让学生在家看教学视频，在课堂上完成作业，并对学习中遇到困难的学生进行讲解。这种教学模式受到了学生的广泛欢迎。随着麻省理工学院（MIT）的开放课件运动（OCW）、耶鲁公开课、可汗学院微视频、TED 等大量优质网络教育资源的风起云涌，翻转课堂的发展更如虎添翼。据不完全统计，截至 2012 年年初，已经有 2 个国家 20 个州 30 多个城市在开展翻转课堂的教学改革实验，主要集中在中小学，教学科目主要为数学、科学等理科课程，逐渐在高校、技能院校流行开展。

与北美教育领域的热点话题相比，国内对翻转课堂的研究相对较少，目前仅有张跃国等（2012）、桑新民等（2012）、曾贞（2012）、张金磊（2012）以及钟晓流（2013）等对翻转课堂做了较为系统的引介或述评，这说明翻转课堂在我国的研究尚处于起步阶段，其中与具体学科的整合更没有涉及 ERP 学科。翻转课堂的教学实践也刚刚起步，目前在重庆和广州地区的中学都相继开始了翻转课堂的教学实践。

相比中小学，在高校，很多课程更侧重学生的理解与应用甚至发挥创造，校园内又具有丰富的网络教学资源可以获取，大学生普遍具有良好的信息素养及自主学习能力，课上也可以提供相应的网络及探究环境。因此在高校实践翻转课堂教学模式具有一定的可行性。

综上所述，本项目在物流管理专业 ERP 课程中尝试引入翻转课堂的教学方法，通过整合校内外优质教学资源库、网络学习空间等资源，探索构建一套教学、学习、评价的教学模式，培养以实践为重，强化应用和专业特色的高质量人才，具有十分重要的意义。

二、项目内容摘要

（一）主要内容

本项目拟在翻转课堂教学理念的指导下，结合物流管理专业特色，设计出符合"翻转课堂"的ERP课程教学模式，并开发出支持该教学模式的网络课程教学平台。通过实际应用研究，检验设计的翻转课堂式教学模式在该课程的应用效果，提出高校物流管理专业进行ERP翻转课堂式教学的应用策略，并尝试构建新的课程评价方法和标准。具体内容如下。

1. 教学模式的设计

分析翻转课堂的内涵和理论支持，对国内外翻转课堂教学实践案例研究，调研国内高校ERP课程教学现状等确定本课题研究的理论基础。结合物流管理专业特色，探索出一种ERP课程翻转课堂的教学模式，围绕理论知识—实践教学—学科竞赛三个层次展开，包括课前设计、课堂设计和课后设计三大模块，按供应链管理模块进行分段式模块化教学。

2. ERP课程网络教学平台的建设

根据制订的翻转课堂教学模式，研究网络课程的构成要素，建设具有翻转课堂特色的ERP课程网络教学平台，制作相应的教案、课件、微课视频、作业习题等课程资源，为翻转课堂的实现提供网络平台条件。

3. 教学模式应用于实践研究

依托本校的ERP综合实训室，把设计出来的翻转课堂教学模式结合网络课程平台，应用在本校物流管理专业所开设ERP课程的班级，并在实际应用研究过程中进行观察和反思，不断完善已有的教学设计。

4. 构建新的课程评价方法和标准

在应用结束之后，与传统教学模式对比，对课堂教学效果进行测评，提出ERP翻转课堂教学的应用策略，研究出新的课程评价方法和标准。

（二）改革目标

1. 增强学生的团队意识

在物流管理专业的教学过程中，大多数课程都是通过老师课堂上传授知识，即使有少部分课程需要实践环节，如物流规划与设计、第三方物流等课程，老师都将每个学生作为研究个体，并没有分组，再组成研究团队。ERP教学课程其实是实践教学课程，设计新的翻转课堂教学模式，根据供应链管理模块给学生分组并模拟角色，讨论方案流程等，所有学生必须互动和协作学习完成工作，否则不能完成项目的输出。

2. 提高学生的研究能力、系统分析能力和创新能力

ERP知识体系的系统性决定了学生必须学会自主学习。但在我国目前的教育体制下，学生自主学习习惯的养成仍存在一定困难。ERP课程教学内容多，实践操作强，学时有限，将翻转课堂应用于ERP课程中，通过对知识传授和知识内化的颠倒，学生必须学会自主学习、分析问题、处理问题，从而提高他们的研究能力、系统分析能力和创新能力。通过课程学习，再组织学生参加全国大学生创业设计暨沙盘模拟经营大赛等形式活动强化其综合能力。

3. 巩固学生物流专业其他课程的知识

通过本课题的研究与实践，提高ERP课程教学质量，巩固了学生物流管理专业其他课程的知识。ERP是交叉学科，教学整合了营销、管理、财务、生产、运输等各个方面的专业知识，在教学中，学生分组完成相应模块工作，熟悉相关模块知识，并要将这些知识内容进行很好的衔接。

4. 提高人才培养质量，培养企业需要的现代化的物流管理人才，以适应信息化发展对ERP应用人才的需求

物流管理专业毕业生的主要去向是物流企业，目前大型的物流公司及制造业都应用ERP软件对企业进行管理，改变传统教学模式，提高了学生的ERP专业理论和实践动手能力，学生能很好地掌握ERP软件，熟悉其流程，以适应信息化发展对ERP应用人才的需求，促进学生的就业。

（三）创新之处

翻转课堂改变了教师角色、学生角色、教学与学习时间分配以及知识载体，是一种“破坏性创新”的教学方法。本课题结合物流管理专业的特色，利用我校的ERP综合实训室，运用新的教学方法和手段，提出ERP课程翻转课堂的教学模式并进行实践研究，构建新的课程评价方法和标准，有利于创新型、应用型ERP人才的培养。

（四）拟解决的关键问题

（1）硬件及信息技术支持，依据ERP翻转课程教学方案的设计，把教学内容的知识点尤其是ERP系统的业务流程操作录制成短而精的视频或微课，搭建ERP课程网络教学平台，整合课程资源。

（2）转变教育理念，构建以学生为主导地位，教师扮演启发引导角色的新型师生关系，营造及时获取学生反馈的教学环境，注重培养学生的自主学习意识和创新能力。

（3）在翻转课堂实施过程中，教学录制视频的质量、学生进行交流的指导、学习时间的安排、课堂活动的组织，都对教学效果有着重要的影响。要求教师提升专业能力，并根据ERP学科特点和学生实际精心设计课堂教学活动方案。

三、项目实施方案及实施计划

（一）实施方案

分析我国高校ERP课程教学模式、教学现状、大学生的学习特点，在对国外翻转课堂教学实践案例研究的基础上，结合物流管理专业特色，根据翻转课堂的内涵以及建构主义学习理论，系统化教学设计理论，构建出ERP课程翻转课堂的教学模式，并应用于实践，归纳总结出物流管理专业ERP课程翻转课堂的教学原理，提出新的课程评价方法和标准。本项目所完成的教学方法改革新模式，以期在广西高校及国内高校起示范和推广作用。

（二）实施计划

本项目设计两年内完成，具体安排如下。

第一年（2015 年 1—12 月）：进行全部设想计划的尝试。

调查研究，改变原有传统的教学模式，重新修改物流管理专业 ERP 课程的教学大纲、教学内容和教案，加强 ERP 综合实训室建设，搭建 ERP 课程网络教学平台，制作微课，设计新的翻转课堂教学模式并应用于实践，将物流管理专业本科 1 ~2 个班的 ERP 课程作为改革试点，摸索出学生在新教学模式下自主学习的特点和规律，通过与传统教学进行对比，初步总结出一套教学、学习、评价的 ERP 翻转课堂的教学模式。

第二年（2016 年 1—12 月）：在第一年教改的基础上进行改进完善和总结，经验推广。

将上一年摸索出来的 ERP 课程翻转课堂教学模式中的成功经验，在物流管理与工程学院物流管理专业的所有 ERP 课程中试行，并组织和指导学生参加全国大学生 ERP 专业技能比赛。一方面进行实践，不断改进完善；另一方面进行理论研究，将归纳出的优秀教学经验及时成文进行学术交流，并发表 1 ~2 篇高水平的教改论文，使本次教学模式在不断的学术信息反馈中得以完善，以期在广西高校及国内高校起示范和推广作用。

（三）可行性分析

（1）研究方案可行：课题在全面了解国内 ERP 课程教学现状和存在问题的基础上，根据物流管理专业的 ERP 学科特点，构建 ERP 课程翻转课堂的教学模型，让学生自动掌控学习、增强学习中的互动和提高学生创新能力，能有效弥补高校现行教学模式中所存在的弊端。

（2）有前期工作基础：2014 年以来，物流管理与工程学院 ERP 学生协会的培训采用以微课程为基础的颠倒课堂教学模式进行初步实践，取得了良好的效果，为本项目的研究提供了现实依据和理论基础。

（3）有人力及技术力量保证：课题组的教师有硕士学位的 4 人，有博士学位的 2 人。在物流学院开设 ERP 课程，全院开设 ERP 公选课，指导学生参加 ERP 专业技能大赛，教师参与相关微课制作培训，积累了丰富的实践性经验，为本课题的顺利完成奠定基础。

（4）硬件环境：本校物流管理与工程学院设有 ERP 综合实验室，ERP 协会搭建的 ERP 课程网络平台，为本项目所提目标的实现提供了良好的教学实验条件。

（四）项目预期研究成果

（1）重新修改 ERP 课程的教学大纲、教学内容、教案和课堂活动设计。

（2）搭建具有翻转课堂特色的 ERP 课程网络平台。

（3）组织、指导学生参加全国大学生创业设计暨沙盘模拟经营大赛。

（4）提交一份研究报告，发表论文 1 ~2 篇。

（5）课题研究成果在物流管理与工程学院实施，受益学生每年约 200 人/年。

应用型人才视野下大学生社会实践与专业结合探究

黄奔月

一、立项依据

1. 项目基于的现实问题

大学生社会实践活动是高校教育教学的重要环节，也是培养应用型人才的重要途径和手段。社会实践活动的重要作用在于引导大学生适应社会需求，提高实践能力和社会竞争力，指导大学生迅速成长。加强高等教育的社会实践环节，将社会实践与专业特点相结合，引导大学生发挥专业优势，结合地方经济特色，出成绩，做贡献，促进专业知识的完善和能力的提高，是高等教育深化改革的重点和难点。

目前，当代大学生参加社会实践活动这种直接、生动的教育形式，在我国社会主义市场经济不断纵深发展的今天，更具有其广阔的空间和深刻的内涵，具有强大的生命力。但大学生社会实践与专业结合存在几个方面的问题，思想认识不到位、缺乏专业指导、社会实践运行机制不健全等。如何让大学生认识社会实践活动与专业结合的必要性和重要性，国家教育根据当前社会发展需求，重视大学生实践动手能力的培养和提高，引导大学生发挥专业优势，提高社会实践的针对性和实效性，是亟须解决的问题。

2. 项目的意义和价值

大学生社会实践是实现教育目标的重要途径。本文对大学生社会实践体系的完善化起到了积极促进作用，对于促使大学生在社会实践中受教育、长才干、做贡献，促进高校教育教学改革，培养社会需要的复合性人才以及推动社会进步都具有十分重要的意义。为高校对大学生社会实践教学考核内容和标准提供了依据。对于指导大学生社会实践的组织部门、管理部门以及具体开展社会实践的大学生都有着深远的意义。

本研究的意义和价值主要表现在以下几个方面。

一是大学生社会实践与专业结合利于培养高素质人才。应用型人才的培养要求大学生实践能力强，专业特长突出。在知识结构上，应用型人才应以行业与职业需求为本位；在能力结构上，应用型人才应具备较强的分析和解决问题能力、较强的专业实践能力和创新创造能力。

二是大学生社会实践与专业结合利于提高教学质量。当前，高等教育进入大众化阶段。同时，高校的扩招也带来了不容忽视的问题：一方面，教学质量降低、教育经费投入不足、生源质量差异加大等；另一方面，培养应用型人才需要进一步提高教育教学质量，这是顺应时代发展的必然要求，也是增强高校竞争力、注重内涵发展的重要举措。

三是社会实践与专业结合利于促进大学生的就业创业。随着高校毕业生人数的增长，就业难的现象也日趋严重。出现就业难的一个原因，就是由于大学生所学知识与社会实际脱钩。为了缓解就业难的现象，近年来各高校和各地政府纷纷出台了一系列政策支持大学生尤其是毕业生自主创业，但与此同时，社会也对大学生的综合素质能力提出了更高的要求。因此，高校在培养应用型人才时，要以满足社会需求为目标，以社会实践为切入口，开展与专业特点相结合的社会实践活动。在实践活动中引导学生树立奋斗目标，做好职业生涯规划，帮助学生挖掘自身优势，提高实践能力和社会竞争力。

3. 国内外研究现状述评

在韩国，汉阳大学、同德女子大学已将社会服务列为必修课，每学期安排48学时，大学生必须在孤儿院、养老院等场所从事服务工作，工作单位就献身性、诚实性、自觉性与工作态度等指标加以考评并给学分。“目的是为了培养学生对他人的关心和改变利己主义充斥的校园气氛。”（赵祥林、王承绪编译:《杜威教育论著选》）在墨西哥的大学里，也开设了类似的社会服务课，并作为必修课进行考评和记录学分。在联邦德国时期，大学生参加社会服务活动形成了一整套全国性的制度，最富有特点的是德国的义务民役制。联邦德国基本法明确规定“年满十八岁的男性公民均有义务在武装部队、联邦边防军或民防部队服役”。

与国外相比，我国大学生社会实践方式有所不同。如今高校为大学生提供的社会实践形式一般可以分为校内实践和校外实践两种。在组织形式上，一般采取集中组队与自主申请相结合；在内容上，将社会实践与服务社会相结合、与专业学习相结合、与科技创新相结合。越来越多的高校意识到学生社会实践的关键性，逐步寻求与政府、企事业单位等进行合作，联合创建大学生社会实践基地，有的学校还建立起固定的“服务站”，鼓励学生参与更多实践活动。

高校大学生社会实践活动一般程序是：确定实践地点—组建团队—做出实践计划—申报立项—项目审批—动员培训—出征仪式—开展实践—实践宣传—活动总结（后期结果分析）—成果推广工作。具体见下面案例。

2006 年暑假安徽农业大学为充分发挥其学校专业特点和学生个人特长，举办了以“三下乡”为主题的社会实践活动，紧扣活动主题，采取点面结合、集中和分散相结合的方式开展“三下乡”社会实践活动。在点上，校集中组织了一支全国暑期“三下乡”重点服务团队（18 人）——大学生新农村建设宣讲和科技支农服务团，由教授专家带队；在面上，各学院各学生社团广泛宣传、深入发动，以生产实习、教学实习为依托，结合各自实际，组建了“三下乡”服务小分队，并在活动之后完成一批有价值的调查报告和研究论文。

此次活动在内容和形式上都有一定的创新性，并且都取得很好的效果。以图片、展板、海报、宣传单、宣讲会等形式向农民介绍国家政策；设立咨询台、田间指导、科技讲座、科技支农，帮助解决农民生产实际难题；利用小型座谈、报告会交流法律知识，培养农民维权意识；深入田间、地头、农舍、学校、企业，以问卷、采访等多种形式深入开展社会调查。

除此之外，有些高校还通过与政府、企业、旅游景区，甚至港澳台的高校等联合的方式，建立起各类合作项目，促进大学生实践的发展。

二、项目内容摘要

1. 研究目标

当前，受应试教育的影响，高校对社会实践的认识不够全面深刻。大部分高校认为社会实践是共青团的常规工作，是思想政治教育的工作范畴，是教学计划外的补充形式，因此在人才培养方案和规划上并没有将社会实践纳入其中，尤其没有将社会实践与专业特点结合形成高质高效的社会实践人才培养体系。此外，大学生对社会实践的理解不深刻，参与度不高。普遍认为社会实践就是支教扫盲、文艺演出、体力劳动等简单工作，缺乏多样性和针对性，因此学生在总结社会实践工作时，总是局限在感性认识上，不仅流于形式将其作为简单作业应付了事，甚至认为社会实践是对时间和精力的浪费，不能学以致用，缺乏服务社会的能力。因此，应用型人才视野下大学生社会实践与专业结合探究这一课题非常重要。高校不能只看到应试教育，而忽略了现实社会的发展对大学生能力的需求，不应局限于大学生只需提高学习理论知识能力，而忽视大学生社会实践能力的发展。应该一开始帮助大学生树立正确的社会实践观和积极参与社会实践。本选题旨在通过研究大学生社会实践与专业结合的必要性及大学生社会实践与专业结合的现状和问题以及大学生社会实践与专业结合的有效途径来展开阐述。并希望在理论和实践上都能对问题的研究和解决发挥一定的积极意义。

2. 研究内容

（1）探讨大学生社会实践与专业结合的必要性。

（2）研究大学生社会实践与专业结合的现状和问题。

（3）提出大学生社会实践与专业结合的有效途径。

3. 拟解决的问题

提出大学生社会实践与专业结合的可行性方法和有效途径。

三、项目实施方案及实施计划

1. 采取的研究方法

本文采用文献阅读法、访谈法、调查法、理论分析和专家咨询的研究方法对本论题进行了深入研究。

（1）文献阅读法。本课题广泛收集的文献资料包括查阅 CNEJ 中国期刊全文数据库、EBSCOhost 平台数据库的中外文期刊，中国优秀博硕士论文数据库中相关的优秀论文；搜索国内外专家与学者的文章和专著；搜索教育和高等教育方面的法律、规范、文件；报刊、杂志的相关评论等，广泛占有研究资料，把握研究的整体状况，分析研究前沿问题和热点问题，结合本校的实践经验和研究积累，确定研究任务和研究范围。搜查当前大学生社会实践与专业结合相关的教育思想和教育理论。

（2）访谈法。通过访谈，既可以对学生进行咨询，又可以进行提问，围绕大学生社会实践与专业结合的话题展开，从而获得该方面的翔实状况。

（3）调查法。本课题主要通过调查法来了解和把握大学生社会实践与专业结合的现状，收集整理大学生社会实践与专业结合的想法、意见和建议，发现大学生社会实践与专业结合的问题，探索大学生社会实践与专业结合的方法和途径。

（4）理论分析法。结合理论，对事物或课题做出自己的判断，得出自己的新的理论和观点。笔者在大量阅读相关专著与文献的基础上，对大学生社会实践与专业结合研究的相关理论有了一定深度的了解，再加上实地考察和访谈得出的结论，通过自己的分析和判断，形成了自己的研究思路和观点。

2. 可行性分析

近几年来，课题负责人一直从事大学生学习、生活相关的工作，积累了一定的工作经验，取得了近年来本校学生的动态信息，能够根据大学生社会实践与专业结合的当前情况，探索大学生社会实践与专业结合的有效途径和方法。

3. 研究进展

（1）2014 年 11 月—2015 年 1 月：完成前期准备工作，拟定调研提纲。

（2）2015 年 1—6 月：完成大学生社会实践与专业结合研究调研、访谈。

（3）2015 年 7—8 月：完成数据分析。

（4）2015 年 9—10 月：完成调研报告。

（5）2015 年 11 月：准备课题结题事项。

4. 预期成果

形成一篇关于应用型人才视野下大学生社会实践与专业结合探究的调研报告。

基于创业理念的物流管理专业学生管理研究

黄海嫚

一、立项依据

物流作为一个新兴产业，是一个跨行业、跨部门的产业，同时又属于劳动密集型和技术密集型相结合的产业。目前物流行业发展行情看好，储存、运输、配送、货运代办代理等领域的物流人才紧缺，物流产业发展迅速，具备广阔的发展空间。

物流管理专业作为高校的热门专业之一，旨在培养具备系统的经济学、管理学基础理论，掌握现代物流分析、运用、管理的综合性人才。但高校目前对物流管理专业的教育还在探索、完善的阶段，尤其是以创业为导向的学生管理体制更是缺乏。胡锦涛在党的十七大和十八大的报告中分别提出要实施扩大就业的发展战略，提升劳动者的就业创业能力，促进以创业带动就业。习近平也在向创业周中国站致信中强调"全社会都要重视和支持青年创新创业，提供更有利的条件，搭建更广阔的舞台。"因此，培养创业型的物流人才非常重要。笔者站在辅导员的视角上，从学生管理入手，培养学生的创新创业能力。

从高校学生管理现状来看，目前高校学生管理中管理制度不够健全、程序不够规范，思想工作体制相对滞后，专门针对创业而进行的学生管理更是少之又少，国内外针对这方面的研究也较为欠缺。通过学生管理引导学生创新创业在高校中尚未引起足够的重视，对学生的创业引导多停留在举办创业活动或简单的政策宣传的层面，在这方面也缺乏完善的体系。

对于学生创业而言，除了通过课堂上的学习加以引导之外，更应该通过规范和完善学生管理制度，以此对学生进行创业教育。学生管理是学生除了教学外接触最多的一种教育形式，笔者所研究的是借助学生管理的平台来引导学生创新创业，通过学生管理来引导物流管理专业学生进行创业。高校可以通过对学生的思想教育、心理教育来培养学生创业激情、创业意识和良好的心理素质；可以通过安全教育让学生认识到社会上的安全隐患，增强创业的危机意识；通过就业指导教育让学生树立正确的就业观念，鼓励学生创业……有目的地以创业创新为导向进行教育，通过长期的培训，多方面的引导和熏陶，以此增强大学生的创业创新意识，培养大学生良好的创业素质。

二、项目内容摘要

物流管理专业是高校热门专业之一，物流行业的发展行情看好，在创业上具有良好的市场，在就业上国家大力提倡以“创业带动就业”，在政策上鼓励高校大学生创业。而目前高校针对大学生创业的教育体系尚未完善，通过学生管理对学生的创新创业进行教育的更是缺乏，站在辅导员视角上，本文作者以创业为导向对物流管理专业的学生管理进行研究，通过思想、心理、安全、就业指导等方面进行教育，加强心理疏导、开设创业培训班、特色创业活动等引导学生创新创业，培养大学生良好的创业素质。

从大学生创业所需要的素质入手，针对所需的素质从学生管理的层面上，提出提升大学生创业素质的措施。

高校大学生创业应具备的素质有如下几点：

（1）良好的身体、心理素质是创业的重要保障；

（2）创业意识、激情以及良好的竞争意识是创业成功的推动力；

（3）丰富的创业知识对创业的成功起着举足轻重的作用；

（4）诚信是创业者创业成功的有利保障。

提升大学生创业素质的措施如下：

（1）创造浓郁的创业气氛，多种方式培养学生创业意识和创业激情；

（2）开展丰富多彩的体育运动，锻炼物流专业学生健康的体魄；

（3）加强心理疏导，培养学生良好的创业心理素质；

（4）开展“创业能力提升培训班”，丰富大学生创业知识；

（5）开展丰富的创业型比赛，在活动中检验大学生创业能力；

（6）做好思想教育引领工作，帮助学生树立诚信友善等优良品质。

三、项目实施方案及实施计划

实施方案及计划：此项目计划实施时间为 6 个月，最终根据研究发表论文 1 篇，以创业为导向针对物流管理专业学生管理提出切实可行的方案。

（1）2015 年 2 月 10 日前，对现行的高校的学生日常管理方式调研、分析，着重了解物流管理专业的学生日常管理方式方法，分析物流管理专业学生的特点；再对 3 ~ 5 所高校的创业工作进行调研，分析目前大学生创业的现状。

（2）2015 年 3 月 10 日前，采访高校中创业成功的人士，探讨成功的创业者应该具备什么素质，针对成功创业者应具备什么素质做一份总结，在对大学生创业进行培养时有所侧重。

（3）2015 年 4 月 1 日前，对学生日常管理活动进行分类分析，从各项活动中寻找切入点，在创业引导上做到全面覆盖，从“新生入学教育”“心理疏导”“体育锻炼”“创业能力提升培训班”“创业比赛”等活动入手，多方面加强学生创业心理素质、丰富创业知识、提升创业能力，针对每个活动制订出方案。

（4）2015 年 4 月 20 日前，到与物流相关的企业中进行调研，了解创业的相关信息，分析目前物流的创业行情。

（5）2015 年 4 月 30 日前，总结所有的调研、采访等材料，对收集到的材料进行整理、总结，写出论文初稿。

（6）2015 年 5 月 15 日前，定出论文最终版并于 5 月投稿。

区域智慧物流建设的影响因素分析

黄海清

一、立项依据

（一）选题背景

近年来，我国的物流产业发展迅猛。2010 年我国社会物流总额达 125 万亿元，是“十五”末期的 1.26 倍，年均增长速度为 21%，到 2013 年我国物流总额则达到了万亿元。随着物流产业的快速发展，信息技术在物流产业中也获得了广泛的应用并不断地深化发展，在成本、需求和技术革新的多层因素的推动下，物流信息化逐步进入了一个新的更高的阶段，即智慧物流（Intelligent Logistics）。

2008 年金融危机以后，世界各国对物联网产业和技术的发展日趋重视，物流信息化、智能化应用持续得到重视和加强。我国在 2009 年国务院发布的《物流业调整和振兴规划》为智慧物流的启动奠定了宏观政策基础。2010 年我国将物联网首次写入《政府工作报告》，并在“十二五”规划中将其列为战略性新兴产业，也凸显出我国政府对物联网产业发展的高度重视。2014 年国务院印发的《物流业发展中长期规划（2014—2020 年）》中明确提出整合现有物流信息服务平台资源，形成跨行业和区域的智能物流信息公共服务平台。建设智能物流信息平台，形成集物流信息发布、在线交易、数据交换、跟踪追溯、智能分析等功能为一体的物流信息服务中心。这些都表明，智慧物流建设已经成为我国物流产业的中长期战略性的问题。

在这样的背景下，发展智慧物流就成为我国很多城市、区域未来一段时期的重要任务。通过建设城市或区域智慧物流，能够有效地提升物流效率，促进经济转型，完成节能减排任务，促进电子商务进一步发展，为产品追溯提供技术保障。由于我国各地的物流信息化建设发展水平差异很大，还存在很多不足，智慧物流建设目前仍处在一个刚刚起步的阶段，在发展过程中遇到诸如发展模式、投资规模、技术标准、安全性以及物流企业对新技术的采纳行为等问题。这些影响因素对区域或城市的智慧物流建设产生或大或小的阻碍作用，也制约了我国物流产业的进一步发展。因此，对智慧物流建设的主要影响因素分析已经成为一个迫切的现实问题，吸引企业、政府及学术界的关注和重视。

（二）项目意义

打造智能物流管理系统是一个区域在促进经济发展、改善投资环境等方面需要考虑的重要问题。针对智慧物流建设可能的影响因素进行系统的理论分析，梳理、总结提炼出区域智慧物流建设的关键影响因素，并对影响区域智慧物流建设的主要因素进行实证调研，有利于识别和解决智慧物流建设与应用中的关键因素和问题，将能够为城市或区域的智慧物流建设提供参考依据，推动智慧物流技术在物流产业中的应用，并进而推动我国物流产业的发展。

一个城市的智慧物流建设具有深厚的理论基础与形成机制，一方面，其建设与运行逐渐深化地过程中，这些理论将继续潜移默化地指导实践工作；另一方面，在实际中又有大量的理论工具不断丰富其指导，并在交互中催生新理论的诞生。本研究的成果将能够充实和完善智慧物流建设的理论基础。

（三）国内外研究现状分析

2009 年 1 月 28 日，奥巴马就任美国总统后，与美国工商业领袖举行了一次"圆桌会议"，作为仅有的两名代表之一，IBM 首席执行官彭明盛首次提出"智慧地球"这一概念，建议新政府投资新一代的智慧型基础设施。2009 年 2 月 24 日，IBM 大中华区首席执行官钱大群在 2009 IBM 论坛上公布了名为"智慧地球"的最新策略。

智慧物流又称智能物流，是源于IBM提出的“智慧地球”派生出的一个概念。智慧物流至今还没有严格定义，一般来说，智慧物流被认为是物流信息化的高端形式，常常以物联网与互联网为主要支撑技术，伴随基于数据库的数据挖掘、优化，服务于物流企业本身及整个制造业。智慧物流将无线网络、3G网络、RFID、传感器、云计算等新一代的IT技术充分应用到物流行业中，将物联网和互联网整合起来，实现人类社会和物理系统的整合，从而对整合网络内的人员、机器、设备和基础设施实施实时的管理和控制，最终实现现代物流的自动化、网络化、可视化、实时化跟踪和智能控制。智慧物流具有灵活、可视、同步、风险低、以客户为中心等特点。

智慧物流本质上是信息技术在物流企业（或政府）的采纳行为，由于智慧物流与物联网高度相关，通常这种采纳以物联网技术为主，兼含管理软件两大范畴。其主要涉及三部分内容，一是RFID及它与GIS、GPS等技术的结合；二是公共服务平台、交易平台或具备物流功能的贸易平台；三是纯软件技术。因此，研究智慧物流相关技术的采纳影响因素，主要的理论是技术采纳理论，其中最为学术界认可的是基于Davis（1986）提出的技术接受模型TAM。Davis在理性行为理论基础上，研究了外部变量、易用认知和有用认知与科技应用间存在的相关关系。后来Lucas和Morris等人陆续加入更多的影响因素，对模型进行了不同程度的拓展，并形成TAM2。后有学者基于其他视角提出任务——技术匹配模型TTF，近年来的研究对两种模型的整合逐渐成为研究的趋势。

二、项目内容摘要

在对国内外智慧物流相关的理论研究资料整理和分析的基础上，结合实际对特定地区的智慧物流建设与发展现状进行调研，分析智慧物流建设存在的主要问题，通过定性定量方法相结合，研究智慧物流建设关键的影响因素，完善智慧物流建设的理论基础，并提出相应的对策建议，为促进地区智慧物流的发展建设提供参考。

三、项目实施方案及实施计划

（1）2014 年 12 月—2015 年 4 月：收集和整理国内外智慧物流相关的理论研究文献资料，通过理论分析和推导，对智慧物流发展关键影响因素进行定性分析，构建理论分析模型，初步确定智慧物流建设的影响因素。

（2）2015 年 5—9 月：对广西北部湾主要城市的智慧物流发展现状进行调研，并选取国内发达地区一个或两个城市对其智慧物流发展状况进行调查，对调查结果进行整理。

（3）2015 年 9—12 月：根据调研获取的资料数据，对模型进行实证检验，对实证研究的结果进行分析和讨论，并提出相应的对策建议，为促进地区智慧物流的发展建设提供参考。

参考文献：

［1］GIFFINGER，et al. Smart cities – Ranking of European medium – sized cities［EB/OL］. http：//www. smart – cities. eu/. Vienna：Centre of Regional Science，2007.

［2］DAVIS F D. A technology acceptance model of empirically testing new end – user information systems：theory and results［D］. Massachusetts：Sloan School of Management，MIT，1986.

地方本科高校物流管理专业教师教学技能提升的研究

黄智海

一、立项依据

1. 现实问题

物流是我国新兴行业，也是经济发展的基础性与战略性产业，从国家到地方政府、企业，都把物流作为提高市场竞争力的重要手段。快速成长的物流业，需要大量的各层次专业人才去建设与发展。要培养出具有实践能力的高素质应用型物流管理人才，需要有结构合理、综合素质高的师资队伍，教师的教学能力将直接影响人才培养的质量。目前地方本科高校物流管理专业教师存在以下问题：①现任教师数量和知识背景达不到人才培养要求；②课堂重讲授，实践教学力度弱；③高校难进难留优秀物流人才。如何改变上述主客观因素造成的现状，在保证良好而稳定的师资队伍基础上，通过科学改善教学方法和提升教学技能，培养出优秀的物流管理专业人才，是地方本科高校着力要解决的一个难题。

2. 选题的意义

在世界经济一体化的背景下，物流这一新兴行业近年来在中国迅速发展起来，与此同时，企业对各类物流人才的需求也日益增长起来，物流人才已经被列为我国 12 大类紧缺人才之一。物流专业是与实践联系非常紧密的专业，因此，在强化物流理论学习的同时，如何通过实训或实习，提高学生的实际操作能力，培育出既懂物流理论又具有熟练的物流操作技能的高技能物流人才，已成为现代物流教育急需解决的问题。教师要不断接受物流管理新理念，提升教学技能，这对取得良好的教学效果，实现教学的创新，具有积极的作用。加强物流管理专业教师教学技能的培养与提升，提高专业教师教学能力的可持续发展，创造条件努力提高教学质量，以推动教育实践教学的健康发展具有现实的意义。

3. 国内外研究现状分析

物流专业教师的首要任务就是传授知识，具有扎实深厚的专业知识是作为物流专业教师的第一条件。因此，高校物流专业教师必须积极开展科学研究，掌握所教学科的前沿知识，在此基础上适时地把前沿知识教给学生，利用多学科交会的特点，发现新现象，提出新思路，进行新研究，开阔学生的视野，调动学生的学习积极性。同时，当前的高等教育正经历一个从应试教育向素质教育、从精英教育向大众教育、从继承性教育向创新性教育的转变过程，在这一转变过程中，仅有渊博的知识、顶尖的科研是不够的，高校物流专业教师还必须具备现代教学意识和现代教学能力，能够在教学过程中加强对自己教学目的、教学目标、教学过程和教学效果的关注意识，对自己的教学实践不断提出质疑，不断追求变革，不断提高教学水平，不断改善教学效果。因此，我们认为，当前加强高校物流专业教师队伍建设，其方向应该是建设一批“知识 + 技能”型教育职业家。这里所谓的教育职业家既非传统意义上的“教书匠”，也不是单纯的“学者”“科学家”，而应当是集专业研究和教学研究于一身的现代物流专业教师。一方面专于科学研究，不断将最新科学成果引入课堂，启迪学生的思维；另一方面专于教学研究，能够在教学过程中，自觉反思自己的教学观念、教学方法和教学效果，切实解决教学过程中出现的各类问题，不断增强教育效果。

高校要对新任物流专业教师进行“补课”，开展心理学、教育学、教学方法、教学能力等方面的培训，使年轻物流专业教师在思想上、政治上、业务上迅速得到提高，尽快适应高校教学的需要。高校要注重发挥老物流专业教师的“传、帮、带”作用，经常组织开展有关教学创新的学术交流活动，提高新任物流专业教师的驾驭课堂的能力，提高新任物流专业教师创造性教学的能力。高校要鼓励和督促青年物流专业教师在职学习进修以取得博士学位，鼓励物流专业教师参加学术会议、各种中短期在职培训和长期的脱产进修，全面提高高校物流专业教师队伍的学历层次和能力素质。

二、项目内容摘要

1. 项目研究的主要内容

本文针对物流管理专业理论性、技能性和实践性强的特征，通过对教师教学技能提升的研究，提出知识与技能“双师型”教师发展模式，从而推动物流管理专业的健康发展。

2. 改革目标

（1）改变传统教学中的理论型教学。探讨完善现有物流管理教育的培养形式。在教学过程中物流管理专业的教师教学技能主要体现在：教学分析上扎实的专业知识、教学设计上灵活有效的教学方法和手段、教学实施上良好的组织与协调能力、专业规划与建设上不断更新的社会实践经验，与企业合作上创新科技的能力等。

（2）提高实践教学对教师科研能力的辅佐作用。

3. 创新之处

把可持续性发展研究应用于教师的教学技能提升中，具有一定的创新性和实践性。

4. 拟解决的关键问题

（1）教师的实践教学能力可持续发展是本项目拟解决的关键问题之一，如何充分高校资源，建立合理的教师评价和激励机制，鼓励教师重视教学技能的发展。

（2）建立开放式的教师培养体制，通过校内外实践培训基地提高教师的实践教学能力；通过产学研相结合，使教师的理论与实践、生产、科研与教学得到紧密的结合。

运用教育学、管理学等多学科交叉方式综合研究，采用教育实验法、经验总结法、比较研究法、个案研究法等方法进行。对实践结果采用定性分析和定量分析相结合方法，使研究更为清晰。

三、项目实施方案及实施计划

（一）实施方案

（1）收集各高校的物流管理专业教师教学技能的相关信息，分析其教学过程中所遇到的切实问题及常规解决方案。

（2）分析物流管理专业教学的特性，影响教学质量的关键因素，验证提升物流管理专业教师教学技能的必要性。

（3）对收集到的信息进行分析，充分研究教师技能在教学中的作用，设计满足项目目标的教学技能提升方案。

（4）建立物流教师绩效考评体系，通过导向的作用，积极鼓励和推动专业教师提高物流教学技能。

（二）实施计划

第一阶段（2014 年 10 月—2015 年 3 月）：准备阶段。

以广西师范学院为例，在院内调研，分析物流管理专业教师教学技能提升的可行性及有效性，进一步确定项目目标和研究方案，明确分工，收集相关理论和研究成果文献材料。

第二阶段（2015 年 3—9 月）：材料整理和论文撰写。

对调研阶段的各项材料进行整理，按分工分别对理论材料和实证结果进行综合认证，选择可靠的论据，形成系列调研报告、论文，并发表较为成熟的成果。

第三阶段（2015 年 9—12 月）：成果总结阶段。

课题组成员讨论、修改、汇总，主持人修订、统稿、上交理论成果。

（三）可行性分析

（1）本项目组主要成员工作经验较丰富，主持和参加过国家教育部项目、广西教育厅项目、广西师范学院项目等项目，有较深厚的学术积累，研究能力强。

（2）项目成员发表过类似研究的学术论文，其中也涉及一些与本项目相关的理论成果，取得了一定的前期基础及资料。

（3）所有成员均有充足的时间和精力，有相应的资料设备条件，能够完成课题研究。

（四）项目预期的成果和效果（包括成果形式、预期推广、应用范围、受益面等）

（1）完成1～2篇基于本课题的教研教改论文。

（2）应用于广西师范学院物流管理专业教师，并在物流学院其他相近专业教师同步开展研究应用。

（3）受益面包括物流专业教师及物流管理专业学生。

大数据时代物流专业统计学教学改革的探索

李冠军

一、立项依据

随着互联网、物联网、无线传感器、云计算的快速发展，全球数据量出现爆炸式增长，人类社会进入大数据时代。现今大数据在经济、政治、文化等各个领域都得到一定的应用，并产生了深远的影响。物流行业联系着各大企业、公司、商家、家庭和个人，所涉及的数据量非常大且具有一定价值。而大数据恰恰能对这些数据进行快速高效的处理，得到正确有用的信息，对物流行业的发展具有重大意义。

统计学是一门理论方法和实践操作很强的一门课程，能从大量的数据中挖掘出有用的信息，为进行科学决策提供理论和方法指导。物流专业的本科生，在学习过程及后续的工作过程中将会与许多涉及物流的数据打交道，如生产数据、销售数据、库存数据、财务数据、交通运输数据等。如何正确地收集数据、整理数据、分析数据，如何认识和使用传统数据和大数据，成为大数据时代背景下企业对物流人才的新需求。

当前物流专业统计学教学中存在不少问题：①教学目标单一、专业针对性不强；②教学内容理论性较强，学生学习兴趣不高；③统计软件教授时间有限，学生不能很好地了解和掌握基本操作；④不能很好地结合时代变化更新教学内容等。如不能较好地解决这些问题，将会影响符合社会需要的、合格的物流人才的培养。

基于以上分析，在大数据时代背景下，将大数据引入物流专业统计学教学改革探索，不但符合时代要求，而且有助于激发学生的学习兴趣，更有利于培养符合社会需求的物流专业人才。

二、项目内容摘要

研究思路如下：

（1）大数据的概念及对社会的影响；

（2）大数据对物流行业的影响及作用；

（3）大数据对统计学的影响；

（4）当前物流专业统计学教学的现状分析；

（5）将大数据观念引入物流专业统计学教学的思路：

①通过物流行业产生的大数据解读，让学生了解什么是大数据；

②通过大数据和传统数据的收集、整理比较，让学生更好地理解什么是数据；

③通过大数据和传统数据统计分析的异同比较，让学生了解如何进行数据统计分析；

④初步建立起通过数据统计分析，了解物流行业以及进行物流管理的观念和思想。

三、项目实施方案及实施计划

项目实施方案及实施计划如下。

（1）2014 年 6—8 月：准备阶段。收集资料，初步拟定新的教学计划和课程材料准备。

（2）2014 年 9—12 月：初步尝试阶段。在 2014 级经济管理类本科专业执行新的课程计划，收集反馈意见。

（3）2015 年 1—2 月：修正阶段。根据新课程计划执行效果和学生的意见反馈，以及同其他高校统计学教师沟通交流，进一步修订和完善课程计划和教学内容。

（4）2015 年 3—6 月：正式试验阶段。在 2014 级物流管理本科专业执行修订后的课程计划，继续收集反馈意见。

（5）2015 年 7—8 月：总结阶段。根据课程计划的总体执行和学生意见反馈，以及授课教师的教学思考，对将大数据引入物流专业统计学教学的探索进行总结。完成教学论文 1 篇。

物流管理专业学科交叉类课程建设

李　梅

一、立项依据

（一）理论依据

交叉学科研究是产生新学科的沃土和源泉，是获得原创性科学成果的重要途径，也是解决重大技术、社会问题的必然选择。从世界范围看，一些国际著名大学，如哈佛大学、斯坦福大学、普林斯顿大学等近年来都投巨资成立了跨越生物学、物理学、化学等多个学科的交叉科学研究所或研究中心，集物理学家、化学家和生物学家等不同学科专家的智慧，以促进学科的交叉和渗透。

物流管理专业在国内的经济管理类专业中属于新兴专业，也是21世纪企业提升竞争力需要实践的主要专业领域。同时，该专业也具有明显的学科交叉特点，涉及自然科学和社会科学等多个领域。

（二）研究意义和目标

本课题组以广西师范学院为例，该校从2006年建立物流管理专业至今，经过多方面的共同努力，现已将该专业打造成广西地区的特色专业。但随着教学改革的不断深入，为了更好地适应专业发展，对原有的课程设计进行改革就显得格外必要。在物流管理的交叉课程建设中，诸如“物流经济学”和“交通运输管理”等具有代表性的课程，由于此类学科交叉课程不属于物流管理学科的主干课程，因此没有受到足够的重视。但是此类课程兼具工程类课程和管理类课程交叉的特征，同时能很好地培养学生的动手操作能力和实践能力，故而针对此类课程进行专门研究，对其特点、定位、课程教学方法、课程教材建设等进行深入探讨是十分有必要的。

基于此，本项目拟以“物流经济学”和“交通运输管理”两门学科交叉类课程为代表，对学科交叉类课程的特点、课程在培养方案中的定位、课程的教学方法、课程教材建设等进行研究，一方面期望切实提高课程的教学效果，为培养更多的学科交叉类人才提供帮助，另一方面也为其他学科交叉类课程的教学提供借鉴。

（三）实用价值

以“物流经济学”和“交通运输管理”两门课为代表，研究物流管理专业学科交叉类课程建设，不仅符合物流管理专业学科交叉的本质要求，而且符合国家人才培养的需要，能够为培养具有学科交叉能力的复合型创新人才奠定基础。本项目的研究成果可以为物流管理专业学科交叉类课程的建设和人才培养提供借鉴，增强物流管理专业复合型创新人才培养质量，为国家物流事业发展做出更大贡献。

同时，该项目还可实现教学促科研和实践，教师在传授理论的同时，引导学生研究并参与广西北部湾经济发展实践，为服务地方经济，使学生学有所用，理论联系实际等方面都起到了积极的作用。

（四）国内外现状分析

目前，在国外的各大高校的管理学院，以物流管理和供应链管理等为代表的物流类课程已成为核心课程。物流管理是当今理论界研究的前沿，也是企业有效运营、提高绩效的实践热点。

我国对物流类课程研究起步晚，在我国大多数高校，对于物流管理类的经管类的前沿课程的教学，普遍存在以下亟待解决的问题：物流专业人才教育起步较晚，教育规模小；人才需求结构与人才培养教育结构不对称；专业培养目标不明确，课程结构、内容设置不尽合理；缺乏实践性教学环节；教学方法和教学手段落后；物流教材水平不高；学生的实践活动和科研活动较少。产生以上问题主要源于：经费有限、缺乏适用教材、师资有限等制约条件。因此，提高物流管理类课程的教学水平，应用已有的成熟学科交叉学习并应用物流专业知识，探讨适应中国本土化物流管理的实践操作方法具有重要的意义。这也是本课题的研究主旨所在。

二、项目内容摘要

（一）研究内容和主要方法

（1）通过查阅国内外相关资料，对以“物流经济学”“交通运输管理”为代表的两门学科交叉类课程的特点、定位、在本科培养方案中的作用进行研究。

（2）通过授课实践、听取专家意见等方式，对“物流经济学”“交通运输管理”等交叉课程的教学方法进行研究，包括课堂讲授、讨论、读书报告等环节的设置与实施方法。

（3）在现有参考教材的基础上，编制符合我校物流管理专业特点的交叉类课程讲义和电子教案，如条件成熟，可正式出版。

（4）实施教改实验及行动研究法，课题组教师对管理类课程开展教学改革试验；同时，立足课堂教学实践，在反思、批判中边学习边总结。

研究的技术路线见下图。

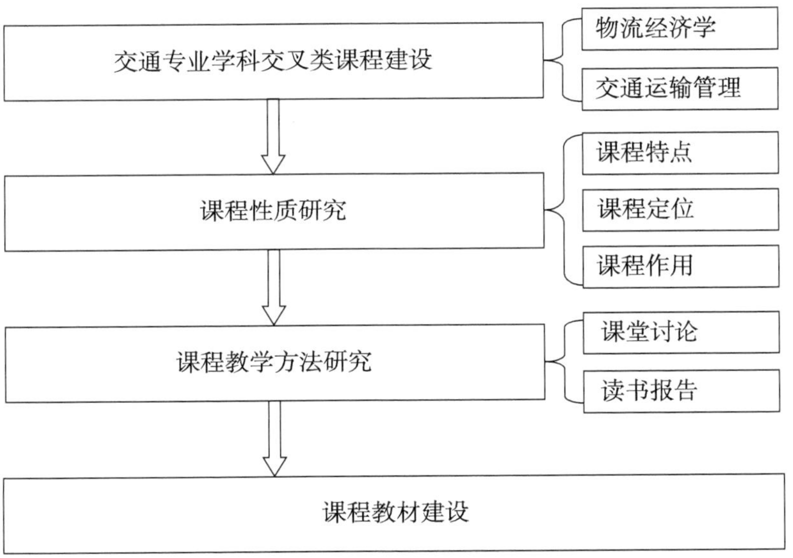

物流管理专业学科交叉类课程建设技术路线图

（二）研究的主要创新之处

（1）注重从学科交叉的角度研究课程的特点、定位、作用、教学方法等，保证研究成果的创新性。

（2）注重可操作性和实用性。紧密结合国家物流经济管理和交通运输管理类人才培养需要，研究具有可操作性和实用性。

（3）注重理论和实践相结合。充分汲取国内外最新研究成果，对相关学科的学生、教师、专家学者进行调查，保证研究成果的先进性。

（4）研究组成员从事物流管理专业学科交叉方面的教学和科研工作，拥有交通运输工程、管理科学与工程等学科的博士学位，有利于充分发挥学科交叉优势开展研究工作。

（三）拟解决的关键问题

目前，为进一步提升教改效果，期待在以下方面进一步开展教改研究和实践。

我们拟从教学内容对教材的更新与补充、多媒体教学、实验教学、考试模式等教学环节上进行深入改革，并针对不同专业学生的特点，搞好实训教学，拟解决的基本问题如下。

（1）课程模块的整合。使物流类专业课程尤其是交叉类的物流课程更具系统性和可行性，当然，这也是教学改革的一项尝试，希望结合多方面的力量以期取得较好的教学效果。

（2）改革教学方法。对现有的教学方法进行延伸，基于现有教改实践及文献分析，创新性地提出“教”“学”“议”“做”一体化模式，并突破性地从以下五个角度进行开创研究和实践：“教”“学”“议”“做”一体化模式的教学范式、方法、手段；相应的考核方式；多载体一体化协同培养；实践体系改革；教学质量的动态评价。

（3）实践环节的进一步加强。加强物流实验室开发和建设，在原有的软硬件和模拟操作平台的基础上进一步拓展学生的实践空间，同时加强校企联合，充分利用北部湾开放开发的大好机遇，为学生提供更多的内外部实践交流平台，使得我们培养的物流专业人才不仅强于理论，更强于理论和实践相结合。

（4）评价体系的改革。对于交叉类课程的实践，希望突破原有的教师讲授、学生接受的教学模式，因此教学评价体系也应做相应的调整，更应结合“教”“学”“议”“做”一体化模式的教学范式、方法、手段来选择相应的考核方式，以此来促进教师的教改方式和学生学习的主动性。

三、项目实施方案及实施计划

（一）实施方案及具体实施计划

本项目拟从 2015 年上半年开始实施，到 2015 年年末结束。

整个项目实施分为以下两个阶段。

（1）2015 年上半年组织项目组成员进行物流专业交叉课程设计及问卷调查和分析，并采用文献资料法和比较研究法，对相关普通高等院校物流类交叉课程设计进行分析比较研究，借鉴成功经验。

（2）2015 年下半年采用定性分析与定量分析相结合的研究方法，通过统计调研与分析，积极撰写教改论文，并写出项目报告。

（二）可行性分析

本项目在制度、人员、经费等方面能保证项目的顺利实施。在制度方面，教育厅有关部门和我院相关职能单位均鼓励中青年学者积极承担教育教学改革的课题研究，从经费、时间和其他方面给予保证，使项目按期完成任务，并且我院科研处还积极承担本项目的管理任务和信誉保证。在人员方面，本项目的成员实力雄厚，大部分是物流管理学院的领导及物流学科教学骨干，是颇有理论功底的中青年教师和硕士、博士，具有较强的领导能力及协调能力。他们不但教学经验丰富，还主持和参与了多项教学改革科研项目。以上为项目顺利实施提供了有利保障。

基于“行动导向教学法”的物流管理专业实践教学改革

龙晓虹

一、立项依据

2010年我国社会物流总额和物流业增加值分别达到125万亿元和2.7万亿元，新增社会经济效益近2000亿元。物流业在我国作为一种新兴的行业，正在成为我国一个新的经济增长点。现代物流业的高速发展带动了物流人才特别是高级应用型物流人才需求量的急剧增加。但目前本科物流教育教学培养模式研究的滞后与现代物流业的迅猛发展存在较大的差距，特别是本科物流专业的教学总体上还是学科型的传统教育模式，存在重理论、轻实践的问题。实践环节流于形式，没有真正做到产学研的有效结合。实践教学是物流管理专业课程体系的重要环节，目前很多本科院校在实践环节的安排上存在课时不足，内容老化，效果欠佳的问题，不能达到实践教学的目的，严重制约了物流人才的培养效果。对此，针对物流专业的学科特性，开展有特色的课程教学改革显得尤为重要。

“行动导向教学法”源于德国20世纪80年代，是德国职业教育改革的成果，并且对德国职业教育发展产生了深刻的影响，成为德国职业教育改革的方向。它特别强调的是关键能力即跨职业的能力的培养。

所谓“行动导向”，是指由师生共同确定的行动产品来引导教学组织过程，学生通过主动和全面的学习，达到脑力劳动和体力劳动的统一。行动导向教学法一般采用跨学科的综合课程模式，不强调知识的学科系统性，重视“案例”和“解决实际问题”以及学生的自我管理式学习。它的主要特点是：

学生互相合作解决实际问题，学生参加全部教学过程，学生参与积极性高，表现出强烈的学习愿望，老师的作用发生了变化——从知识的传授者、教学过程的主要承担者变成一个咨询者或指导者。“行动导向”教学的方法有：项目引导法、大脑风暴法、模拟（仿真）教学法、卡片展示法、思维导图法、角色扮演法等。

本课题旨在对“行动导向教学法”在物流管理实践教学中的应用进行研究，包括教学目标、教学内容重组、教学方法、教学资源等方面，深入分析不同类型的“行动导向教学法”在物流课程不同知识点的实践教学过程中的应用，以及操作过程、选择标准和依据。为本科物流管理专业课程的实践教学提供参考。同时期望为“行动导向教学”在解决目前困扰我国职业教育界学生学习被动，学习效率低、分析问题和解决问题的能力差，不能对知识进行重新组合，融会贯通的普遍问题，找到根本的解决办法。

二、项目内容摘要

（1）本科物流管理专业实践教学改革的必要性。目前多数本科院校物流管理专业的教育主要还是学科型的传统教育模式，存在重理论、轻实践的问题。拟根据本科物流管理专业人才培养目标的要求和实践教学存在的问题，对实践教学改革的必要性，实践教学体系、实践教学内容和方法、教材建设和校内外实训基地建设等方面的教学改革进行探讨。

（2）德国面向职业能力的行动导向教学法产生背景浅析。行动导向教学法源于德国。德国是世界上最为重视职业教育的国家，也是职业教育比较发达的国家。德国职业教育界于 20 世纪 80 年代起开展了行动导向教学的研究和实施，行动导向教学法是德国职业教育改革的成果，在德国已经被普遍接受和推广，这对德国职业教育发展产生了深刻的影响，成为德国职业教育改革的方向。我们在学习行动导向教学法的时候有必要对其产生的职业教育体制、职业氛围、国民对职业教育的认识等背景进行了解和分析。从而对实施行动导向教学法有一定的借鉴和参考。

（3）基于行动导向教学法的中德职业教育实践课程比较。实践课程是职业教育的重要环节。行动导向教学法一般采用跨学科的综合课程模式，不强调知识的学科系统性，而重视"案例"和"解决实际问题"以及学生的自我管理式学习。从实践课程的目标、内容组合、课程设计、教学方法等方面对行动导向教学法实施的过程、效果进行比较。

（4）行动导向教学法中各种具体教学方法的应用。情景模拟、角色扮演、项目、案例、头脑风暴、引导文在本科物流管理专业实践教学方案中，对它们的操作过程、选择标准和依据进行分析。

（5）基于3+2模式的物流职师专业本科阶段实践教学方案构建。通过对3+2模式的物流职师专业本科阶段教学方案与普通本科物流职师专业教学方案在生源层次、学科基础、培养定位、就业需求等的对比，从而对3+2模式的物流职师专业本科阶段现行教学方案的实践课程教学目标、教学内容、教学方法、教学资源等方面进行分析，探究目前3+2模式物流职师专业本科阶段实践教学方案存在的问题，并进一步就高职院校对物流师资的新要求构建新方案。

三、项目实施方案及实施计划

本课题研究时间跨度为两年（2014年12月—2016年12月），分为四个研究阶段。

第一阶段（2014年12月—2015年4月）：准备阶段，收集整理资料。

第二阶段（2015年5—9月）：比较研究阶段。

（1）"行动导向教学法"的国内外研究综述。

（2）德国面向职业能力的行动导向教学法产生背景分析。

（3）基于行动导向教学法的中德职业教育实践课程比较。

第三阶段（2015年—2016年4月）：实践反馈，总结阶段。

（1）3+2模式的物流职师专业本科阶段实践教学方案。

（2）"行动导向教学法"中各种具体教学方法（情景模拟、角色扮演、项目、案例、头脑风暴、引导文）在本科物流管理专业实践教学方案中的应用。

第四阶段（2016年5月—2016年12月）：总结成果阶段，计划成果。

（1）本科物流管理专业实践教学改革。

（2）基于"行动导向教学法"本科院校物流管理专业实践教学方案构建。

物流管理专业教育实习网站的开发与研究

陆丽娜

一、立项依据

（一）理论依据与意义

教育实习是物流管理专业教学体系的重要组成部分，是学生进一步掌握教学方法、教学技能、教学技巧的重要环节，具有综合运用、考查和提高职师专业所学专业知识、培养教学实践技能的重要作用。但是综观现阶段教育实习，还存在一些问题。

（1）学生在实习中过分依赖指导教师，缺乏教学经验，缺乏对课堂的驾驭能力。

（2）实习期间由于实习学校地域较远，学生和院内指导老师之间的沟通多是通过短信、电子邮件、电话等方式进行的，遇到问题时实习生无法及时与指导教师沟通。

（3）教育实习的阶段性成果无法及时提交，实习资源成果流失现象相当严重。

（4）实习中由于指导教师教学、科研等工作繁忙，教师之间也很难有时间对实习中的某些问题深入交换意见，教师的团队优势得不到充分发挥，无法有效地实现教学资源共享。

（5）实习学生基本是首次以工作者身份步入社会，其两种身份重叠，理想和现实的强烈冲突，往往使实习学生产生一定的思想波动，出现一些心理问题，学校原有的思想政治教育和心理教育基本失去有效手段。

随着现代科学技术的突飞猛进，特别是计算机技术、通信技术和多媒体技术在教育中的应用，给教育带来了前所未有的发展机遇，信息技术在教育的方方面面都发挥了巨大的作用，将网络技术应用到教育实习中可以带来前所未有的便利和作用，因此是很有意义的。

（二）国内外研究现状分析

1. 国外网络信息技术应用于教育实习现状

我国学者王旭卿在博士论文《信息技术中介的教育实习环境创设研究》中总结了国外把网络信息技术应用于教育实习的几方面，具体应用如下。

Levin（莱文）和 Wau 曲研究和开发了支持远程实践和学习的互动框架，即五种教学远程学徒（Teaching Tele. apprenticeships），其中前三种是与职前教师的见习与实习活动紧密联系在一起的。分别是：①提问与回答。职前教师通过电子邮件回答中小学生学习的问题，让他们提早获得教学的真实性感觉，为以后的教学工作做好准备；②合作。实习教师与中小学合作教师用电子邮件来提交教案和反馈交流：③学生出版。职前教师在网上展示见习报告及指导教师的评语，为低年级的职前教师示范作业，并激励他们学习：职前教师整理合作教师的实践性知识并写成报告，在网上出版。

Nicholson 和 Bond 把电子公告板（BBS）用于教育见习，使职前教师能够共享见习经验和想法。通过对一个学期电子公告板中讨论的考察，他们发现：网络信息技术拓展了课堂之外的讨论；电子公告版可以成为专业支持和共同体形成和交流的场所；职前教师的反思性思维随着时间推移得到发展。

Mitchell 把在线讨论整合于职前教师教育的“教育研究”课程和教育见习中，组织小学职前教师就公平性、技术和学校为主题开展在线讨论和超文本写作。Mitchell 认为通过在线活动可以建立一系列写作实践，而写作实践的关键是参与者“公开”、访问电子资源和人们在专业共同体中的参与。因此，职前教师就能利用自己的经验、各种电子资源和见实习同伴、指导教师的观点来拓展他们对教育技术和公平性问题的理解，由此让职前教师在相互割裂的教师教育项目的各部分——理论与实践、学校与大学、研究与体验之间建立联系。

2. 国内网络信息技术应用于教育实习现状

在国内，借助信息技术，师范生可以通过观看课堂实录视频来感受真实课堂教学的复杂性，而且师生可以就视频教学案例的现象和情景进行讨论、分析和总结。利用数字视频技术，教师教育者和师范生可以更方便地录制、播放和编辑微格教学片段。

随着网络技术的迅速发展，越来越多的师范院校认识到网络信息技术的人际交流和资源共享功能在教育实习方面的作用。南京师范大学在2001年构建了南师大教育实习网站，建立了一个教育实习资源库，为实习生提供了包括教学教案、教学课件、教研论文、教学案例等的教育实习资源。另外，还设置了一个实名制实习BBS，为实习生之间、实习生与指导教师之间创设方便的沟通交流渠道，加大了对教育实习工作的指导效益和信息监控。

阜阳师范学院在2005年为教育实习搭建了数字化实习平台，创设教育实习网站。网站主要包括实习资料库、实习生留言板和虚拟实习教室。实习生可以及时了解教育实习信息，下载实习和教学资源，查阅实习资料，学习优化教学方法，交流实习经验。此外，广西师范大学物理与电子工程学院也在近年建立了自己的教育实习网站，主要有实习快讯、教学实习工作、班主任实习工作、教育调查、实习手记、实习资源等板块用来支撑师范生的教育实习。

综上所述，教育实习中利用网络信息技术构建一个教育实习平台，为学生提供丰富的资源，使学生在实习过程中需求得到满足、问题得到解答、教学实践技能得到提高，对促进实习生的专业成长是很有意义的。

二、项目内容摘要

本项目旨在研究利用网络构建一个教育实习的网络平台，为学生、教学管理部门、指导教师、实习学校指导老师、实习学校之间创建一个低成本沟通平台，实现教学资源的有效共享，解决现在教育实习中的交流协作不充分的问题；通过教育实习和该平台的使用，提高师范生的信息技术水平和运用到教育实践的能力。项目主要完成以下四个方面的工作。

第一部分为理论解析：通过调研了解国内外网络多媒体在教育实习中的

应用状况，并总结教育网络平台设计、开发和应用方面的经验。然后对研究的理论基础进行整理，明确其指导意义和价值。

第二部分为需求分析：通过问卷调查和访谈，了解目前教育实习现状和教育实习网站的功能需求，为教育实习网站的建设提供现实参考依据。

第三部分为设计开发：结合调查结果的分析和反思，阐述教育实习网站的需求定义及功能结构。接着采用开发研究方法，从技术上实现教育实习网站的建设。

第四部分为应用和结果分析：以 2012 级物流管理本科生为对象开展教育实习，介绍实习网站支持下的教育实习过程。通过收集平台数据和问卷调查，对实习网站的使用情况和效果进行讨论和反思。

三、项目实施方案及实施计划

（一）实施方案

（1）进行调研，借鉴和总结经验。

（2）问卷调查和访谈，进行需求分析，确定网站的结构和功能。

（3）进行网站的设计和开发。

（4）网站试运行，对网站的应用和结果进行分析。

（二）年度工作计划

本项目从 2015 年 1 月开始实施，到 2015 年年底结束。

整个项目实施分为以下几个阶段。

（1）2015 年 1—6 月，调查研究，需求分析，进行网站的设计和开发。

（2）2015 年 7—12 月，以 2012 级物流管理本科生为对象开展教育实习，介绍实习网站支持下的教育实习过程。通过收集平台数据和问卷调查，对实习网站的使用情况和效果进行讨论和反思。发表教改论文 1 篇。

双语与国际物流人才培养研究与实践

陆宇灵

一、立项依据

（一）理念依据与意义

全球采购、全球供应的形成与发展，使得物流行业呈现出明显的国际化特征，国际物流的发展，既需要有扎实的物流专业基础与实践经验，又有英语沟通与交流能力复合型人才，开展双语教学，是解决这一问题的良方。国家教育部《关于加强高等学校本科教学工作提高教学质量的若干意见（2001）》中明确要求“本科教育要创造条件使用英语等外语进行公共课和专业课的教学”。自南宁成为中国—东盟博览会永久举办城市以来，我国连续取得商品贸易与投资合作的双丰收，中国—东盟的贸易以年均20%以上的速度增加。作为永久举办城市的南宁，需要广西壮族自治区有大批熟悉东盟各国知识的人才，包括国际贸易、语言翻译、市场经济、旅游开发、物流管理等。国际贸易最终由国际物流来实现，当前国际贸易的主要语言为英语，因此管理学科的学科建设，不但要加入东盟各国的环境因素，为将来服务于中国—东盟经济发展提供必要的理论基础，同时，通过双语教学，提高学生对英语的实际运用能力，也能够充分拓展学生的就业面。基于此，广西师范学院需要培养造就熟悉东南亚市场环境的掌握多语种的物流管理人才。为此，我们对物流管理专业开设双语教学课程的可行性进行研究与分析，为构建该特色方向的师资队伍、课程设置、理论与实践教学模式、教学方法与手段、评价标准等开展研究与实践，对培养现代物流管理尤其是国际物流人才具有重要的现实意义。

（二）国内外研究现状分析

双语教学是我国高等教育和国际接轨，迎接新世纪挑战和教育改革发展的必然趋势，也是当前教育改革的热点和重点。2001 年教育部颁布了《关于加强高等学校本科教学工作，提高教学质量的基本意见》，明确提出几项硬性规定，其中之一是自本年开始，在部属的高校实行双语教学，并强调率先在金融法律、生物工程、信息技术、新材料技术以及其他国家发展急需的专业使用英语教学。教育部的这一决策极其必要，非常及时。在我国高等学校实行双语教学是一项综合性改革，不少专家、学者对此进行了深入研究，并从国际化、信息技术、教育市场竞争、英语能力培养、学生未来就业与发展、教育质量、科学研究等多个方面论述了在高等学校开展多层次双语教学的必要性。

物流管理专业作为国家急需发展专业，对双语教学改革的需求更为强烈。除上述一般原因外，物流管理专业对双语教学的需求还着重体现在：①顺应中国物流国际化的需要。自从我国加入 WTO 以来，外向型经济越来越明显，国际贸易所占的比重越来越大，在全球化的物流运作体系中中国物流的国际化发展已成为重要而迫切的问题；②培养学生的综合能力。物流专业人才严重短缺，已被列为我国 12 种紧缺人才，其中，既懂专业又懂外语并通过国际职业认证的符合现代物流需求的高素质人才正在人才市场上走俏；③顺应物流教育现代化趋势，引进国外物流学的最新概念、理论和实践经验，科学选用英文原版教材和教学参考书，与国外大学教材同步；④符合物流领域各专业交叉融合的发展方向，有利于不断吸取国际物流贸易、信息化、标准化、数量分析等方面的先进经验。

同时，我们也应看到物流管理专业双语教学改革的现实性。物流管理专业课程因为与国际接轨的程度很高，随着“入世”后国际教育机构逐步进入我国教育市场，目前有大量的国外原版教材被不断引入，一些优秀的适合物流相关专业双语教学的教材也已经面试，这些为物流管理专业采用双语教学提供了充足的教材选择空间。高校教学条件的改善，也为物流管理专业采用双语教学提供了多种新型教学工具。从 2001 年以来，我国一些高校对物流管理专业课程实施了双语教学，制定双语教学管理办法、考核评估机制等，部分高校还成立专门工作小组，以教学科研项目的形式推进物流管理专业双语教学改革。

综上所述，在现代物流管理专业的人才尤其是现代国际物流管理人才的培养中，物流管理专业的双语教学具有极其重要的意义。在物流管理专业中开设具有针对性的双语教学课程，对于人才培养、服务地方经济都具有十分重要的意义。随着广西师范学院物流管理与工程学院的成立，学校为此投入了优秀的师资力量和雄厚的资金。物流管理与工程学院专任教师中具有博士学位或正在攻读博士学位的比例超过 50%，储备了优秀的双语教学师资力量，使得深化与发展物流管理专业双语教学改革成为可能。

二、项目内容摘要

（一）主要内容

本课题拟从培养国际物流管理人才，在广西纳入中国—东盟经济圈的时代致力于服务地方经济，以及在物流管理专业双语教学师资队伍建设、课程设置、教学内容、实践平台建设、教学方法与手段、人才评价标准等进行改革，构建专业特色方向。具体改革内容如下。

1. 双语教学平台软硬件的建设

构建物流管理双语教学语音实验室、双语教学管理信息系统，与国际贸易及物流企业横向联合，打造物流管理与信息系统双语教学与实践平台。

2. 师资队伍的建设

对广西师范学院物流管理与工程学院的师资队伍学历、职称、年龄、专业能力结构进行深入研究与分析，从而整合物流管理双语教学方向的师资队伍。

3. 特色方向课程设置与教学内容的建设

课程设置与教学内容建设是培养本项目特色的基础，课程开设的门类以及这些课程之间的关联，需要建立起课程逻辑、完善的模块课程体系和运行机制。

4. 建立新的人才评价标准

在物流管理专业人才分类培养的基础上，研究新的人才评价标准以及人才的能力结构。

（二）改革目标

国际物流是物流管理的重要内容，有完整的理论体系，需要掌握大量专业概念与技能，例如国际贸易术语及惯例、国际物流运输、国际货代、货物出入境检报关制度与程序、出入境检验疫制度与程度、国际货运保险、国际物流运作管理。同时国际物流的实践性很强，要求学生学会运用国际物流基本知识的技能，分析和解决国际物流管理实践中存在的问题，提高解决问题和创新思维能力，以及英语应用能力。这就对物流管理专业的双语教学提出了新的目标，也为教学对象的选择定下了标准。针对目前社会中国—东盟经济圈对物流管理专业人才的不同需求，培养双语物流管理人才必不可少。具体改革目标如下。

1. 教学对象设定

物流管理专业双语教学的前导课程是大学英语、物流概念、企业物流、仓储管理、运输管理、配送管理、物流信息系统等专业课程。在完成上述课程的学习之后，学生才能具备一定的英语技能和必备的物流专业知识，为物流管理双语教学做语言和专业的准备。因此在制订教学培养计划时，就把双语教学的课程开设定在第 4 学期或第 5 学期，教学对象从物流管理专业二年级下或三年级上的学生开始。

2. 教学目标设定

开展双语教学，教学目标也就从单纯的专业知识的传授向专业知识与双语技能应用转变。

①掌握国际物流学的基础知识与技能。

②培养学生运用国际物流知识与技能分析问题和解决问题的能力。

③培养学生在国际物流活动中，双语应用能力，具体表现在提高对国际物流相关英文资料的阅读能力、检索能力，以及相关会话与写作能力。

3. 提升服务地方经济能力，促进学生的就业与创业

与企业、行业协会、政府机关开展合作，面向社会提供物流管理专业双语人才。组织研发队伍，开发双语教学管理信息系统，一方面为企业和社会经济服务，另一方面提供学生足够的实训实习机会，促进学生的就业与创业。

（三）创新之处

本项目的创新之处体现在以下几方面。

（1）通过双语教学管理信息系统的建立，整合双语教学实训实践平台，发挥学院师资力量优势，激发教学对象学习潜能。

（2）通过构建有特色的物流管理专业双语教学课程设置，培养物流管理专业双语人才。

（3）通过培养特色人才，提升人才培养质量。

（四）拟解决的关键问题

（1）物流管理双语教学语音实验室、双语教学管理信息系统的建设。

（2）双语教学的教师、课程结构、教学内容与教学对象等的有机融合。

三、项目实施方案及实施计划

（一）实施方案及实施方法

（1）开展物流管理双语教学语音实验室建设和管理，开发双语教学管理信息系统，开拓教学对象的实训实习内容，构建物流管理专业双语教学平台。实验室建设与产业的发展能够互动，增加教学中的学生的自主性，提高双语教学教师的专业水平。

（2）设计完善运作机制，在实验室基础上建立物流管理信息系统研发团队，吸纳物流管理专业及信息管理专业学生参加，培养学生学科交叉能力，拓宽学生就业面。

（3）凝练物流管理双语教学教师团队、审慎选择双语教学课程与内容，并就此展开研究。

（二）年度工作计划

本项目从 2015 年 1 月开始实施，到 2015 年年底结束。

整个项目实施分为以下几个阶段。

2015 年 1—6 月，前期调研，加强实验室的建设、组建师资队伍。

2015 年 7—12 月，完成本项目特色的人才培养模式、教学体系结构之间的关系、运行机制的研究，补充完善物流管理专业的人才培养方案。发表研究论文 1 ~2 篇，项目的验收、总结、推广。

物流管理专业教学方法与教学手段改革的研究与实践

马小雅

一、立项依据

（一）项目基于的理论依据

本项目的理论依据是：认知教学理论；情感教学理论；有效教学理论。

1. 认知教学理论

认知教学理论是美国教育心理学家布鲁纳和奥苏伯尔等提出的，理论的基本主张是理智发展的教学目标，在目标的基础上提出“动机—结构—序列—强化”四条教学原则，并在目标和原则的指导下提出学科知识结构和发现教学方法。

2. 情感教学理论

情感教学理论是20世纪60年代以来人本主义崛起由美国人本主义心理学家罗杰斯为代表提出的非指导性教学理论。其基本主张是：①教学目标：最好的教育目的应该是“充分发挥作用，自我发展的人和形成自我实现的人。”②非指导性教学过程：罗杰斯把心理咨询的方法移植到教学中来，为形成促进学生学习的环境而构建了一种非指导性的教学方法与教学手段。这种教学过程以解决学生的情感问题为目标。③意义学习和非指导性学习：罗杰斯按照某种意义的连续，把学习分成无意义学习和意义学习。④师生关系的品质：他认为教师是教学过程中的促进者，而教师要发挥促进者的作用，关键在于促进者和学习者之间的人际关系的某些态度品质。这种态度品质包括三个方面：真诚、接受、理解。

3. 有效教学理论

有效教学理论是教育学的一个重要分支。它既是一门理论科学，也是一门应用科学；它既要研究教学的现象、问题，揭示教学的一般规律，也要研究利用和遵循规律解决教学实际问题的方法策略和技术。它既是描述性的理论，也是一种处方性和规范性的理论。

（二）项目面临和需要解决的现实问题

物流管理专业的培养目标是为中职和高职院校培养具有物流管理专业知识和教学技能的教师。但是，现在的很多讲授专业课的教师的教学方式和教学观念都没有因为物流管理专业是以培养职业师范生为目标而改变或转变，他们仍然沿袭传统的教学方式方法。对于如何培养具有实践操作能力的优秀物流管理职业师范生，如何通过示范让学生懂得怎样上课才能算一堂好课，如何评价一堂课等问题，很多专业教师自己不清晰，也很少主动去实践和改革。其主要原因有：①大多数教师不是师范专业出身，没有系统学习教学技法和教学原理等专业课程；②大多数教师的教学理念更多在于传递基本专业知识，而在资讯发达的今天，很多基本知识通过网络即能获取，导致学生学习积极性不高，培养效果没有达到目标；③以科研为导向的大学现实，让处于教学一线的青年老师经常处于纠结和困惑中，在背负各种科研压力和经济压力的现实面前，大多数老师的心思根本没有花在教学上，投入情感很少，导致学生感受不到教师的关爱，从而达不到教学预期。

由此，通过教学和带队见习、实习过程中与学生和见习单位相关工作人员沟通发现项目面临和需要解决的现实问题如下。

（1）从全国来看，物流管理专业是一个新兴师范类专业，如何培养适合社会需要的人才，还没有一套行之有效的教学方法、教学手段与方法可以借鉴。

（2）物流管理专业作为师范类专业在全国范围内数量较少，比非师专业要求更高，但中职院校的师资需求量大，如何培养适合中高职院校需要的物流专业教师，更是缺少有效的教学方法与教学手段。

（3）目前物流管理专业教师绝大部分是非师专业毕业，即使是师范院校毕业的也都是应用传统的教学方法、教学手段与方法，并不适用于物流管理专业的教学。

（4）如何结合先进的教学理念、教学方法对物流管理专业教学方法与教学手段改革与实践进行研究，创建一套有效的适应物流管理专业的教学新模式，是急需要解决的问题。

（三）项目现实意义

通过本项目的研究，可以实现三个意义。

（1）在实施有效教育核心理念和具体操作中，结合认知教育理论和情感教育理论，创新适合物流管理专业的授课环节和授课方式，这对于完善我校物流管理专业教学活动，提高我校物流管理专业学生的专业素养及水平，具有直接的现实意义。

（2）通过对有效教育的深入研究，结合先进的教学理念和有效教育教学的方式方法，创建一套有效的适应物流管理专业的教学新模式，以培养适应中高职院校需要的物流专业师资，为广西教育及广西地方经济社会发展服务。

（3）通过教学方法与教学手段的改革实践，构建新的教学教育理论和方法，并推动我校物流管理专业特色课程、特色专业、精品课程资源的建设以及专业名师的打造，扩大我校物流管理专业在区内外的影响。

（四）项目现实意义

通过本项目的研究，可以实现三个意义。

（1）在实施有效教育核心理念和具体操作中，结合认知教育理论和情感教育理论，创新适合物流管理专业的授课环节和授课方式，这对于完善我校物流管理专业教学活动，提高我校物流管理专业学生的专业素养及水平，具有直接的现实意义。

（2）通过对有效教育的深入研究，结合先进的教学理念和有效教育教学的方式方法，创建一套有效的适应物流管理专业的教学新模式，以培养适应中高职院校需要的物流专业师资，为广西教育及广西地方经济社会发展服务。

（3）通过教学模式的改革实践，构建新的教学教育理论和方法，并推动我校物流管理专业特色课程、特色专业、精品课程资源的建设以及专业名师的打造，扩大我校物流管理专业在区内外的影响。

（五）国内外研究现状

本课题的相关研究呈现出两个特点。

其一，以理论为视角的整体性研究。大量的研究集中于以各国文化背景为基础的阐述性理论分析。如德国教育学家赫尔巴特、美国的布鲁斯、捷克的夸美纽斯、苏联的苏霍姆林斯基等，就教育学、有效教育及促进教学经验做了全面的整体性解读。尽管这些基于国别的经验分析略显宽泛，但这些国家在提升大学内部教学质量方面的诸多共性思路与举措，为后续的教育研究提供良好的理论基础。

其二，在前人教育理论的基础上，把有效教育聚焦于某一专业或某一方面的深度阐述。很多学者将研究视角集中在以特定专业课程的具体研究方向上。如高兰香、易春等分别从大学物理和地理新课程角度研究有效教育教学理论。对有效教育教学在推动和保障教学模式改革方面的意义、观念、实施等做了极其详尽的阐释。还有很多学者从有效教学质量的保障与提高的视角对教学和学生能力培养、情感认知方面之间的关系问题展开了研究，观点是教师对教学本身的重视极其关键。

上述研究都为本研究提供了理论和研究方向的基础。

本研究的特别之处在于以下几点。

（1）已有研究更多关注的是总体层面的教学质量保障，本研究致力于并将 MS－EEPO 有效教育提出的具体实践操作模式与物流管理教学活动相结合，结合培养对象开展具体教学，找寻合理有效的教学模式，从而更好地保障教学质量。这是本研究的亮点和创新处。

（2）本项目以情感认知理论为视角，试图在物流管理教学中探索如何以学生为主体，教师通过情感认知的方式建立教学相长的师生情感。

（3）本研究在学校推动开展 MS－EEPO 有效教育项目，项目负责人逐渐把有效教育的五项基础、要素组合方式备课方式在所上的“物流管理”和“仓储与配送管理”等课程中实施，试图努力通过实践探索有利于物流管理（职师）专业教学模式的创新。

二、项目内容摘要

（一）项目研究的主要内容

在教学7年工作经验基础上，以认知教学理论和情感教学理论为视角来对物流管理专业教学方法和教学手段探索过程中存在的问题和对策进行研究，主要研究四个关键问题。

1. 现状研究

在物流管理专业培养方案和培养模式指导基础上，对主要以讲授为主的任课教师的课堂教学形式进行重点研究，通过听课、谈论、访谈和问卷调查的形式，对教学模式进行现状的了解。以资料收集和问卷调查数据来分析听课学生是否掌握了教学相关的基本技能。

2. 对比研究

通过听课和访谈的方式，对教学方法和教学手段与学生评价和教学效果进行对比。用实证来找寻有效教育的可行性和有效性。申请者在教学中主要运用的教学模式有：①模拟上课模式，在“物流管理概论”课程中，针对专升本学生基本都修过“物流管理基础”课程的情况，让学生组成学习团队，为学生提供模式上课平台，实现“做中学”，以强化职师特色；②情景模拟上课模式，在“仓储与配送管理”课程中把案例以情景模拟的形式让学生自组团队表演，同学观摩，从中发现问题，进而解决问题；③颠倒式教学模式，这是目前最新和很多高校高度关注的教学模式，课堂形式不是讲授基本知识和要点，而是提前让学生以团队形式自己学习相关知识，在课堂上以案例讨论和团队合作的形式来检测学生对知识的掌握程度，实现师生相互思想交流的课堂气氛；④紧密结合最新前沿和现实的案例教学；⑤示范观摩课教学模式：申请者以一个主题为单元，给学生上一节观摩课，让学生通过“看中学”，明白教学过程和环节的设计。

3. 问题研究

在有效教学理论的指导下，对物流管理专业的教学方法和教学手段存在的问题进行研究。这部分主要是通过访谈和调查问卷的方式对物流管理专业学生进行教学模式组织文化、支持体系、接受程度和掌握程度进行研究。

4. 对策研究

对物流管理专业的教学方法和教学手段出路进行研究。这部分主要是根据目前实践过程中对存在的问题，比如学生对多样化教学模式的适应和掌握程度不够高，提出相关的对策。完善有效教育的物流管理专业教学方法和教学手段的改革方向和实践操作。

（二）改革目标

希望通过此项研究，申请者能够发现物流管理培养学生过程中的具体问题，针对具体问题提出有效的措施和建议。申请者希望相关任课教师能应用此项研究，通过渐进式的变革，使该项目能够扩展到其他职师专业。申请者希望通过此项改革最终能够促进广西高校主动地建立起系统、规范、长效和有特色的教学模式体系，提高广西高校的教学质量和促进广西高校的发展。

（三）创新之处

1. 研究对象

对物流管理专业以有效教育为基础进行教学方法和手段改革及实践目前还没有。申请人通过系统学习有效教育，参加过相关的教学方法和手段培训，能把培训所学的有效教育理念运用到教学过程中，受益学生包括 2011 级物流管理（职师）本科和专升本 3 个班级、2012 级人力资源管理班级。就教学评价和学生反映来看，初步效果显示优秀，教学评分达 97 分多，学生收获和进步很大。具体体现在：学生能说课、备课、写好标准的教案并运用教案上标准课。同时学会了团队合作，学会相互学习和大胆交流。

2. 研究方法

本研究主要采用问卷调查和访谈的方法，对专业各个课任教师和各界学生进行调查和访谈，从对比分析的角度探索有效的教学模式。

3. 注重对事实的研究

本研究特别注重对物流管理专业教学现状事实本身进行全景式扫描研究。现实情况是：学生是职师专业，但当学生步入教学实习时，出现很多问题，具体表现为：大部分学生不懂什么是教案、如何写教案、如何讲课、当前有哪些新颖和前沿的教学模式、如何运用不同的教学模式来带动中职学生的学习氛围、如何思路调理清晰地上完一节课。

4. 研究的理论视角

运用情感认知理论为视角找寻建立良好师生关系规律。除了做好示范，传授知识、技能和教学方法外，如何在师生之间建立良好的持续的师生关系，让学生感受到老师的关爱并努力做到学有所成，是当前教育急需解决的问题。这样在面对就业率、专业和学校发展面前，师之尊严和学校力量才能显现。

（四）拟解决的关键问题

（1）把先进的教学理论与有效教育的具体操作方法结合起来，通过实践更好地把有效教育的具体操作方法和理念运用在物流管理专业的教学课程中，创建一套适合物流管理专业人才培养的有效教学新方法和新手段。

（2）如何将创建的教学新手段和方法通过实践教学对其可行性和有效性进行验证与实践检验，并在此基础上构建新的教学教育理论和方法。

（3）如何通过有效教育的指导和情感认知理论的指导培养出能上课并上好课的物流管理专业学生。

（4）如何通过教学模式的改革和探索实践做好教师示范，教会物流管理专业学生既能懂得具体上课操作又懂得前沿的教学理念和教学方式。

三、项目实施方案及实施计划

（一）实施方案

（1）对物流管理专业 2014 年 10 月教学实习学生实习情况调研，通过听课、一对一访谈和问卷调查的方式，研究现行的专业课老师教学模式中存在的优缺点。

（2）通过对教学实习所在学校指导老师对实习学生的评价和访谈，探究当前中职院校教学模式和教学现状。

（3）在领导重视、组织有力的基础上，与物流管理专业课教师进行良好的沟通和访谈，探究职师专业教学模式的改革和实践。

（4）通过问卷调查的形式收集学生对项目探索实践中所运用教学模式的认可和评价，整理问卷并分析数据，找出学生接受并有指导效果的教学模式。

（5）通过观摩课、走访听课的形式在本院物流管理专业推进项目改革。

（6）做好各阶段理论研究成果的总结以及研究论文的发表；做好实践教学方案、新教学模式的创新和推广工作。

（二）项目具体实施计划

2014 年 11 月—2015 年 2 月：完成对物流管理专业的教学方法和手段改革的问题和出路的理论研究。发表研究论文 1 篇。

2015 年 3—12 月。制订物流管理专业教学模式并在项目小组支持的前提下进行教学模式的实践。发表研究论文 1 篇。

2016 年 1—12 月。根据访谈和收集的问卷进行教学模式创新可行性的深入研究。发表研究论文 1 篇。

（三）项目的成果和效果

本研究的实施范围首先是广西师范学院物流管理与工程学院物流管理专业。该项目的直接受益者是广西师范学院物流管理与工程学院物流管理专业，物流管理四年制班和物流管理专升本班两个年级 6 个班共约 256 人。

本课题的成果形式主要有两种，论文和调查研究报告。论文包括：《物流管理（职师）专业教学方法和手段改革初探》《有效教育课型方式在物流管理（职师）专业学生中指导和实施效果分析》《情感教学理论视角下物流管理（职师）专业教学模式反思》《有效教育的物流管理（职师）专业教学模式改革研究》《有效教育的物流管理（职师）专业教学模式改革实践效果研究》。

物流专业学生课堂创新能力提升研究

王伊礼

一、立项依据

党的十八大指出：创新是提高社会生产力和综合国力的战略支撑，摆在国家发展全局的核心位置。世界范围的经济竞争和综合国力竞争，实际上是科学技术和民族素质的竞争，而科学技术的发达与民族素质的提高，其灵魂在于创新，高校作为社会培养和输送人才的地方，如何培育大学生创新能力是高校面临的重要任务。

从核心专利技术的拥有数量、国际影响力强的学术论文数量到大学毕业生的创业比例，都显示出我国的创新现状明显不足，先行研究对深化教育改革、推进素质教育产生了一定的推动作用，尽管许多研究成果已经运用在教学实践中，但目前中国大学生的创新能力还普遍偏低。由此产生疑问，大学生创新能力未得到有效提升的本质原因是什么？从研究视角来看，以往学者们均从宏观视角探究大学生创新能力，对指导实践而言，略显空洞宽泛。探究可操作的大学生创新能力培养模式对具有很强实践性的物流专业尤为重要。

其实，大学生创新能力虽算不上非常新鲜但却是个主流话题。学界关于大学生创新能力的研究还比较丰富，主要集中在以下两个方面：第一，影响大学生创新能力培养的因素，如思维标准化与知识非活力化[①]；第二，大学生

① 见岳晓东《大学生创新能力培养之我见》，2004。

创新能力培养体系的构建，如互动式教学平台、沙盘实训、创新计划项目等①。先行研究对深化教育改革、推进素质教育产生了一定的推动作用，尽管许多研究成果已经运用在教学实践中。

以培养应用型人才为首任的物流专业，在有限的大学课堂学习时间里，如何提高自身的创新能力无疑是学生将来立足社会和谋求发展的重要砝码，因此，提高物流专业学生的创新能力刻不容缓。基于此，本项目欲以“物流营销学”这门课程为载入点，从具体实践层面探究培育大学生创新能力的培养模式。由于营销的环境是不断变化的，从 B2B②、C2C③、B2C④ 到 O2O⑤，从微博营销到微信营销，都要求我们课程的创新。“物流营销学”课程是在物流独特的情境下进行营销，这对研究大学生创新能力的培育模式有着天然的平台基础。

二、项目内容摘要

在我国物流专业课程设置中，培育大学生创新能力的专业课程较少。然而创新能力对物流专业的学生尤其重要。本项目选择“物流营销学”这一课程来研究大学生创新能力，使学生通过“物流营销学”这门课程的学习，提升他们在基础因素的知识、智能因素和非智能因素三方面的创造力。基础因素包括吸收知识、记忆知识和理解知识；智能因素包括如注意力、观察力等一般的智能，还包括创造性思维能力，如发散思维能力，还包括一些特殊智能，如音乐、绘画和体育能力等；非智力因素主要包括创造意识和创造精神

① 见荣昶、赵向阳、蔡惠萍《实验教学与创新能力培养探析》，2004；张鹏、于兰、刘助柏《高校大学生创新能力培养现状及对策研究》，2005；李培根《主动实践：培养大学生创新能力的关键》，2006；谢洪明、罗惠玲《学习、创新与核心能力：机制和路径》，2007。

② B2B：企业与企业之间通过专用网络进行数据信息的交换、传递，开展交易活动的商业模式。

③ C2C：个人与个人之间的电子商务。

④ B2C：企业对消费者的电子商务模式。

⑤ O2O：（线上到线下）将线下的商务机会与互联网结合，让互联网成为线下交易的平台。

因素。由此可见，“物流营销学”课程的设置对物流专业的大学生有着极为重要的作用。而创新能力的培育可使大学生提升今后的工作业务能力和创新精神，对综合应用能力产生极为深远的意义。本文研究的主要内容包括两个层面：第一，物流专业的大学生与一般大学生的共性和特性，以此为基础，挖掘出影响该专业大学生创新能力的因素；第二，探寻物流专业创新能力培养的一般课程教学模式。

通过本项目的研究拟实现以下目标：①明确影响当代物流专业大学生创新能力操作层面的因素；②构建培养大学生创新能力的课程教学模式。

本项目主要有三大创新点：第一，研究视角的创新。以往研究主要从宏观视角探究大学生创新能力的培养模式，本项目拟从微观的具体操作层面上探究大学生创新能力的培养模式。本项目的研究成果对指导实践而言，更具可操作性。第二，研究内容和方法的创新。本项目基于“物流营销学”课程为本项目研究平台。以往没有学者从物流专业下的“物流营销学”这一视角出发，探索操作性强的创新能力培养模式，该平台对本项目的研究有至关重要的作用。第三，研究方法的创新。“物流营销学”课程的课堂是解决本项目关键问题的平台。从实践中获得解决方案，回归教学课堂进行实践检验，使本项目从解决问题的方法来看更具科学性。

本项目拟解决的主要问题有：第一，影响物流专业大学生创新能力的关键因素是什么？第二，基于“物流营销学”课程，采用何种教学方式培育物流专业的学生创新能力？

本项目基于“物流营销学”课程构建了大学生创新能力的培养模式，其应用价值体现在：第一，对提升物流专业学生的创新能力有着直接的作用。第二，对相关专业的大学生创新能力培养的长效机制提供切实可行的参考。第三，指导参加创新实践活动的其他专业的同学。

三、项目实施方案及实施计划

（一）实施方案

首先，借助文献研究、问卷调查、实验等方法，系统地分析物流专业大学生创新能力的影响因素。

其次，以学生创新能力培养为根本，探究“物流营销学”实践教学的新方式。

最后，以“物流营销学”课程为载体，研究物流专业大学生创新能力的培养模式。

（二）具体实施计划（含年度进展情况）

（1）2015 年 1—6 月：在文献梳理的基础上，实证研究影响创新能力的具体因素。

（2）2015 年 6—9 月：设计出提升物流专业大学生创新能力的新教学方式和方法。

（3）2015 年 9—12 月：新的教学方式和方法在“物流营销学”课堂上进行实验。

（4）2016 年 1—3 月：不断修正新的教学方式和方法。

（5）2016 年 3—6 月：再次在“物流营销学”课堂上实验新的教学方式和方法。

（6）2016 年 6 月以后：对新的教学方式及方法进行总结和推广。

（三）可行性分析

课题组成员虽然没有相关研究的前期成果，但是课题组所有成员都是青年骨干教师，一人已经获得中央财经大学的博士学位，一人武汉大学博士在读，具有较强的科研能力，另外两名教师有丰富的教学经验，为课题成果的检验提供了保障。

（四）项目预期的成果和效果（包括成果形式、实施范围、受益学生数等）

本项目的预期成果形式为研究报告和论文。基于“物流营销学”课程的教学改革研究提升物流专业学生的创新能力的研究成果，不仅可用于指导物流专业的教学改革，而且为相关专业的教学改革也提供了有益的参考。